湛庐文化 Cheers Publishing a mindstyle business 与思想有关

慢决策

如何在极速时代掌握慢思考的力量

[美]弗兰克·帕特诺伊（Frank Partnoy）◎著
欧阳明亮◎译

WAIT

THE ART
AND SCIENCE
OF DELAY

献给我的宠物狗弗莱彻

Fletch

前言

如果有1小时,请等待59分钟

如果你希望成为算无遗策的智者,那么就得虚心向我的宠物狗弗莱彻学习。它本可以眨眼间一口吞掉搁在鼻子上的饼干,但它选择了矜持,决定推迟享受近在咫尺、美味扑鼻的点心,以此炫耀自己克制本能与情绪的能力。虽然本书探讨的主要是人类心理而非动物行为,但从弗莱彻的表现中,我们可以领会本书的精髓所在。

14岁大的弗莱彻从小就受到我的训练,不会迫不及待地奔向食物。它或许无法思考几分钟后将要发生的事情,但它能在有限的范围内预料后果、延迟满足,这种能力让它尝尽甜头。如果我的家人吃过晚餐后将一些食物剩在桌子上,弗莱彻并不会立马飞奔而来,因为我们很可能会上前制止。相反,它会默默地跟随我们走进客厅,安卧在我脚边。直到厨房传来摔盘碰碗的声音,我们才发现它已经悄悄地溜了出去。

最新的实验证明,弗莱彻并非狗中的特例。来自苏格兰与法国的研究人员在2012年公布的一项研究成果与许多宠物狗主人的经验不谋而合:

在面对食物时，各种狗都能做出一些具有超前意识的决定。如果它们有机会获得更加优厚的回报，绝大多数犬类都能学会控制自己的瞬时反应，而且至少可以保持10～20秒之久。许多宠物狗的忍耐时间甚至更长，一只牧羊犬叼着一块鸡肉味狗粮，等待了十几分钟的时间，就是为了换取更大块的食物。

延迟与决策的时机

近年来，关于人类的决策机制问题，科学家已经取得了很大进展。心理学家认为，我们拥有两套思维方式，一是直觉，二是分析，都可能导致严重的认知错误。行为经济学家表示，人们对激励因素所做的反应常常缺乏理性、偏离事实，而且这种结果有时是预料之中的。神经科学家则通过扫描大脑影像，揭示了在受到不同刺激时，大脑的哪些区域会做出反应。

但我们依然感到不解的是：时机与延迟在决策中到底扮演着什么样的角色？为什么我们的反应要么太快，要么太慢，总是无法把握时机？延迟可以使一个明智的决定变成一招臭棋，但也可以让一招臭棋成为一记绝杀。目前关于决策问题的诸多研究能够帮助我们了解什么事情该做，以及该怎样去做，却很少告诉我们行动的时机。在某些时候，我们应该相信自己的直觉，做出迅速的反应；在其他时候，则应该三思而后行，从长计议。

在有关决策机制的研究中，时机与延迟并没有受到特别的关注，但这些概念其实潜藏于幕后，尤其是在关于人性问题的讨论中。许多科学家认为，能够对未来进行思考，是人类拥有的一项卓越能力，正是这种能力将人类与其他动物区分开来。不过，思考未来与预测未来毕竟不是一回事。

我用了超过15年的时间来研习法律和金融。2008年金融危机爆发时，我极力想要弄清：那些大牌银行、监管部门以及相关机构为什么会如此短视，最终

前言 | 如果有1小时，请等待59分钟

导致了一场经济浩劫？他们的决策为什么漏洞百出，他们对未来的预测为什么错得离谱，从而酿成了巨祸？我同样也想知道：自己身上拖拖拉拉的习惯（我家卧室壁橱仅有的一盏灯已经坏了5年）难道真的是无可救药？

我采访过一百多位来自各行各业的专家，分析过不同领域数以百计的最新研究与实验，其中许多成果尚未公开。我注意到，不同专业类型的决策研究者之间缺乏交流，很多时候他们甚至没有听说过对方。决策问题的研究领域变得四分五裂、枝蔓丛生，某个分支领域的学者对另一个分支的学者常常从无耳闻，即使他们努力解决的是相同的问题。

我花了数年去思考决策与时机的关系，最终得出一个结论：如果要厘清这一问题，不能指望心理学、行为经济学、神经科学，或者法律、金融、历史等某一门单独的学科，而是应该同时探究所有这些领域。我试图像一位称职的律师那样，将这些学科的大量证据进行收集整合，旨在揭示、阐明那些仅从一个角度来看无法发现的问题。

由于现代生活节奏日益加快，大多数人已经习惯于快速反应。我们不会，也无法给自己足够的时间去思索我们所面对的日益复杂的挑战。现代科技将我们紧紧包围，驱赶着我们一路向前。无论是在工作中还是在家里，我们时刻感受到时间的挤压与催促。然而，一个优秀的时间管理者，即使面临燃眉之急，他也会在行动之前尽可能长地做必要的停顿，而有些时间管理者似乎可以放慢时间的脚步。对明智的决策者来说，时间并不是精准刻板的节拍器或者原子钟，它十分灵活，富有弹性。

在快速反应中，才华卓越的杰出人物总是本能地知道该在什么时候稍作停顿，即使只是瞬间的暂停，而这个道理同样适用于更长时间的决策。我们当中的一些人具有出色的才能，他们讲笑话的时候知道在什么地方应该停顿，以便

WAIT 慢决策

抖出响亮的包袱；他们在对别人做出评价之前，也知道应该稍安毋躁，多考虑一个小时再说。这种能力一部分源自直觉，一部分源自分析。通过反复摸索或者咨询专家，我们可以学到其中的一些奥妙，另外，也可以通过观察幼儿甚至动物的行为来从中获益。延迟之道既是一种艺术，也是一门科学。

  本书将反复讨论两个问题，它们对于决策至关重要，无论是涉及个人生活还是职业生涯。第一，在特定情况下，我们需要多少时间来做出反应或者形成决策？第二，一旦知道了所需的时间，那么在做出决定前的这段时间里，我们应该做些什么？本书首先探讨的是极速状态下的决策问题，其间的反应过程往往只有一瞬。随着全书的展开，再进一步审视那些涉及更长时间的决策问题。

  本书将不止一次地告诉我们，在多数情况下，我们需要更长的时间做出决定。等待越久，结果就越好。而一旦明确了所需的决策时间，就应该尽可能地拖到最后一刻再做出决定。**如果时间有1个小时，那就等59分钟后再说。如果时间有1年，那就等364天后再说。即使决策的时间只有半秒，也要耐心等待。多等待1毫秒，也许就能改变一切。**

在这个忙乱的世界中，你是否想过自己不是太慢，而是太快了？扫码关注"庐客汇"，回复"慢决策"，进行津巴多的时间测试，了解自己"时间观"的得分情况。

WAIT

THE ART
AND SCIENCE
OF
DELAY

目 录

前言 / I
如果有1小时，请等待59分钟

01　大脑的快思考与心脏的慢决策　/ 001

婴儿的心率快慢可预测孩子3年后的行为与情绪。那些能够很好调节心跳的孩子、那些能让心跳快起来也能慢下去的孩子，未来会有更健康的心理。决定思考快与慢的，除了大脑还有我们的心率。

第一部分　分秒间的决策

02　尽量延迟，直到最后一刻　/ 021

温网男单冠军康纳斯在面对对手的凶狠发球时，他的接发球秘诀是什么？在最后100毫秒出手前，他会用500毫秒做准备。顶尖高手会花足够的时间确认机会，尽可能地等待。

03 延时最优化与延时最小化的生财之道 / 037

哈里森用最拿手的高频交易拯救了美国著名证券公司 UNX，可是随着交易速度的提升，成本却增加了。到底多快的交易才最赚钱？

04 我们是如何"快"而不"乐"的 / 055

快餐不但能让你吃得更快，还可以让你读得更快、做得更快，但却不会让你过得更快乐。要知道，节约时间、追求速度的同时会伴随着你意想不到的潜在危机。

第二部分　毫秒间的决策

05 压力，专家瞬间变菜鸟的罪魁祸首 / 073

经验丰富的罗杰斯舰长要在5~10秒之内下达命令是否攻击两架身份不明的飞机。他曾经成功地做出过类似的决策，但这一次，下属们给了不同的建议，而且时间更加紧张。他会再次创造奇迹吗？

06 偏见，决断2秒间的副作用 / 093

只要看到一张脸，人就可以在几秒内被感染无意识的歧视。美国心理学大师戈特曼以在短时间内准确预测夫妻两人未来的离婚率而闻名。他真的只用2秒就能判断吗，还是另有它法？

07 说话，稍作停顿更有说服力 / 115

著名脱口秀节目主持人斯图尔特为了制造效果，居然在节目中停顿了20秒才抖出包袱。等待，再等待，直到情绪张力达到颠覆，再说出话语。

目录

08 约会，先吃午餐，再做决定 / 131

与其他相亲网站截然不同，全球相亲网站"相约午餐"坚决不向客户提供对方的照片，同时只给客户约午餐。它的CEO为什么会制定这样的经营策略，客户们会愿意为此买单吗？

09 道歉，真的不是越快越好 / 145

对于绯闻、丑闻，明星、政客是如何道歉的呢？美国著名检察官汤普森为此做了示范，正确的时机可不一定是第一时间。道歉比较像艺术而不是科学，如果你出轨了，什么时候向爱人道歉更可能挽回恋情呢？

第三部分 拖延培训班

10 拖延，没有你想的那么糟 / 163

诺贝尔经济学奖获得者说：我之所以有创新突破，是因为把另一件事搁着，而不是因为赶上了期限。拖延就像吃饭，你有，我有，人人都有。拖延不只有缺点，好处也值得你学习。

11 拖延术，延迟大师们的正确示范 / 189

股神巴菲特、著名对冲基金投资人阿克曼，都是金融界中的拖延高手。影响世界的葛文德医生更是用清单中的"暂停点"，让医院中的死亡人数下降了47%。请像他们一样管理时间，否则时间会像暴君一样掌控你。

12 时间观，事件时间与时钟时间的效率之争 / 213

身为人类的难题在于，要让陈旧的生理构造跟得上科技飞驰的脚步。我们真的可以摆脱时间的束缚吗？答案是肯定的，但你要先了解自己的时间观。

13 慢直觉，历经数十年累积换来最后的高潮 / 227

你手里的便利贴用了50年才从矿业公司的科研小组走到我们的办公桌上。当重大发现发生时，不会像骤亮的灯泡，反而像历经数十年累积后才出现的高潮。

14 等待，等多久才对 / 249

明智的决策离不开思考，而思考需要我们停下脚步，我们可以把苏格拉底的名言反过来说：经过审视的人生才是值得过的人生。

译者后记 / 265

你不是一个人在读书!
扫码进入湛庐"心理、认知与大脑"读者群,
与小伙伴"同读共进"!

Children

who can

decide to wait do

better.

愿意等待的孩子往往胜人一筹。

1

THE ART
AND
SCIENCE OF DELAY

WAIT
大脑的快思考与心脏的慢决策

伊利诺伊大学芝加哥分校的精神病学教授、神经科学家史蒂芬·波吉斯（Stephen Porges）认为，人类的心理发展并不完全取决于大脑，还与身体其他部位的神经息息相关。神经就像双向车道，在大脑与身体其他器官之间来回快速地传递信息。波吉斯的研究重点是第十对脑神经，也称为迷走神经。它是一组条状纤维，发端于脑干中的延髓部分，并蜿蜒分布于身体的各个重要区域，包括头部、咽喉、肺部、心脏及消化系统。它就像一条微型高速公路，在最重要的生命器官之间穿梭盘旋①。

20世纪60年代末，波吉斯将这条神经赛道定为博士论文的研究主题，此时正值心理学流派纷呈之时：不少研究者鼓吹精神药物，另一些人埋头研究死亡，波吉斯则加入了心理生理学学会（Society for Psychophysiological Research）。这是一个相对低调的学术团体，由一批具有实践精神的学者组成，他们希望将心理与生理学结合起来进行研究。该组织的成员，包括波吉斯在内，都梦想着能够通过对身体的实时监测来提升我们对人类行为的认知。他们不满于过分依赖主观询问和自我报告的研究现状，对那种让病人每周三次躺在沙发上倾诉童年往事的治疗方式也兴趣寥寥。

---

① 第十对脑神经被称为"迷走"（vagal）神经，即拉丁语中"漫步"的意思，因为它分布极为广泛，并与众多器官相连。不过，"漫步"一词具有一定的误导性，虽然迷走神经通过各条路径向全身传递信息，但它并非真的是"漫步"，而是风驰电掣，极其迅速。

这些学者并不相信病人的口头叙述，而是希望检测病人身体的内部变化。正如波吉斯告诉我的："我们的目标是无须与病人交谈就可以了解其心理状态。"因此波吉斯决定研究心脏。他认为，大脑与心脏之间的高速神经连接是破解人类情绪的关键。波吉斯试图证明，通过简单测量毫秒之间的心率变化，就能够对一个人的心理健康状态做出判断。他设想未来的心理学家可以依靠检测心率来轻而易举地诊断，甚至预测病人的精神障碍。

婴儿的心率可预测未来的行为

波吉斯的观点如同许多天才的洞见一样，乍听之下似乎不可理喻。心率的微小变化对心理健康为何如此重要？的确，在感到焦虑时我们的心跳会加速，平静时心跳则会放缓，但几乎难以察觉，因为变化只是在转瞬之间。而且，虽然心率总是随着吸气、呼气而上下变化，但这个有趣的现象并不会影响我们的心智健康或者情绪健康。心率虽然起伏不定，但这种变化不足以让我们突然丧失理智。不妨试着呼气、吸气，呼气、吸气，再呼气、吸气。显然，你感觉不到心跳在吸气时加速，在呼气时放缓，尽管它确实如此。你也不会因此而觉得狂躁或沮丧，因为一切正常。那么，波吉斯到底是怎么想的呢？

在波吉斯撰写关于心率变异性（heact rate variability）与反应时间的博士论文之前，有关此课题的研究还一直停留在达尔文的时代。一百多年前，达尔文根据法国生理学家克劳德·伯纳德（Claude Bernard）的早期著作，推断人类的情绪状态可能是由一个急速的心脑反馈回路所掌控。达尔文在诸多学科领域都具有超前性的预见，这一次也不例外。他在1872年的一篇文章中指出，迷走神经（当时被称为"气胃神经"①），是一条在大脑与心脏之间来回传递信息的

---

① "气胃神经"（Pneuma-gastric nerve）的名称来源于其对呼吸、消化两大系统的作用。——译者注

通道:

> 可以预料,当精神受到强烈刺激时,它将立刻对心脏产生直接的影响。众所周知,当心脏受到影响后,它也会对大脑产生影响,随后大脑的状态会再次通过气胃神经影响心脏。因此在任何一种兴奋情绪下,人体中这两个最为重要的器官之间会产生频繁的互动。

在此后的一个世纪,科学家仍无法证实或者否定达尔文的理论。当1969年波吉斯第一次参加心理生理学学会组织的会议时,所谓心脑反馈回路的精确运作机制仍属于理论上的假设。这个领域是时候少一点理论,多一点实践了。

波吉斯为此设计了全新的心率测试方法。他记录下被试在专注某项工作时的心率变化。他还招募了一批学生,让他们连上贝克曼心率计,由此研究出了测量心率变异性的可靠方法。他以一系列心理因素为背景进行了测试,尤其是针对婴幼儿的实验。他还研究了从老鼠到婴儿等各种生物的心率模式。这种心率变异性的量化方法已经被世界各地100多所实验室采用。

心率变异性预示着婴儿心理发展更健康

在一次研究中,波吉斯和他的同事对一组儿童进行了测试。第一次测试是在婴儿阶段(9个月),第二次则是在幼儿期(3岁)。在第一次测试中,研究人员让婴儿们在母亲怀中安坐三分钟。然后分别向他们展示玩具、积木和模型,作为贝利婴幼儿发展量表(简称BSID)的评估标准。与此同时,波吉斯对他们心脏的反应能力进行测量,心搏计时单位精确到毫秒。然后再由母亲填写几份有关孩子行为表现的问卷。两年之后,当这些孩子已经可以蹒跚而行时,波吉斯再次对他们进行了测试。研究小组再次收集了与孩子行为有关的心率数据，并对两次结果进行了比对。

他们发现，母亲在婴儿9个月大时填写的问卷结果，与这些孩子后来的行为表现之间毫无联系。即使一对父母说自己的孩子在9个月大时表现出某些行为问题，也不能以此推断这个孩子在3岁之后会出现精神抑郁，或者具有攻击性与破坏性。那些在实验中拒绝配合的婴儿后来表现不错，而在9个月大时乖巧无比的婴儿却在3岁时变成了小魔王。然而，婴儿的心率模式所反映的情况应引起我们的注意。根据此项研究，"能够对孩子3岁时的行为问题做出最佳预测的，是婴儿在接受贝利婴幼儿发展量表测试时所表现出的，降低心迷走紧张性的能力"。换句话说，心率变化更为灵活的婴儿较少出现行为问题，也就是那些在新的玩具、积木和模型面前可以迅速提升或降低心跳反应的婴儿。能够瞬间调节心率的婴儿将来较少受到社交退缩症、抑郁症和攻击性行为等问题的困扰。这种在9个月大时便可以在几百毫秒之内调控心率的能力，使得这些孩子在3岁时有从容不迫的表现。

这个实验体现了波吉斯的研究宗旨，即不依靠病人自身的想法来了解他们的心理状态。当然，9个月大的婴儿才开始牙牙学语，所以根本无法倾听他们的想法。但波吉斯发现，即便是来自婴儿母亲的意见也没有帮助，而花上几秒钟或几分钟对婴儿的行为进行观察同样毫无裨益。其实，真正重要的事情发生在婴儿身体的内部，他们幼小的心脏进行着毫秒之间的换挡变速。

令许多心理学家感到惊讶的是，20多年间，波吉斯通过实验多次证明了心率变异性，即心率的大幅度提升与下降，是心理健康的标志。这就像低胆固醇是身体健康的标志一样。对婴幼儿来说尤其如此。婴幼儿的心率变化范围越大，那么他关注新的视觉刺激物的时间就越长，注意力也更不容易分散。

以静态心率为每分钟100次的幼儿为例，如果他受惊或恐惧时的心率能够在90～110这个较宽范围内上下变动，那么比起那些心率变化范围在95～105之间的儿童，他在以后的人生中将较少出现情绪困扰问题。静态心率其实无关紧要，重要的是应激反应时心率的变化幅度。心脏瞬间反应幅度较大的儿童有着更为有效的心脑反馈系统。这种较高的效率能帮助他们调节情绪：当他们激动不已时，心率会得到更高的提升；当他们平静下来后，心跳则更为缓慢。

试着把心脏想象成一辆汽车的发动与制动系统。如果你正在一条蜿蜒崎岖的双向车道道路上行驶，驾驶的汽车又存在加速无力或刹车不灵的问题，那么这段旅程肯定会令你提心吊胆。如果是在夜晚或者碰上恶劣的气候，你很可能会惊慌失措，反应过度。但如果你确信自己可以轻松地加速行驶，遇到危险的弯道又可以轻而易举地减速慢行，那么在驾驶中你会感到更加安全。你不必一直加大油门或猛踩刹车，而是在一个较大的范围内进行变速，例如在几分钟平稳行驶之后的突然加速。在驾驶过程中，汽车的卓越表现会让你充满舒适感。

心脏反应与大脑思考

心脏在毫秒之间的反应会影响大脑的长期反应，当我第一次听到这个观点时，仍存有疑虑，因为这相当于解释了我们到底是如何应对外部环境并进行决策的。波吉斯的实验并没有被研究决策问题的主要著作提及，我采访过的顶尖决策研究者甚至都没有听过这个名字。然而，波吉斯以及其他人所做的大量研究，证实了较高的**心率变异性**会带来益处，尤其是对儿童而言。较低的**心率变异性**存在缺陷，因为它往往与强烈的愤怒、敌意、压力和焦虑联系在一起。虽然这个结论听起来有悖于直觉，但**一颗反应迅速的心脏**的确可以帮助我们延迟满足、保持冷静,即使是面对巨大的诱惑或恐惧。总之,心脏的快速反应有助于大脑随后的冷静思考。

被誉为"婚姻教皇"的婚姻关系研究专家约翰·戈特曼(John Gottman)在他的著作《幸福的婚姻》中提到①,他只需通过几分钟的观察就能准确评估一对夫妻的婚姻状况,这使他在一时之间声名鹊起。戈特曼也研习过波吉斯的理论,他希望了解在面对父母的反对时,孩子的心脏会做出怎样的反应。不出所料,他和他的同事林恩·卡茨(Lynn Katz)发现,一个四五岁大的孩子在与父母发生摩擦时,如果能够下意识地迅速有效调节自己的心率,那么 8 岁之后的他就可以更好地控制自己的情绪。戈特曼和卡茨并没有观察这些儿童的有意识的反应或行为,而是着眼于孩子身体内部所发生的变化。

面对父母的批评时,如果孩子能够调整自己的心率,那么他的情绪就更加健康②。

另一组研究人员让 68 对同居的异性恋伴侣坐在沙发上畅谈彼此之间的关系,这有点像电影《当哈利遇到莎莉》(When Harry Met Sally)中的场景,只不过他们的身上连有电极,电极被接入一个四通道的生物信号放大器,以便持续监测他们的心率反应。当他们论及伴侣的性情举止,以及如果离开对方后自己将如何是好时,计算机记录下他们每一毫秒的心率变化。在随后的三个星期里,他们留下了关于互动沟通和对彼此感觉的详细记录。

---

① 约翰·戈特曼的其他著作《人的七张面孔》《爱的博弈》《培养高情商的孩子》,已由湛庐文化策划、浙江人民出版社出版。——编者注

② 有趣的是,戈特曼和卡茨进一步发现,儿童理想的心率反应会因为批评他的人是母亲还是父亲而有所不同。面对父母的批评,儿童心率的变化是一种重要的反应方式,但变化的方向却截然相反。从情绪健康的角度预测,当一位父亲嘲笑自己的孩子时,孩子最佳的反应方式是心率急速下降。儿童的中枢神经系统在面对父亲时,理想的反应方式是保持冷静和理智。但在面对母亲的批评时,孩子的最佳反应是提高心率,中枢神经系统会做出更加情绪化的反应,心脏剧烈跳动。这种不同的反应表现也与本能和印象有关:任性撒娇是对付妈妈的最好办法。

虽然实验的结果比较复杂，而且存在性别差异，但总体情况是：无论是男性还是女性，当伴侣的心脏反应更为强烈时，他们都会做出积极的回应，从而表现出良性互动。不知何故，人们能够感觉到发生在伴侣身体内部的变化。结果表明，心率变异性不仅会对自身的情绪反应产生影响，同时也影响着伴侣的回应方式。当坠入爱河时，我们的心脏真的会在那一刻停止跳动。

迷走神经的"龟兔赛跑"

史蒂芬·波吉斯的实验开启了一个将心率变异性运用于情绪健康研究的新时代。但在1992年9月，波吉斯收到了一封来自新生儿学专家的信件，迫使他重新思考自己的观点。专家写信的起因是波吉斯发表的一篇论文，波吉斯认为健康、足月的婴儿的心率更加多变，而早产儿的心率的变化则相对较少。专家在信中指出，虽然波吉斯的文章值得一读，但其中的结论似乎有悖于他的临床经验，因为中枢神经系统"快车道"的急速反应有可能非常危险。过于强烈的心率反应对婴儿的健康不利，甚至足以致命。

这位专家提到心动过缓症，这是一种心率大幅度骤然下降的病症，足以导致婴儿大脑缺氧。他将这种下降归咎于迷走神经。也就是说，波吉斯所研究的这条神经高速公路向婴儿的心脏传递了两种截然相反的信号，两者产生的影响完全相反。这些信号有时对婴儿的健康有益，因为它们能促使心脏加速跳动并使其富有弹性；有时却会大幅降低婴儿的心率，使他们面临突然夭折的危险。

波吉斯言道："由于我的诸多发现，我经历了一个学术上的开拓期，而且我认为自己已经得出了结论，破解了一个重大问题。研究数据告诉我，心率变异性有百利而无一害。但这封信半路杀出，让我面对严峻的挑战，不得不开始重新思考所有的问题。"

信在波吉斯的公文包里整整放了两年。

1994年,波吉斯作为主席代表受邀前往心理生理学学会发表演讲。在过去的25年里,学会与波吉斯共同成长,如今它将这份殊荣留给了波吉斯。在这一年的10月8日,他弄清楚了该如何回应那位专家所提出的挑战,并准备提出另一个全新的重要理论。这个新理论既涵盖了心率的强烈反应所带来的积极效果,也包括了它可能导致的负面影响。

波吉斯在演讲中指出,发端于脑干并贯穿于全身的迷走神经实际上是由两束纤维缠绕在一起所构成的:一束是原始纤维,它遗传自我们与爬行动物的共同祖先;另一束则更为精密,它是随着哺乳动物的出现才发展起来的。两束纤维都在毫秒之间高速运转,但两者的功能截然不同。发源于爬行动物的纤维控制消化与生殖系统,而来自哺乳动物的纤维则控制头部与面部的肌肉,以及心血管系统。基本上可以这样说,原始纤维掌控着我们的肠道,而肠道以上的部位则由后来出现的纤维所掌控。这两个系统都与心脏相连。

迷走神经的"爬行"部分有着更长的进化历史,可以想象一下神经信号像无数只乌龟在这条纤维上来回穿行的样子;而"哺乳"部分的进化历史则相对更短,你同样可以想象信号像无数只兔子沿着这条纤维上下飞奔的情景。这两类信号沿着相互交织的两条赛道来回奔跑,而且速度极快。其中令人诧异的部分在于,在这场"龟兔赛跑"中,谁将获得胜利,以及如何获得胜利。

根据波吉斯的分析,当我们受到刺激时,例如面对可怕的或是令人兴奋的事情时,迷走神经中的这两束纤维都会对心脏产生影响,但方式却完全相反。其中"乌龟"瞬间发出的是退缩与抑制的信号,效果就像紧急刹车。波吉斯提到了在遭遇危险时心率直线下降的鬣蜥,此外还有猪鼻蛇,猪鼻蛇在受到刺激时心率会急速下降,看上去就像死了。在各类动物中,虽然爬行动物的行动最为缓慢，但神经退缩反应却极其迅速。许多科学家称之为"战斗—逃跑"反应，而波吉斯将其概括为"战斗—逃跑—僵死"反应。

与之相比，迷走神经的"哺乳"部分对刺激的反应就更加灵活，它会根据具体情况来加快身体的运转，或者相应地减缓速度。它也可以减轻"爬行"部分所产生的制动压力，否则一切生理活动都可能受到抑制。因此，当迷走神经中古老的"爬行"部分让身体停止运转时，后起的"哺乳"部分就会行动起来。可见，一种神经反应是陷入恐慌的僵死状态，而另一种神经反应则可以使我们提高警惕，以迎接新的挑战。两者都被我们继承下来，因此迷走神经的反应也表现出两种完全不同的方式。根据波吉斯的理论，"爬行"部分的单独作用要么会导致心率的大幅度降低，使我们昏厥在地，要么会过度刺激肠道，让我们频频出入厕所。显然，无论是对儿童还是成人来说，此类反应都算不上明智之举。

依据这套全新的理论，波吉斯足以回答新生儿学专家在信中提出的挑战。一般而言，心率变异性更大的婴儿更加健康，此时"哺乳"部分的信号更为活跃。但如果"爬行"部分的信号处于支配地位，婴儿的处境就变得十分危险。"爬行"部分的信号从来不懂慢条斯理，它们是一种极速的保护性反射，一旦察觉到危险存在，就会抑制心脏的跳动。正因为如此，我们几乎观测不到出现宫内窘迫症的胎儿的心率变化，他们的迷走神经中古老的"爬行"部分察觉到了危险的存在，因此关闭了心脏的阀门。

迷走神经的反应虽然只在毫秒之间，但它可以解释各类身体疾病与情绪问题的发生原因，特别是与应激反应有关的病症。以哮喘为例，爬行动物的脑干相对原始，在遭受攻击时，它必须急剧降低氧气的消耗，而同样的抑制作用却可能让"嗜氧"的哺乳动物一命呜呼。哮喘的发作有可能就是神经系统中的"爬行"部分所采取的防御性措施，一旦它察觉心血管系统在应对危险境遇时已经超负荷运转，便会立刻行动起来。

又比如自闭症。虽然目前还未成定论，但一些研究表明，自闭症儿童的心率变化并不敏感，很容易遭受"爬行"部分抑制反应的伤害。显然，当迷走神经中的"爬行"部分占据支配地位时，它并不一定会让心脏彻底停工，但它可以抑制住"哺乳"部分的反应。根据波吉斯的理论，对神经系统中的"哺乳"部分予以刺激，增加心脏反应的敏感性，可以减少一些患者的自闭行为。自闭症的发作可以看成是"乌龟"赢得了比赛，它抑制了儿童本该表现出的情感反应与社会反应。

再如边缘型人格障碍。研究人员发现，心脏反应能力与边缘型人格障碍之间存在着某种关联。在一项实验中，当对照组成员观看一些极具煽动性的电影片段时，他们的心率变异性有所增加。但患有边缘型人格障碍的受试者观看同样的片段时，心率反应反而变得更不敏感。这是出于何因？迷走神经的"爬行"部分或许又是罪魁祸首。一般说来，在面对恐怖场景时，迷走神经的"哺乳"部分会加速心脏的跳动；在面对宁静的画面时，则会降低心跳的速度，但迷走神经的"爬行"部分很可能阻断了这种反应。按照波吉斯的说法，在以上这些病症中，迷走神经的"哺乳"部分在心脏的调控方面存在着缺陷。

成功更青睐愿意等待的孩子

现如今，测量心率变异性的过程非常简单，只需两三分钟，而且检测设备也很容易操作。如果心率变异性真像研究证明的那样至关重要的话，我们就可以将其运用于新生儿APGAR评分测试①中。我们还可以测试幼儿的心脏反应能力，从而了解哪些孩子最有可能出现精神障碍。至于成年人，我们可以将心率变异性的测量加入常规定期体检中，就跟测量血压和胆固醇一样，检测在受

---

① APGAR评分测试，是对新生儿从皮肤颜色（Appearance）、心率（Pulse）、刺激反应（Grimace）、肌张力（Activity）、呼吸（Respiration）五个方面进行的测试。

到刺激时心率的变化幅度。心理学家和医生在临床诊断时可以将心率变异性作为考虑因素,而我们每个人都应该有意去了解自己的心率在什么时候会上下波动,以及这种波动在什么时候会影响他人,尤其是我们的挚爱。

当然,因为这是一项全新的研究,所以我们的结论不应该太过绝对。即使孩子心率变化的幅度不大,家长也不必惊慌失措。我们也无须火急火燎地去测试伴侣的心率反应,至少目前还没有这个必要。

此项新兴研究的重要用途之一,是针对精神创伤者的治疗。那些自称幼年时期受过虐待的患者在成年之后表现出更低的心率变异性。一种观点认为,曾经的创伤性事件不仅在当时对他们的心率反应产生了抑制作用,而且一直存留于记忆中,继续减弱他们的心率反应。由此看来,我们平日常说的"破碎的心"一词从解剖学的意义上说还真是具有一定的道理。

如今,人们设计出不少行之有效的治疗方法,旨在向创伤受害者传授调控心率的技巧。例如一些瑜伽课程能够帮助受过精神创伤的女性调节自己的呼吸模式,还有一些传统戏曲学习项目,可以促进受过精神创伤的青少年学会有节奏的动作与发声。虽然放慢呼吸、冥想和锻炼都有助于提升心率变异性,但我们仍不清楚这些治疗方法对创伤性损害的修复程度。不过,即使这项有关心脏与精神健康的新兴研究没有别的用处,至少它又给了我们一个理由去参加那些有利于身体健康的活动——假如你正需要一个新的理由去参加慢跑或者练习瑜伽。

我问波吉斯,他的研究对扶养儿童具有什么样的启发。不出所料,作为一位偏向于观测生理反应而非倾听语言表述的研究者,波吉斯更强调生理方面的因素。他谈到儿童尤其是幼儿所处的环境时说,这些孩子很难清晰地理解自己所面对的境遇,也无法理性地认识自己的经历,"应该避免喧闹的声音和创伤性的情境,注意生理上的细节表征。想一想自己的何种行为可能会导致孩子出现抑制反应。尽可能多地了解他们的身体状况,也包括你自己以及亲朋好友的身体状况。细心观察孩子的生理反应"。

我们习惯性地以为自己知道什么是安全,什么是危险,但成人所认为的危险与儿童切身体验到的危险可能并不相同。对孩子来说,仅仅是感觉上的危险就已经足够,它并不需要真实存在。我们已经知道,很多心理障碍都与早年的创伤性经历有关,比如性虐待或者家庭失和,但孩子们同样会因为一些不那么明显,甚至是无意间的举动而退缩,父母一次气愤的斥责或者一件可怕的万圣节服装就足以引发这种反应。当我们看见幼儿将手伸向滚烫的火炉或锋利的刀刃时,可能会理所当然地大声叫喊,让他不要去做。或许我们的叫喊完全是不由自主,但这种反应却会伤害孩子长期的心理健康。根据波吉斯的理论,我们应该给婴幼儿提供一个安全的环境,在这样的环境中,他们能发展中枢神经系统的快速反应能力,而不会出现抑制问题。

波吉斯的发现可谓正逢其时。当时,人们对儿童的决策机制与自控能力的研究兴趣与日俱增。这种兴趣在很大程度上源自一系列非常著名的实验,实验的地点是斯坦福大学附属幼儿园。

WAIT

延迟视窗

THE ART AND SCIENCE OF DELAY

神奇的棉花糖实验

研究人员给一批 4 岁大的孩子每人一颗棉花糖,并让他们做出选择:是立刻吃掉这颗棉花糖,还是等待 15 分钟,这样就可以再得到一颗棉花糖。多年之后,研究人员对这批孩子进行了测试,他们发现,那些当年能够延迟满足的孩子在美国高中的标准化考试中成绩更为优秀,较少出现冲动行为,而且成年之后可能会拥有良好的情绪适应能力。

自此以后，研究人员不断发现：比起那些做出瞬时反应的玩伴，能够延迟反应的儿童在以后的人生道路上更加幸福，也更加成功。他们在培养社交技能、运用共情能力以及解决矛盾冲突等方面有出众的表现，并且具有更高的认知能力。善于延迟满足的学龄前儿童在以后的人生中拥有更强的自尊心，能够妥善地应对压力，很少沾染毒品，而且不会过度肥胖。总之，愿意等待的孩子往往胜人一筹。

这些研究结果已经为教育工作者和家长们所熟知，甚至是烂熟于心。许多学校将自控力设为一门课程。位于费城的由"知识就是力量"项目（Knowledge Is Power Program）支持的 KIPP 学校发给学生的 T 恤上就印有"别吃棉花糖"的口号。过分焦虑的父母们也变得神经兮兮，因为他们急于知道自己的孩子到底是注定失败的"一颗棉花糖"还是前程远大的"两颗棉花糖"。诸如"让你的孩子成为首席执行官""让你的孩子成为有钱人"之类的网站则竞相向家长们兜售锦囊妙计，让他们学会如何教育孩子懂得延迟满足所能带来的丰厚回报。对于孩子的良好表现，有些家长已经不再给予即时的表扬或奖励，而是送给孩子一些日后才能兑现的票券。

不过，虽然延迟满足会给孩子带来更多的好处，但这个结论并没有告诉我们，为什么有些人比其他人更倾向于选择等待。棉花糖实验[①]已经为人熟知，但实验结果还没有被充分理解。虽然我们对此类实验所触发的大脑区域有了一定的认识，但尚未弄清的是，有些 4 岁大的孩子是否天生就愿意为了得到第二颗棉花糖而等待 15 分钟，并因此在以后的人生中有更好的表现。或者说，我们是否可以通过训练他们推迟几分钟去获得满足，来挽救那些缺乏忍耐力的孩子。显然，这是"先天与后天孰轻孰重"这个古老辩题的现代版本。

---

① 实验的设计者，美国心理学家沃尔特·米歇尔的相关著作《棉花糖实验》已由湛庐文化策划、浙江人民出版社出版。——编者注

儿童到底应该等待多长时间？我们对此也没有确切的认知。我们认为，如果一个4岁大的孩子在吃掉棉花糖之前只能等上一两秒钟的话，那么他将来的生活可能会比较糟糕，因为无法抑制冲动的儿童更容易出现情绪问题；那些为了得到第二颗棉花糖而愿意忍耐几分钟的孩子则会拥有美满的生活，因为这种相对较长的延迟反映出良好的意志力与自控力。这显然是容易理解的。然而，实验并没有告诉我们延迟的时间到底多长算长，多短算短，或者说到底有哪些因素会对理想的延迟时间产生影响。可以说，相比于因为缺乏耐性而立即抓取棉花糖的孩子，我们更应该担心那些几个小时一直盯着棉花糖不放，宁死也不愿做出让步的小孩。有理由认为，如此偏执倔强的孩子将来更可能走进监狱，而非名牌大学。

专家们认为，与儿童心理健康关系最为紧密的时间长度至少要有几秒钟。在对全身性发育迟缓和注意力缺陷障碍进行检测时，例如检测是否有自闭症、亚斯伯格综合征和注意力缺陷多动障碍等时，人们所评估的正是在此时间范围之外的儿童反应。实施诊断的心理学家观察孩子们玩耍、聊天、烦躁、局促不安以及无聊时的一举一动，所有这些举动都至少持续几秒钟的时间，而且常常会更久一些。

学界对大脑的研究集中于一个类似的时间长度。科学家利用功能性磁共振成像技术来映射大脑反应，以此展示大脑的不同区域随着我们的反应变化逐一"点亮"的画面。但是，功能性磁共振成像仪只能捕捉到神经元启动几秒钟之后的血液与氧气流量的变化。虽然多种技术可以帮助科学家更为迅速地追踪大脑变化，但直到目前为止，即使是最快的磁共振成像仪的拍摄速度也无法超过每秒一次。

研究表明，在思考关于延迟决策与儿童成长的问题时，我们习惯于关注至少几秒钟的时间长度，而忽视了波吉斯所强调的迷走神经在毫秒之间所传递的反应。但如果在毫秒之间实现瞬间延迟的能力如此重要，是儿童情绪发展和心理健康的关键，那么这将意味着什么？

无论是孩子自己还是家长和老师，他们对这种无意识的时间管理都一无所知。没有人会给自己的T恤来个DIY，印上"毫秒之内别做反应"的字样。毫秒之内的超速反应类似于一种动物本能，而非人类情绪。我们在半秒钟之内根本无法进行思考，这比我的宠物狗弗莱彻强不了多少。在经过一定的训练后，当我朝弗莱彻扔一块牛排时，它还能动动脑筋，想想自己该怎么去做。在这种迅雷不及掩耳的速度下，任何反应都可以说是出于本能和无意识，也即哲学家威廉·詹姆斯（William James）所谓的"被动非自愿"。

然而，这种比"棉花糖时间"更为迅速的本能反应，对于"是否立即吃掉棉花糖"的最终决定有着至关重要的影响。在面对突如其来的危险或诱惑时，我们的身体会在毫秒内的前意识时间里做出本能的生理反应，如果忽视这一点的话，我们对决策机制的了解就是不完整的。**在进行决策时，我们的心脏至少与大脑同等重要。**

⌛ ⌛ ⌛

时间是一个模糊的概念，我们常常会对其产生误解。如果完全专注于大脑在几秒钟或几分钟内所做的反应，那些更快的反应就会逃过我们的眼睛。这是我们在探讨儿童与成人的决策机制时所面临的一个普遍问题。在很多时候，我们发现自己是在错误的时间来到了正确的地点。

针对迷走神经的研究揭示出一个存在于我们身体内部的高速世界，这个世界如此之快，以至于意识根本无法捕捉到它。然而，当我们要做出决定，比如是否要马上吃掉手头的棉花糖时，正是这些飞速反应帮助我们确认应该做出什么样的决定。

大脑的快思考与心脏的慢决策 01

心脏的快速反应能帮助我们推迟大脑与身体的快速反应。这个观点听起来有些不可思议,但最初的快速反应的确可以让我们随后变得更加冷静。

心率变异性是帮助我们以极速反应实现延迟的工具。无论是儿童还是成人,当他需要耐心的时候,都可以运用这种无意识的技巧。不过,医学并没有告诉我们究竟该如何完善心率的瞬间变化——至少目前还是如此。我们无法通过药物或手术来提高一个4岁儿童的心率变异性,从而帮助他为了得到第二颗棉花糖而等待15分钟。我们缺乏有效的工具来管理超速反应的最佳时间。这种无能为力的局面让人心存不甘。然而,一些人却拥有出色的控制能力,即便在意识无法感知时,也能游刃有余地推迟自己的快速反应,正是这种能力让他们跻身于全球瞩目的伟大人物之列。

- 拥有一颗反应迅速的心脏可以帮助我们延迟满足,保持冷静。
- 面对批评能够调整自己心率的孩子,情绪会更加健康。
- 告诉孩子,延迟满足能够带来丰厚的回报。

02

分秒　THE ART AN

04

第一部分

SCIENCE OF DELAY

瞬间的决策

好东西
留给能等待的人

Wait

as long as

you can

so you'll

have a better

chance.

等待的时间越长,
就越有可能把握住绝佳的机会。

2

THE ART
AND
SCIENCE OF DELAY

WAIT
尽量延迟,直到最后一刻

1974年，吉米·康纳斯（Jimmy Connors）一举夺得温布尔登网球锦标赛男子单打冠军，克丽丝·埃弗特（Chris Evert）则摘取了女子单打项目的桂冠。那一年，康纳斯年仅21岁，埃弗特也才19岁。他们都出身网球世家，从小在专业教练的指导下进行训练。他们从最初的相识，发展为男女混双的搭档，随后坠入爱河，并订下婚约。康纳斯一生赢得了148个冠军，埃弗特赢得了157个。他们都曾排名世界第一长达5年之久。不过，康纳斯和埃弗特还有一个最为相似的地方，即便在恋情告吹之后也依然存在，那就是两人的接发球技术都同样的精妙绝伦。

网球场两条底线之间的距离为78英尺。无论是男子选手还是女子选手，第一发球的平均时速都超过100英里①。从一方发出球，到另一方接到球，其间只有400~500毫秒的时间，仅仅半秒钟。

小说家、评论家大卫·福斯特·华莱士（David Foster Wallace）曾经是一位青少年网球好手，他对接发球的门道了如指掌。华莱士表示，在网球比赛的所有击球类型中，除了"快速截击"之外，"接发球"最为特殊。由于必须在极短的时间内决定接球的方式和地点，选手根本没有深思熟虑的可能："在接球的

---

① 本书中关于运动项目的距离数据采用英制，其中1英尺约等于0.305米，1英里约等于1.609千米，1码约等于0.914米。——译者注

瞬间，主要是依靠身体有效的条件反射，这是一种纯粹的生理反应，并未经过有意识的思考。不过，接发球的成功，仍然取决于一系列的决策判断和身体配合。比起受到惊吓时的眨眼、跳跃等条件反射，接发球的动作要复杂得多，目的也更加明确。"

接发球是一个充满矛盾的行为。一方面，它主要依靠无意识的身体反应，这是由网球球速决定的，根本来不及思考旋转或角度的问题。有意识的思考至少要花费半秒种以上的时间，因此，任何一位试图想出对策的选手，最终都只能眼睁睁地看着网球从眼前飞过。

然而另一方面，接发球涉及一系列精细、复杂并富有创造性的反应活动。在理想的状态下，选手应该根据网球的落球位置和飞行轨迹做出反应。因此，发球者的站位和动作至关重要。面对对手的发球，优秀的选手能够针对一连串信息做出反应，仿佛拥有充足的时间去思考、处理这些信息，而我们知道，这是不可能的。

康纳斯和埃弗特可以准确地判断出网球的落点以及旋转方式。他们对大量的数据进行处理，因此常常能打出漂亮的还击。即使请来十几位物理学家和网球教练专门研究康纳斯和埃弗特的比赛录像，分析他们接发球的动作，也无法设计出比他们的实际反应更为合适的应对策略。电子体育游戏的程序设计员十分清楚这一点，在游戏编程时，他们越来越多地参照顶尖球手的视频录像，而非数学算法。

视觉反应时间与身体反应时间的差异性

康纳斯和埃弗特是如何做到这一点的？为了弄清他们成功的原因，不妨将接发球所需的时间分成两个阶段。第一个阶段是选手看清来球所需的大脑反应时间，这是纯粹的视觉反应时间。可以让网球选手在看到来球的第一时间按动按钮，以此对视觉反应时间进行测量。

所有人的视觉反应时间都大体相同。大多数人都可以在200毫秒之间对视觉刺激产生反应，而这也是最快的速度了。无论年龄、职业是否相同，反应时间都表现出惊人的一致①，不管是年纪轻轻的司机看到路边的红灯，还是人到中年的股票交易员发现股价下跌，又或者是一位职业选手面对飞速而来的网球。上述这些活动，包括我们自己在内，最快的反应速度都可以达到200毫秒，这比眨下眼睛的时间还少一半。因此完全可以说，只要一个人能够看清前方约24米的距离，那么在接发球的时候，他都有充足的时间从视觉上捕捉对方的发球，无论发球的人是安迪·罗迪克还是大威廉姆斯②。

那么，剩下的300毫秒就是身体做出的反应时间，在这段时间内，选手根据已知的球体飞行轨迹调整自己的身体，并选择最佳的方式和位置予以回击。视觉反应（以下称为"看球"）与身体反应（以下称为"击球"）之间的时间分配可以这样表示：

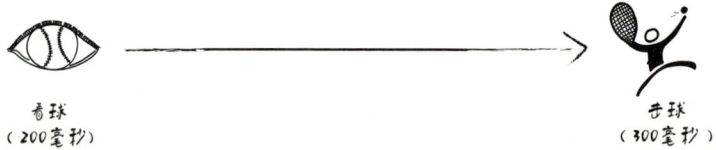

即便是反应最慢的电子游戏玩家也可以证明，如果在游戏中所要做的事情只是"看球"，然后点击鼠标击球，整个过程无须离开自己的座位，那么任何人都可以接住职业水平的高速发球。而现实中的网球比赛之所以具有难度，就

---

① 200毫秒看起来很快，但相对于人的神经元来说却非常缓慢，因为神经元能够在1毫秒之内传递信号，这大约相当于蚊子拍打翅膀的时间。视觉反应时间之所以慢，是出于大脑的需要。例如，视觉反应时间比听觉反应时间要慢20%，因为视网膜拥有大约1亿个视杆细胞和视锥细胞，它们对视觉信息的加工时间要长于耳部的2万个耳蜗毛细胞处理声音的时间。

② 二人皆为美国职业网球运动员，都拥有出色的发球能力。——译者注

在于接发球的第二阶段。

对大多数人来说,"击球"是个很大的问题。面对职业水平的发球,可用的身体反应时间只够我们稍微挥动一下球拍。在 300 毫秒的时间里,业余球手根本无法准确跑位,并击出精准、有力的回球。许多职业老手也很难做到这一点。罗迪克曾说,即使是在慢速场地,"如果击球达到时速 140 英里,并且落点正确,那将是一记绝杀。"罗迪克曾以时速 155 英里的发球创下有记载以来职业网坛的最快发球纪录,一直保持到 2011 年 3 月,被伊沃·卡洛维奇(Ivo Karlović)以时速 156 英里的发球打破。

康纳斯和埃弗特并不是每次都能接发成功。但多数情况下,他们都有充足的反应时间。康纳斯和埃弗特技术纯熟,经验丰富。在短短 100 毫秒的时间内,他们就可以通过瞬时的肌肉收缩来移动肢体,挥拍击球。对他们来说,接发球时的身体反应就和按动鼠标一样,不费吹灰之力。

先慢后快

为什么有些职业网球手在接发球方面可以有如此出色的表现?为了弄清这个问题,我拜访了最受追捧的网球教练安杰尔·洛佩斯(Angel Lopez),在接发球方面他可以算是一位大师级的人物。洛佩斯培养过一大批职业选手,并与康纳斯身处同一时代。他们曾受训于同一个教练,后来又在世界团体网球赛中分别执教不同的选手。洛佩斯解释了康纳斯是如何依靠速度与专注来革新接发球的技术:

> 康纳斯会给对手带来很大的压力。他训练有素,速度极快,而且打法凶悍。他进行反复的高速练习,所有这些训练都是为了培养球位感。这就是为什么人们总说"只有在接发球中学习接发球"的原因。康纳斯

全神贯注地观察网球离开对方球拍时的精确位置,他并不把对方的身体动作放在心上,而是像杀手查尔斯·曼森(Charles Manson)一样怒目圆睁,凝视球拍的撞击点。在接发球的那一刻,康纳斯看起来确实像个冷血杀手。

洛佩斯的口头禅是"球位识别"。所谓"球位识别",是指选手在做出回球决定之前的准备阶段。洛佩斯让我注意观察他的眼睛:双眼迅速转动,然后凝视前方。"多数选手注重手脚动作的训练。但是你需要的是三快:手快、脚快和眼快。动作快就必须做到眼快。眼快不是说只要盯住球看就行,这并非电子游戏。你必须专心观察球的运动,然后根据观察结果展开反击。"

洛佩斯认为,随着科技的进步和发球技术的提高,球位识别的重要性越发显现出来:"在最高水平的对决中,你无法从对手的发球动作中获得任何线索。一丝一毫的线索都不会有。我和其他教练曾经通过超慢镜头细致研究过皮特·桑普拉斯(Pete Sampras)的发球,结果一无所获。他就像个优秀的棒球投手,可以完全掩饰自己的出球意图。无论球的落点在什么地方,发球动作看上去都毫无区别,因此你必须专注于球拍的撞击点。按照过去的接发球理论,一个选手应该尽早击球。但是,随着选手速度的加快,以及运动装备的改进,他们学会了延迟,以便给予对手更为致命的回击。他们将更多的时间用于球位识别,使自己有机会识破网球的运行轨迹,然后再予以痛击。"

康纳斯和埃弗特的视觉反应速度并不比常人快多少,而且也没有人可以做到这一点。然而,他们的身体反应速度却快得惊人。由于身体反应极快,康纳斯和埃弗特可以腾出更多时间,在洛佩斯称为"球位识别"的阶段做好充分准备。在这个阶段中,他们的眼睛捕捉到大量信息,这些信息产生于对方击球的瞬间。康纳斯和埃弗特的接发球时间可以进一步细化,由于身体速度奇快,他们有额外的时间去收集、处理信息,直到最后时刻,才将接球和挥拍的决策付诸行动。在"看球"与"击球"之间,他们多了一个充分"准备"的阶段。

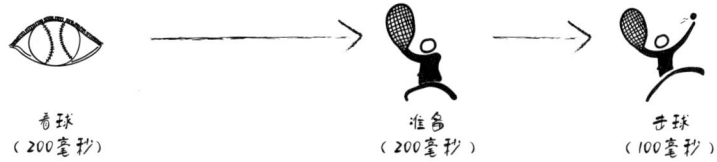

康纳斯和埃弗特在击球阶段所需的时间更少,因此他们可以更为从容地收集和处理信息。他们首先"看球",然后进行"准备",直到处理完足够的信息之后,再选择"击球"。这种潜意识中的时间管理,也就是大脑在"准备"阶段所进行的反应是康纳斯和埃弗特成功的关键所在。凭借这种卓越的才能,他们可以延长一个瞬间的长度,完成一系列的数据分析和身体活动,而普通人则必须花费更长的时间。

心理学家罗伯特·莱文(Robert Levine)撰写过大量文章,专门探讨人们对时间的感知。他将运动员在"准备"阶段的内心体验与"摆脱时间枷锁"的禅学修炼进行比较。按照莱文的说法,康纳斯的例子堪称禅学境界的典范。莱文是这样形容康纳斯的:"当康纳斯的比赛状态达到一定的高度时,他会感觉自己进入某种'境界',这属于一种超验性的时刻。康纳斯回忆说,在这样的时刻,当球越过球网疾飞而来时,它看起来似乎硕大无比,而且就像慢动作一样悬浮在空中。当然,康纳斯所感觉到的'永恒'只不过是一瞬之间的事情。"可是,他在那一刻觉得拥有无穷的时间,以供自己做出何时、何地,以及如何击球的决定。

康纳斯和埃弗特能够将时间拉长,并从这种延时的能力中获益匪浅。他们通过大量练习,尽可能地提高接球的速度。有时他们利用这种速度,通过短跳直接快速回球,让对手猝不及防。但更为常见的是,他们仰仗这种速度,不慌不忙地出手接球。"先快"是为了"后慢"。

快中求慢

网球并非独一无二,其他一些体育项目也需要选手超速出击,例如棒球和板球(此外还包括击剑、赛车以及乒乓球)。就"看球"的速度而言,棒球或板球比赛中的顶尖选手与普通人并没有区别。例如,职业生涯中平均击球率达到 0.344 的泰德·威廉姆斯(Ted Williams),以及在国际板球锦标赛里平均得分 99.94 的唐纳德·布拉德曼爵士(Donald Bradman)等,这些顶尖的棒球和板球击球手之所以能够鹤立鸡群,乃是因为他们在击球之前能够充分地收集、处理信息。顶尖击球手的优异表现,并非因为他们拥有更快的视觉反应,而是因为他们拥有更快的身体反应,故而可以从容不迫地出手。

有关棒球和板球运动的实验研究证明,优秀的职业选手之所以技高一筹,与他们在"看球"阶段的各种表现并没有关系,真正的原因潜藏在"准备"阶段。

日本京都大学的教授曾做过一个实验,他们让职业棒球手待在一间昏暗的房间里,以便测算这些选手对电脑屏幕上的图像的反应速度。实验证明,在视觉的反应速度方面,职业棒球手与业余选手,甚至普通人并无二致,所有人的视觉反应速度都在 200 毫秒左右。

实验人员得出结论:"仅靠单纯的视觉反应时间,并不足以准确预测运动中的经验、表现或者结果。"其实,真正将职业选手与业余选手区分开来的,是击球手在视觉反应之后的所作所为。

02 尽量延迟，直到最后一刻

50毫秒决定的成败

牛津大学杰出的神经科学家和实验心理学家彼得·麦克劳德（Peter McLeod）开展了一项前沿性的实验，他以各类不同技术水平的板球击球手为实验对象，旨在比较业余选手与职业选手在球位识别和反应能力上的区别。我在王后学院的公共休息室里见到了麦克劳德，他在该学院中担任教职。乍看之下，麦克劳德就像个老古董，在成立于1341年的古老学院中谈论着一项历史悠久的古老运动。

麦克劳德说："优秀的板球选手似乎拥有充足的时间，水平较次的选手则总是手忙脚乱。大家都看到了这一点，但我们想检测这种观察结果，看它是否符合事实。因此，我们精确测算了各级选手的挥拍速度，以及他们所选择的挥拍时机。我们检测了三类不同水平的选手，从纯粹的业余人士到顶尖的职业高手。检测结果很有意思，这些人所使用的击球策略基本相同，只不过职业选手的动作更快，但快得也不多，仅仅为几十毫秒。当我们观看他们击球时，技术上的差异似乎非常明显，但实际的区别只是一个小小的时间差。这个极为短暂的时间缝隙最多不超过50毫秒，却是成败的关键所在。它让一切变得不同。"

麦克劳德认为，板球击球手如果比职业选手的平均速度慢50毫秒，换句话说，也就是一眨眼的工夫，那他就无法对抗俱乐部的职业选手。速度上的细微不足是一种致命缺陷，因为职业板球选手可以游刃有余地利用额外的时间进行球位识别——正如安杰尔·洛佩斯所言，这个处理信息和准备击球的阶段对网球中的接发球同样重要。通过研究板球击球手击球动作的高速录像，麦克劳德得出结论："看起来，他们的高超技艺表现在，一旦捕捉到球体的飞行轨迹，他们便知道如何依据视觉信息控制身体的运动,而与捕捉球位的基本过程无关。"

在超反应运动（superfast sports）中,电光石火般的球位识别能力表现出人类的一种独特的动物性特征。这些运动采用的都是一对一的决斗形式：网球中的发球方与接球方,板球中的击球手与投球手,棒球中的投掷手与击球手。这些超反应运动与我们神经系统中最为原始的求生本能紧密相关,它们模仿殊死决战,却是一种更加文明的竞技形式。决战中的一方死死盯住对方的一举一动,然后瞬间发起攻击。

击剑也许是反应最快的运动。击剑比赛中的出剑速度简直让人难以置信。以重剑为例,如果想得到一分,你必须先于对手40毫秒刺中目标。击剑手的出击依赖于前意识中的预判,这就像网球中的接发球,或者棒球中的击球。击剑或许是一项绅士的运动,但它主要考验的却是人类的原始本能。

我们习惯于将所有追求速度的体育项目混为一谈。但是,很少有别的体育项目像美国职业棒球联赛或击剑比赛那样,需要如此快速的反应。人们常常将美国橄榄球联赛中的四分卫球员称为极限运动中的快速决策者。乔纳·莱勒（Jonah Lehrer）在《为什么大猩猩比专家高明》（How We Decide）里,对新英格兰爱国者队四分卫汤姆·布雷迪（Tom Brady）赞叹不止,原因是他拥有"放慢时间"的能力。就像吉米·康纳斯一样,职业的四分卫球员也常常提到那种类似禅学境界的状态。在这种境界中,他们发现线卫球员的跑动似乎变成了慢动作,而自己则摆脱了时间的束缚。

然而,相比于职业网球的接发球或者板球快投手的开球,四分卫的决策过程几乎是闲庭信步。四分卫通常有几秒钟的时间去决定向何处掷球,这对于网球或板球而言简直算是一段永恒的时光。板球运动可能会持续几天,并常常因为午餐或茶歇而中断比赛,相比之下,橄榄球的比赛节奏更为紧凑。但是,在橄榄球比赛中,每个关键决策的"准备"时间却相对漫长。

这并不是说四分卫的工作轻松悠闲,如同小菜一碟。关键问题是,诸如网球、棒球、板球以及击剑之类的超反应运动,与橄榄球、足球或者篮球这类仅仅追求速度的运动完全不同,有一种本质的区别。在超速状态下,我们不得不完全依靠生理本能做出快速反应。超反应运动的选手所做的决定,与本书第5章所要探讨的时间更长、意识更为清晰的决策并不相同。橄榄球、足球以及篮球需要争分夺秒,而网球、棒球和板球的成败关键则在毫秒之间。

> 超反应运动就像橱窗,向我们展示在遭遇急速攻击时,人类的反应速度到底能有多快。令人难以置信的是,仅仅在几百毫秒之内,优秀的运动员就能够观察对手,处理对方动作所传递的信息,然后做出反应。

在超反应运动方面,我们根本不是职业球员的对手,那么,以上有关网球发球或棒球投球的真知灼见对我们又有什么样的意义?职业选手所运用的决策框架,其实与我们日常生活中的决策框架并无二致,只不过我们的决策反应速度相对更慢。超反应运动项目的选手的决策步骤是:

第一步,仔细观察;

第二步,处理信息;

第三步,在最后一刻做出反应。

这种策略也同样适用于个人决定或商业决策。然而,超反应运动项目的选手之所以与众不同或者说不可思议,是因为他们完全是在不假思索的情况下遵循着这个决策框架。他们用自己高超的延迟艺术，给我们上了宝贵的一课。

半秒之障

生理学教授本杰明·里贝特（Benjamin Libet）在加州大学旧金山分校任教已近50年，他在超速反应问题上的研究深度几乎无人可及。他的开创性实验揭示了一种奇特的现象：一个人对外界刺激所做的无意识反应与他的意识知觉之间始终存在着半秒钟的延迟。里贝特发现，我们在半秒钟内无法感知到自身反应的发生，即使这是我们自己做出的反应。可见，人类的意识中存在着半秒钟的时间障碍。这是一个令人惊讶甚至不可思议的发现。而且，它决定了超反应运动的独特之处[①]。

可想而知，如果一位科学家发现了人类大脑存在着500毫秒的意识障碍，那么他必然会对决胜于500毫秒之间的体育项目产生浓厚兴趣。不出所料，网球与棒球作为研究例证，出现在里贝特所撰写的关于前意识反应的论文之中（作为典型的美国人，里贝特没有把板球考虑在内。不过在遇见彼得·麦克劳德之前，我也没有想到板球）。里贝特非常想了解职业选手是如何运用前意识中的延迟技巧的，因此，这两项依赖超速反应的体育项目激起了他特别的兴趣。

里贝特解释说，职业网球赛场上的发球就像试金石，它可以检验出人类的前意识能力的边界。从时间上看，它比最快的视觉反应要长，但比意识反应所

---

① 里贝特的重要发现完全有理由摘取诺贝尔奖，只可惜没有为心理学设置的诺贝尔奖项。奥地利克拉根福大学的一个组织试图弥补这一缺憾，他们设置了一个"模拟诺贝尔心理学奖"（Virtual Nobel Prize in Psychology），只是获奖者收到的不是斯德哥尔摩的来电以及7位数的奖金，仅仅是一封克拉根福大学的来信。不过，它代表了一种荣誉。2003年，这个组织将首届"模拟诺贝尔心理学奖"颁发给了里贝特，"表彰他在意识、行为触发和自由意志的实验研究方面所取得的开创性成就"。

需的最少时间要短。急速的发球迫使接球者必须在球飞过来之前采取行动，但是在这段时间里，接球者如果能够耐心等待，那么他将占据上风，而这一切都发生在一瞬之间，根本来不及进行有意识的思考。正是这个特点，使得网球赛场上的接发球让人百看不厌。

里贝特对棒球运动持有相同的观点。他发现，职业棒球击球手的非凡之处，不仅在于他们的速度，还在于凭借这种速度，他们可以做到常人无法做到的事情。

延迟视窗

超反应运动的最佳等待时长

棒球击球手面对着时速 90 英里的投球，必须做出决定：是否击球，以及如何挥棒才能命中目标。由于投球手与击球手之间相隔 60 英尺，所以被掷出的球到达击球手位置的时间为 450 毫秒。只有在球体飞行的最后 200 毫秒左右的时间里，击球手才能识别它的速度和轨迹，并由此决定挥拍的策略。无论是识别过程还是决策过程，它们最初都被认为是无意识的反应。而一位优秀的棒球击球手却可以凭借自己的生理机能，将这些过程推迟到最后一刻。

这是一个了不起的进化故事：在人类所从事的体育项目中，一些运动需要通过这种"快中求慢"的方式来把握时机。我们或许可以将网球或棒球的比赛规则稍作改动，以便追求更快的反应速度，从而考验纯粹的反应能力。我们也可以通过改变规则，让选手的反应速度缓慢下来，以此测试大脑的有意识反应。但是，如果将网球的发球距离或棒球的投球距离进行改动，将它们缩减到 30 英尺，或者增加到 200 英尺，那么比赛就会变得索然无味。如果距离过近，选手只来得及"看球"和"击球"，而没有机会

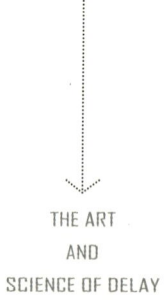

THE ART AND SCIENCE OF DELAY

施展前意识中的"准备"技能；如果距离过远，那么选手就有太多的准备时间，而球飞来的速度也会过于缓慢。

我们对职业网球选手的高速发球，或者大联盟赛中所掷出的快球充满了观赏的热情。这种热情根源于比赛中的反应时间，这个反应时间既不是200毫秒，也不是整整1秒，而是介于两者之间。可以说，400～500毫秒的反应时间是体育运动的"甜点"所在。

里贝特发现，在这个时段里，网球接发高手或顶尖棒球击球手之所以表现出众，并不是因为他们能够对视觉刺激做出迅速反应，而是因为他们可以争取到一个额外的时间，并且在做出反应之前充分地利用这段时间。他们延长了反应过程中的可用时间，就如同放慢了时间的脚步，以便收集到更多的信息，然后在正确的位置上，以完美的速度和角度击球得分。他们是深谙延迟之道的艺术家。他们完全能做出快速的反应，但只有切实必要时才会这么做。正如里贝特所总结的那样："优秀的本垒击球手……拥有惊人的挥棒速度，因此他们可以放心地延迟击球的决定，一直等到击球所需的最后一刻。"

里贝特的这个结论适用于现实生活中的各种决策。职业网球或棒球选手所采用的决策两步法，也是我们在面临时间更长的个人决定或商业决策时，所应该遵循的原则：

第一步，粗略计算出自己拥有多少时间来制定决策；

第二步，在这个时间内尽量延迟，直到最后一刻才做出反应。

尽量延迟，直到最后一刻 02

如果你通过超慢镜头观察艾伯特·普荷斯（Albert Pujols）的击球动作，就会发现整个过程看起来就像沃伦·巴菲特在购买股票：他研究投球手的举动，仔细观察球位，在经过充分考虑、寻找到最佳时机之前，绝不贸然出击。等待的时间越长，就越有可能把握住绝佳的机会。

在超反应运动中，选手之间的较量疾如闪电，无法通过肉眼进行观察。因此，要对其进行仔细的研究，就必须借助高速摄像机。这些毫秒之间的变化与心率变异性一样，对我们的反应和决策产生了重要的影响，但它们又是如此之快，在很大程度上被遮蔽于意识之外。

我们已经开发出不少可以复制人类行为的工具，它们的反应速度同样超出了意识的感知范围。计算机和软件算法模拟的是人类自己的决策系统，在高速运转的时候，和人类几乎没有区别。当然，这一现象并不会让我们感到意外，它是几十年来人工智能探讨的核心问题。然而，真正令人惊讶的是，**在这个充满高速运算的世界中，速度被证明并不是万能的，而延迟却可以让我们获益匪浅。**

WAIT
THE ART AND SCIENCE OF DELAY

- 用足够的时间确认机会，尽可能等待最佳时机。
- 延长反应过程中的可用时间，就可放慢时间的脚步。
- 做准备的时间多于出手时间，用足够的时间确认。

Not everyone needs to be faster.

速度至上的原则并非人人适用。

THE ART AND SCIENCE OF DELAY

WAIT

延时最优化与延时最小化的生财之道

2006年年中，美国UNX证券公司发现自己四面楚歌。这家公司已经营了7年，在弱肉强食、竞争惨烈的高频证券交易世界中，已经到了寿终正寝的年龄。技术已经过时，电子交易平台也落后于人。公司的客户，包括那些资深的对冲基金、华尔街银行，都纷纷转投它的竞争对手。为了活命，UNX公司必须建立一个更加高效的交易平台，才能与其他高频交易的证券公司一争高下。

时任UNX公司董事会主席、哈佛商学院金融系主任的安德烈·佩罗特（André Perold）对此洞若观火，而且他知道应该向谁求助。UNX公司的核心业务是作为资深客户的代理方，替客户低成本、快速并且匿名地买卖证券。佩罗特明白，UNX公司需要一位"宽客"（quant），也就是懂得各种数学算法的专家，但他也知道，瞬息万变的证券交易是一门高超的艺术。因此佩罗特找到了斯科特·哈里森（Scott Harrison）。哈里森回忆了佩罗特当时的豪言壮语："他说我们的任务是拯救UNX公司。向华尔街银行募集资金，并通过最先进的交易技术，打造一个全新的交易平台。这是一个严峻的挑战，但也是一个振奋人心的机会，我们的目标是用更快的速度、更低的成本战胜所有对手。"

在这个世界上，能够同时满足UNX公司所提出的这两项能力条件的人并不多，哈里森是其中一个。他管理过算法交易系统，其中包括粹通公司

（Triton）、量子微系统公司（QuantEX）所研发的极为复杂的计算机程序。哈里森同时也是一位梦想家和设计师。大多数高频证券交易公司经理一辈子都在买卖股票、捣弄数字，而哈里森在步入金融界之前，曾是 SOM 建筑设计事务所（Skidmore, Owings & Merrill）的建筑师。

我与哈里森的第一次会面是在 2010 年秋天的一个工作日，当时他并不是在交易股票，而是在烹饪食物，以便放下手头的家居翻修项目，稍事休息。哈里森是一些技术老总所说的"三步一小谋，五步一大计"的人物——他后来加入了灵动网络公司（Liquidnet），即一个大型的全球性网站托管服务商，并成为该公司的全球产品主管。哈里森迫不及待地告诉我，在他加入 UNX 公司之后，发生了一件匪夷所思的事情："我不能确定是否有人真的明白发生了什么。我一直在思考这件事，但还是不得其解。这件事简直无法用语言形容，这太令人不可思议了。"

哈里森在 2006 年 7 月加入 UNX 公司，经过三个月的过渡，他成为公司的首席执行官。在发布任职公告时，安德烈·佩罗特对哈里森褒奖有加，并宣称："相信在哈里森的管理之下，UNX 公司必将走向光明的未来。"哈里森与 UNX 公司开始迅速筹集资金，并且建立了一个尖端的计算机交易系统，这个系统在硬件和软件方面都设计精良，因此速度更快，效率也更高。哈里森将新设备放置在办公室的二楼，这个办公室设在加利福尼亚州的伯班克（Burbank），位于 5 号州际公路以东的两个街区之外，距离华尔街有 3 000 英里之遥。然后他启动了开关。

放慢速度，结果更好

"高频交易"听起来可能颇为深奥，但它只不过是一种由计算机完成的超速证券交易。它不同于所谓的"日内交易"，即在一天之内由人工而非机器完成的快速交易。高频交易中的计算机可以更快、更频繁地买卖股票,这是任何人都无法比拟的。

"高频交易"的历史可以追溯到 20 世纪 90 年代末,当时,监管机构首次批准了电子股票交易。在此之前,纽约证券交易所中大部分的股票交易都是通过专家经纪人完成,他们在偌大的交易大厅中来回奔走,地上满是厚厚的雪茄烟灰和一张张交易记录。我依然记得,20 世纪 90 年代的某一天,在一位法学院朋友的安排下,我头一回见识了纽约证券交易所交易大厅的混乱景象。那是一个极度疯狂的场面:满屋子的人大呼小叫,灯光闪个不停,电话铃声此起彼伏。在当时,如果一笔交易能够在几秒钟内完成,那就称得上是神速了。如今,高频交易已经占了美国股市总体成交量的 70%。美国证券交易委员会将高频交易誉为"近年来市场结构的重大发展之一"。计算机统治着现代的股票市场,它们根本没有耐心等待专家经纪人的喊价或者电话指令。随着交易信号的传播速度接近光速,交易大厅里闪烁的灯光也显得相形见绌。电子交易所如雨后春笋,迅速发展,而纽约证券交易所名声在外的交易大厅以及工作人员逐渐变得无关紧要。现在,一笔交易只有在几毫秒的时间内完成,才可以用"快"来形容。

斯科特·哈里森认为,更加快速的交易系统可以带来更多的利润。在他看来,凭借快速、新型的计算机交易平台,UNX 公司完全能够与规模更大、资金更为充足的公司分庭抗礼。果然不出所料,哈里森和 UNX 公司在高频交易的"军备竞赛"中赢得了胜利,至少是一段时间的胜利。不过,这种结果的出现,却并非出于他们当初所设想的原因。

随着新型计算机设备的启用,UNX 公司的交易成本骤然下降。全新的交易平台极大地提升了 UNX 公司的业务能力。突然之间,UNX 公司买卖股票的成本低于所有同行,客户因此蜂拥而至。消息一经传开,华尔街上的其他经纪人坐不住了。他们极力想要弄清,UNX 公司为何能在如此短的时间里取得如此佳绩。正如哈里森所形容的那样："我们的竞争对手一个快似一个，诸如雷曼兄弟公司、瑞士联合银行（UBS）、琼斯交易公司（Jones Trading）等等，现在我们打败了它们。前一天我们还是无名之辈，一夜之间就变成了天下第一。他们不断打来电话询问：'你们这些家伙到底是谁？你们为什么会爬到第一的位置？'"哈里森为此激动不已，他俨然成为了人们心中的英雄。

到2007年底，UNX公司无可争辩地排在了第一。一年之前，在普莱克思投资顾问公司（The Plexus Group）关于各大证券交易公司的排行榜中，我们甚至都找不到UNX公司的名字。现如今，UNX公司几乎在每个相关的指标分类中都雄踞榜首。哈里森是一位精益求精、追求完美的领导者。尽管UNX公司的新型交易平台已经取得了巨大成功，但他认为，如果将公司的计算机从4800千米之外的伯班克搬到纽约，公司的业绩就可以再上层楼。因为这样一来，他们的计算机与纽约证券交易所以及纳斯达克的交易设备就离得更近，而大多数的证券交易都是在两个地方最终完成的。在当时，很少有人关心交易数据的传输时间，但哈里森知道，地理上的传输距离会导致时间的延误：即使是在光速的条件下，UNX公司的订单也需要相对更长的时间在全国各地来回穿梭。

延迟视窗

从65毫秒到30毫秒

哈里森研究了UNX公司的交易速度，他注意到，从一笔交易被输入公司计算机的那一刻，到这笔交易最终在纽约完成，一共需要大约65毫秒的时间。其中一半的时间花费在从西海岸到东海岸的穿行上。更近就意味着更快，而更快就会更出色。因此，哈里森将公司的计算机全部打包，运到了纽约，然后再次启动了开关。

按照哈里森的说法，这正是事情的蹊跷之处。他解释道："到了纽约之后，我们把一切设备都安顿停当，不出所料，交易速度得到了提升。通过把设备搬到东部，公司节省了35毫秒的交易时间。一切都在按计划进行。""但是突然间，公司的交易成本却比以前更高了。我们总是在更高的价位上买入股票，卖出之后的收益也变得更少。虽然交易速度变得更快，但执行效果却大不如前。这是我所见过的最不可思议的事情。我们花了大量的时间去确认结果，一遍遍地进行检验，但最终得到的都是这个事实。无论我们怎样努力都没有用，速度越快，结果反而越坏。"

"最后我们放弃了努力，决定稍微放慢计算机的运行速度，看看会有什么样的结果。于是我们延长了计算机的操作时间，当每一笔交易时间回到65毫秒时，公司又重新登上了排行榜的顶端。这真是太奇怪了！我的意思是说，我们身处全球最有效率的金融市场，每一秒钟的交易额就达几万亿美元。搬到纽约之后，我们的速度变得更快，但结果却变得更糟，于是我们把速度降了下来，问题反而得到解决。这是最令人费解的事情。在这样一个速度至上的世界里，即便你放慢速度，居然也可以做得更好。"

延时的最小化与最优化

UNX公司的这段经历看起来有些怪异，甚至颇为神秘。然而，在现代通信技术领域，这种事情已经司空见惯。对某些工作而言，最佳的办法就是尽可能快地发送数据。但是在处理其他一些任务时，信号传递得太快并不是一件好事。你需要多快的速度，取决于你做的是什么样的事情。有时候，来得早不如来得巧。

的确，对"延时量"的管理，已经成为一笔价值数十亿美元的生意，而且并不只存在于股票交易市场。所谓"延时量"，是指通信系统中时间延迟的总量。

延时最优化与延时最小化的生财之道 03

当你的有线电视或网络连接出现故障时,技术员会向目的地发送一个回显请求,以检测数据往返的延迟时间,即一个数据包从机顶盒或计算机发出,到达目的地后再原路返回所需的时间。人们常常希望发送的数据能够尽快返回。在使用卫星电话通话时,有时需要等待半秒钟的时间才能听到对方的回答,这不能不说是一件让人恼火的事情。如果延时量太高,说明数据信号的往返速度太慢。正常的通话将无法进行,在线游戏会变得一塌糊涂,因为即使在光速的条件下,卫星传输中稍长时间的延迟也会让玩家的互动成为泡影。同样的道理,实施远程手术的外科医生需要即时的信息反馈,因此卫星直播的方式存在太大的风险。对于电话、在线游戏以及远程手术而言,速度常常是至关重要的因素,慢就意味着缺陷。

然而在另一些时候,我们并不需要太快的信号。与卫星传输的延时量不同,国内电话的延时量通常都少于 150 毫秒,这已经快过人类对声音信号的反应时间,所以我们几乎感觉不到延时的存在。电话公司本可以投资对通信系统进行改造,将延时量降到 150 毫秒以下,但他们不会这样去做。更快的通信速度并不能让我们的体验效果变得更好。事实上,如果计算机被设定为只能在某个特定时段内接收数据包,那么过早发送信息很可能会导致效率低下或者网络拥堵。

计算机程序员常常在程序代码中写入暂停指令,以保证目标计算机有足够的时间做好接收数据的准备。在通信领域中,速度并不重要,慢一些反而更好。

因此,技术顾问往往会建议所属公司在时间与成本之间寻求一个平衡点,以制定合理的延时管理预算,既能确保数据准时到达,同时也可以避免因为信号发送太快而增加成本。关键是要找出最理想的延时量。速度至上的原则并非人人适用。

通信行业的延时量问题或许显得比较深奥，但事实上，延时管理其实就类似于人员管理。如果一家公司要求销售人员提前一个小时赶到会场，那它就不得不为他们多喝的咖啡买单；如果一家公司要求所有与会者都必须提早一天出席会议，那它就不得不为此多支付一天的食宿费用。如果客户并不在意销售人员到达的时间，只要他们能准时出现就行，那为何还要让他们提前赶到？并不是所有的公司都愿意为销售人员的提前到达支付额外的费用。因此最根本的原则是，**具体需要多少延时量，取决于我们准备做什么样的事情**。我们是更注重时间，还是更在意成本？如果时间是关键，要尽快行动，将延迟时间降到最低。如果成本更为重要，应该稍作等待，伺机而动，把握最理想的延迟时间。总之，延时的最小化与延时的最优化是两个完全不同的概念。

当一名职业网球选手面对高速而来的发球，或者一个情绪健康的小孩面对诱人的棉花糖时，他们所做的反应，都属于延时的最优化。他们不会立即采取行动，而是利用额外的时间间隙去识别球位或者调整心率，然后从中获益。与他们一样，具有延迟优化功能的计算机并不会每次都做出迅捷的即时反应。它们的目标是：不求最快，但求最好。

那么什么是延时的最小化？让我们来看一个极端的例子。

在负责传递证券交易数据的光缆线路中，有一条线路的使用率非常高，这就是连接芝加哥与纽约的光缆线路，这是因为芝加哥是期权、期货的主要交易地，而纽约则是股票交易的中心。虽然这条光缆线路是沿着陈旧的铁道线蜿蜒铺设，中间需要穿越印第安纳州、俄亥俄州和宾夕法尼亚州，但是，许多公司对它的传递速度感到满意，这些公司并不关心交易数据是否可以早到几毫秒钟，就像我们不会在乎快递包裹具体是早上8点59分送达还是9点整送达一样。然而，另一些公司却想要一条更快的线路。在这种需求下，延展网络公司（Spread Networks）花费了两年时间和几亿美元，挖掘了一条由芝加哥向纽约直线延伸的光缆线路。这条新开通的直达线路就像联邦快递的超速升级版,如果谁想用它来传递交易数据,就必须支付一笔昂贵的费用。不过,为了把延迟时间降到最低,很多公司愿意花这笔钱。毕竟,它们因此节省了整整3毫秒的时间。

为什么这3毫秒如此宝贵?要知道,对某些交易商而言,一份电子订单是否能够最先送达,决定了这笔生意到底是赚钱还是赔钱。如果只有一只股票可以用较低的价格买进,那么最先送达的购买订单将锁定这个价位,而晚到一步的订单很可能就要承受更高的价格。高速交易是一场瞬息之间的军备竞赛,就像一次速度超快的节日抢购。在感恩节后疯狂大促销的黑色星期五,如果你没有挤进第一批排队的顾客中间,那么在你跨进商店之前,那些超划算的特价商品就已经被抢购一空了。

高频交易商认为,所有的投资者都能从计算机化的超速交易中获益,因为我们完全可以根据自己的需要,以最低的成本买入或者卖出股票。另一些人则反驳说,**越来越快的交易速度不但是社会资源的浪费,而且存在重大隐患**。批评者们相信,虽然我们侥幸地躲过了一次高频交易引发的股市崩盘,但是在将来的某一天,我们可能就不会如此幸运了。问题的症结在于,虽然股票价格可以迅速反映当前的最新行情,但短期股价波动太大,并不能体现企业的长期价值。有时候,如果股价在自动交易程序的推动下朝着一个方向运行太过的话,那么它最终将骤然反转。从根本上看,这是一场关于计算机与人类决策机制谁优谁劣的争论。是让计算机完全依靠其无法感知的超快速度进行交易,还是需要人类进行有意识的干预?

36分钟的闪电崩盘

2010年5月6日,下午2∶32,发行共同基金的公司沃德尔—里德公司

（Waddell & Reed）的一名员工启动了一个计算机软件交易程序——这家公司的总部设在堪萨斯州的欧弗兰帕克（Overland Park），离我儿时居住的房子只有2千米。当时，沃德尔—里德公司希望通过出售所谓的"电子迷你"型期货合约，将自己所持股票的风险敞口减至41亿美元。"电子迷你"型期货合约是以居前个股的标准普尔500指数为标的，只不过每份合约的交易额很小，所以被称为"迷你"；又因为它是通过电子平台进行交易，不同于其他期货合约还在采用的"公开喊价"的疯狂方式，所以被称为"电子"。为了对冲41亿美元的股票，沃德尔—里德公司需要出售75 000份"电子迷你"型期货合约。

沃德尔—里德公司并没有让员工手动输入卖单，也没有通过经纪商来进行交易，而是依靠其自动化的计算机程序。每隔一分钟，这个程序就会计算出"电子迷你"型期货合约在上一分钟的市场成交量，然后以这个成交量的9%为标准自动售出"电子迷你"型期货合约。这种设计方案，是为了确保这75 000份期货合约至少需要几个小时甚至几天售完。然而事与愿违，这个程序最终引发了金融史上一次最为刺激的"云霄飞车"事件。起初，当沃德尔—里德公司的计算机开始出售合约时，其他的高频交易商通过自己的计算机程序伺机着手买入。此时，市场风平浪静，交易平稳。这种状态一共持续了大约9分钟时间。

但是，到了下午2：41，高频交易商开始出售自己手头积累的"电子迷你"型期货合约，减持清仓。由于他们从买家变成卖家，在随后的一分钟里，市场成交量开始增加，沃德尔—里德公司的自动程序随之做出相应的反应，售出了更多的"电子迷你"型期货合约。在第二分钟，更多的交易商选择出售合约，于是沃德尔—里德公司自动程序的出售量也同样水涨船高。到了第三、第四分钟，所有人都开始大量抛售"电子迷你"型期货合约，一个由计算机化的高速交易所制造的死亡旋涡开始形成。到了下午2：45，成交量呈现爆炸式增长，"电子迷你"型期货合约市场开始崩溃，它的价格在短短13分钟里下跌了5%。

当时，计算机化的高频交易在市场中占有很大比例。在短短 14 秒的时间内，高频交易商的成交量就达到 27 000 份，占市场总成交量的一半左右。

"电子迷你"型期货合约的贬值问题瞬间蔓延到金融市场的各个角落。计算机程序开始连锁反应，不仅抛售"电子迷你"型期货合约，而且开始出售这些期货合约所涉公司的股票。随着股价的下降，这些公司面临着始料未及的巨大抛售压力，不少公司的股票竟然无人问津。结果，经纪商出售股份的合法订单只能被报价奇低的"无成交意向报价订单"所消化——所谓"无成交意向报价订单"，是指一些公司遵照法律规定，不间断地开放一定数目的购买订单，而这些订单的报价很可能偏离真实的市场价格。

造成这种抛售压力的原因之一，是计算机的程序算法没能对这次金融震荡做出预测。为了规避这种虚拟的风险，许多高频交易商完全退出了头寸。继"电子迷你"型期货合约之后，股票指数也开始崩溃，合约所涉公司的股票同样未能幸免。下午 2∶47，埃森哲咨询公司的股价由 40 美元降到 30 美元，随后更在短短 7 秒的时间里暴跌至 1 美分。面对如此荒谬的无成交意向报价，尽管还有一些股票在买进卖出，但市场交易已经萎缩。几分钟后，日用品巨头宝洁公司的股价由超过 60 美元降到 40 美元。诸如 IBM、苹果、明尼苏达矿业制造公司以及通用电气之类的蓝筹公司的股价也急遽下跌。

然而，在随后的几分钟内，市场突然恢复了元气。埃森哲的股价再次逼近 40 美元，宝洁的股价也重新回归 60 美元以上。"电子迷你"型期货合约，以及其他所有股票，都重获生机。时至下午 3∶08，金融市场已经稳定下来，股市价格与沃德尔—里德公司启动交易程序之前的情形大体相当。当沃德尔—里德公司的计算机售完 75 000 份"电子迷你"型期货合约之后，操作指令结束，计算机程序中止。从崩盘到恢复，整个过程总共不过 36 分钟。人们称之为"闪电崩盘"。

你更看重时间还是成本

大量研究表明，在正常情况下，高频交易商是金融市场上切实有效的积极力量。他们可以增加市场流动性，使得股票买卖更加轻松，也更加廉价；他们有助于减少股价的波动，尤其是短期股价的波动，从而使股票价格保持相对稳定。然而，另一些研究显示，在市场走势极不明朗的时候，就像2010年5月6日那一天，高频交易会加剧市场的波动性，造成股价骤然升降。总而言之，我们无法判断高频交易到底是利是弊。

那么，我们应该如何应对高频交易呢？作为个人投资者，我们首先要学会的就是小心谨慎。虽然高频交易公司创造出数十亿美元的利润，但大多数交易活跃的股民，就像试图与职业选手同台竞技的业余玩家一样，注定以失败告终，而且很可能会头破血流。

对我们大多数人来说，购买股票之后应该耐心持有，只有在绝对必要时才选择抛售。然而，很多人都无法遵循这个简单原则。我们的交易常常过于频繁，这就像我们总是吃得过饱、喝得太多，或者贪赌好胜一样，道理相同。

尽管耶鲁大学社会学教授查尔斯·培罗（Charles Perrow）在他的论著中并没有谈到高频交易，但他曾建议让复杂系统适度"减速"，使系统的各个组元之间能够步调一致，以此减少可能的风险。这个建议不但适用于核电站、空中交通，以及巨型堤坝的风险管理，同样也适用于股市交易。受到三里岛（Three Mile Island）核泄漏事故的启发，培罗撰写了一部具有开创性的著作：《高风险技术与"正常"事故》（Normal Accidents）。

那么，股市交易是否也类似于一个复杂系统？在这个系统中，是否不可避免地会发生一次"正常事故"，使这个系统彻底瘫痪？这种想法很难让人感到愉快。而且，培罗针对复杂系统所提出的建议也非常极端：要么重新设计系统，把风险降到最低，要么完全停止活动。《高风险技术与"正常"事故》一书的出版距今已有三十多年，回过头看，培罗的观点所具有的广泛意义是，它告诉我们，如果我们拥有更多的时间和视角，就能够洞悉复杂系统的酿灾潜势。

我们需要明白的第二个道理是，虽然高频交易看上去是由计算机操纵，但在计算机的编程和监控方面融入了大量的人类智慧。

> 效益最好的高频交易公司都善于管理时间：在时机恰当的时候，它们会加速运行，但有时也会求慢求稳。

曾有几位顶级的高频交易商告诉我，他们会鼓励员工花更多的时间来制定决策，他们还会通过设计相应的计算机算法，来预测其他交易商的具体反应，然后静待这些反应的发生。有时候，这些计算机算法会被用来实现延时的最小化。但在多数情况下，这些算法的设计目的是为了追求延时的最优化：在交易的最初几毫秒，计算机只会买入或卖出少量股票，以此试探其他交易商的反应，就像击剑比赛中的佯攻战术一样。

如今，那些数一数二的证券交易公司都会开设有关决策学的内部课程，以确保公司交易员能够正确理解计算机算法在不同情况下的反应方式。他们更强调策略的运用，而非快速的运算能力。例如，在面试应聘者时，各大高频交易商喜欢问这样的问题：8／13与11／18这两个分数哪个更大？这样问的目的，并不是想看看谁能最先给出正确的答案，而是希望由此了解应聘者的思维方式。一位数学高手可以迅速地将这两个分数换算为千分位的小数，然后得出8／13更大的结论。但高频交易商对这种人兴趣不大。他们更喜欢善于思考的人才，这些人就像"看球—准备—击球"的职业网球选手，先不动声色，快速判断出这两个分数的公分母为234，然后做出回答：8/13等于144/234，11/18等于143/234。

另外，越来越多的证券交易公司也开设了关于扑克策略的课程，目的是为了强调深思熟虑比追求速度更为重要。扑克玩家不仅需要计算概率，还必须预测对手的出牌，它有助于培养一种讲求策略、面向未来的思维方式。如果我们想在股票交易中做出正确的判断，那么这一点至关重要。大型金融服务公司海纳国际集团（Susquehanna International Group）组织过一次为期10周的培训课程，其中四分之一的时间被用于针对扑克赌博的扩展分析。海纳集团的招聘总监在各大学校举办过扑克比赛，他还曾在麻省理工学院开班授课，教具就是一副扑克牌。

在个人投资者当中，没有多少人可以与那些精明强干、业务娴熟的证券交易商同台竞争，而且，也很少有监管机构可以追上他们的步伐。尽管有些政客强调，监管机构应该对高频交易实施严格管理，但现实的情况是，在计算机交易算法面前，监管机构没有太多的胜算，这就像要求他们在象棋比赛或《危险边缘》（Jeopardy）游戏节目中战胜计算机对手一样。联邦政府关于"闪电崩盘"的调查报告直到2010年9月30日才公布，而此时，市场参与者早已转向新的交易策略。如今，沃德尔—里德公司的交易程序已经无人问津。不过，虽然监管机构很难与高频交易商直接较量，但它们可以采取一项政策来防止闪电崩盘的再度发生，那就是：与其拼命追踪市场动向，不如通过下达明确的中止指令，来控制市场的交易速度。当股市下跌到一定程度时，证券交易所会启动熔断机制来强行关闭交易市场。因此，帮助证券交易商减速而行的具体办法是：强迫他们午间休息。

03 延时最优化与延时最小化的生财之道

延迟视窗

THE ART
AND
SCIENCE OF DELAY

午休时间干些什么好

20世纪90年代,我曾在摩根士丹利公司驻东京办事处工作。当时,在一天的股市交易中,东京证券交易所规定有90分钟的午休时间,这个规定所起到的积极作用让我印象深刻。当然,这并不是说摩根公司的交易员在午休时间里就会循规蹈矩。我在《诚信的背后》(F.I.A.S.C.O.)一书中描述过许多恶名昭著的交易行为,其中一些就发生在东京,而且就是酝酿于午休时间。不过,在一般情况下,暂停交易的做法可以让我们更加理性地分析当天的交易状况,从而保持头脑冷静。在这段时间里,我们可以分析数据,思考对策,当然,有时我们也吃吃午饭。

从历史上看,中国的香港、深圳以及新加坡的证券交易所都采用过类似的方法,规定了90分钟的午休时间。与之相反,世界上的其他证券交易所,包括美国在内,都是不间断地进行交易,从早晨开盘铃声响起,一直忙到收盘的时刻。如今,亚洲的金融市场正在向西方模式靠拢。2011年2月,东京证券交易所宣布将午休时间缩短30分钟。

遗憾的是,没有多少人支持这种强制午休的休市政策。不间断的股市交易深受大众欢迎,甚至包括那些只赔不赚的日内交易者。华尔街银行反对长时间的休市,许多监管机构也持同样的观点。从整体上看,证券市场正在向全球24小时不间断交易的方向发展。然而有趣的是,在支持股市"中场休息"的主要人士中,有一些正是反应敏锐、经验丰富的证券交易商。在制定交易策略时,他们经常会选择后发制人。他们深知,有时最快并不意味着最好。

在交易平台的延时管理中，存在着一个平衡点的问题，**最佳的延迟时间并非一成不变，它每一天甚至每一秒都在发生变化**。在2008年的一个相对较短的时期内，对于UNX公司所处的交易市场来说，最佳的延迟时间是65毫秒左右。因此，如果有人想知道UNX公司为何会有如此优秀的表现，那么我们可以给出最基本的答案：至少在当时的情形下，它采用了一种最佳的交易策略，即让其他公司先行一步，自己随后再进入市场。在这方面，UNX公司做得相当出色。如今，对许多高频交易公司来说，这种延迟是一件无法接受的事情。然而对于其他一些公司，或者其他一些交易策略而言，即使等待更长的时间，也可以算是明智之举。

虽然许多高速的交易算法能够根据最新信息，通过抢占先机来赚取钞票——他们可以利用计算机程序预测股价的走势，或者跟踪他人的订单。但是，渐趋流行的做法是，在交易的最初阶段，高频交易商往往只订购少量股票，然后静观他人的反应，以便试探水深，摸清底细。根据由此获得的供求信息，他们会在几毫秒之后开出更高或者更低的价格。他们要么全力跟进，要么抽身而退。高频交易商处于一个复杂的生态系统中，在这个系统内部，存在着成百上千种计算机算法，它们都在根据彼此的策略做出反应。和那些从事超反应运动项目的职业选手一样，高频交易商所进行的实际上是一种高速的战争游戏，他们必须竭尽所能，才能取得一点点的优势。

在某些情况下，最好的策略就是比其他计算机稍晚一些进行交易。有时，先下手者反而会陷入被动，晚起的鸟儿却可以吃到虫子。

举例而言，股票交易的最初几毫秒就像复活节"寻找彩蛋"游戏的第一回合。一些孩子飞奔入场，希望把自己的篮子填满，而另一些孩子则按兵不动。哪一种策略是正确的？这显然要视情况而定。如果你希望捡到的彩蛋越多越好，而且其他的孩子也都一拥而上，那么快速的行动是正确选择。但如果并非所有的孩子都一拥而上，或者你认为那些冲在前面的孩子肯定会漏掉不少彩蛋，那么最好还是耐心等待。尤其是如果你不想因为跑得太快而受伤跌倒（或许你对上次的受伤经历还记忆犹新），而且只要捡到一两个彩蛋你就觉得非常开心，那么不妨等到最初的喧闹平息之后，在第二回合里悠闲、安全地寻找彩蛋。换句话说，你需要等待多久，取决于你所在意的问题：是时间，还是成本。

与职业运动员一样，斯科特·哈里森、安德烈·佩罗特以及UNX公司了解到，延迟是一门艺术，即使面对的是毫秒之间的前意识反应，即使这些反应是出自计算机，而非人类所为。通过对交易时间略作延迟，UNX公司避免了因过快的瞬时交易产生的额外成本。乍看之下，我们可能会觉得UNX公司不思进取，没能抢占先手。UNX公司其实另有打算。通过瞬息之间的延迟，UNX公司争取到了十几毫秒的等待时间，这让它收获了更好的结果。

WAIT
THE ART AND SCIENCE OF DELAY

- 等待多久，取决于你更在意时间，还是成本。
- 你需要多快的速度，取决于做的是什么样的事情。
- 要知道，深思熟虑比追求速度更为重要。

Good decision-making depends on timing and judgment about timing.

最佳决策取决于时机，以及对时机的判断。

THE ART
AND
SCIENCE OF DELAY

WAIT
我们是如何"快"而不"乐"的

WAIT 慢决策

在这一章里，为了进一步探究"前意识"速度下的决策机制，我将违反电影《搏击俱乐部》（*Fight Club*）中的两条会员守则，好好谈论一番①。

《搏击俱乐部》里充斥着大量吸引眼球的次要情节和奇特观念，有时甚至达到肆无忌惮、惊世骇俗的程度。其中一个古怪的念头是：电影放映员可以将印有裸体男人的一帧图像拼接到电影中，以此观察这帧图像会对观众产生怎样的影响。而且，在《搏击俱乐部》的结尾，就拼接了一帧这样的图像。（为了验明此事，我曾特意租来《搏击俱乐部》的 DVD 一探究竟。）此外，还有其他一些单帧图像穿插于整部电影中，这些图像包含了各种令人匪夷所思的暗示性信息。虽然《搏击俱乐部》是一部十几年前的老片，但它仍然拥有一批狂热的影迷，一些铁杆粉丝通过一帧一帧地播放视频，将电影中夹杂的这类单帧图像逐一挑拣出来，而这些潜意识信息所传达的意义，也成为网络热议的对象。

但是，在观看这部电影的时候，我们不会意识到这些图像的存在。传统的视频格式都是"24p"，即每秒 24 帧，《搏击俱乐部》也不例外。因此，每一帧

---

① 在《搏击俱乐部》中，布拉德·皮特（Brad Pitt）扮演的主人公泰勒·德顿（Tyler Durden）说过这样一句话："欢迎来到搏击俱乐部。搏击俱乐部的第一条规则是，不许谈论搏击俱乐部。第二条规则是，不许谈论搏击俱乐部。"

的播放时间大约为42毫秒。然而，在42毫秒的时间里，我们来不及对视觉刺激做出任何反应。在这样的播放速度下，我们根本不可能做到在一幅单帧图像出现的同时按下按钮。

潜意识骗局？

尽管我们的意识无法感知电影中这些快速闪现的图像，但这种潜意识信息是否会对我们产生影响？更进一步地说，那些来自广告、电视等其他媒体的一闪而过的信息，或者我们的余光无意识中扫过的对象，是否都在以一种无法察觉的方式改变着我们的行为？当我们看过那些拼接进《搏击俱乐部》的单帧图像后，我们是否真的会因此做出一些不同的决定？

延迟视窗

与潜意识信息有关的历史可谓一波三折。在1957年，詹姆斯·维卡里（James Vicary），即一位备受争议的商人和研究者向公众宣布了他的一项实验结果，并正式发明了"潜意识信息"（subliminal messaging）一词。维卡里声称，他在新泽西州利堡市（Fort Lee）某家电影院的放映室里放置了一台速示器，在电影放映过程中，这台仪器不时向银幕投射"饿了吗？来包爆米花吧""喝杯可口可乐吧"等一闪而过的信息。结果，影院的爆米花与可口可乐的销售额分别上升了58%和18%。

维卡里在记者招待会上强调，通过为期6周的试验，他得出了上述结果，同时还宣布，自己刚刚成立了一家潜意识项目公司。维卡里并没有公布相关的试验数据，他甚至没有透露是在哪家电影院进行的试验。但他表示，自己的新公司将会帮助广告商充分利用这项研究成果。

维卡里的这种举动使得人们围绕广告业的利弊问题爆发了一场激烈的争论。20世纪五六十年代正是电视剧《广告狂人》的主人公唐·德雷珀（Don Draper）身处的时代，当时，广告行业获利丰厚、光彩照人，但同时也备受非议。消费者开始了解广告商是如何影响自己的决定的，他们对此深恶痛绝。有关思想控制的妄想和焦虑逐渐蔓延开来。当时，乔治·奥威尔的小说《1984》刚被拍成电影，万斯·帕卡德（Vance Packard）撰写的《隐形的说客》（*The Hidden Persuaders*）一书由于揭露了广告行业的诸多内幕，一时洛阳纸贵。

维卡里在利堡市进行的实验激怒了公众。美国广播电视协会禁止播放潜意识广告，英国和澳大利亚也采取了相同的措施。媒体公司的游说者提出倡议，应该对30秒的广告时长加以保护，因为他们担心竞争对手通过一闪而过的宣传信息更加有效地影响消费大众。但是，当科研人员对维卡里的实验进行深入研究时，他们发现并不能得出同样的结论。经过多年的调查之后，维卡里终于承认自己的实验是一场骗局。随后的一些研究显示，潜意识广告其实并没有什么实际效果。它无法诱导消费者购买更多的爆米花或可口可乐。这种广告看上去并不能改变人们的行为。

然而，人们对潜意识信息仍然心有余悸，差不多每隔几年就会爆发一场相当规模的抗议。其中一次引起公愤的事件发生在1973年。在当年的假日季节，普利斯曼玩具公司（Pressman Toy Corporation）为了宣传一款源自挪威的游戏"Hū sker Dū"，投放了一则电视广告，其中包含了一帧潜意识信息："来买它吧。"这让消费者怒不可遏。美国联邦通信委员会为此举行了听证会，并针对性地发布了禁令。其他国家，包括该款游戏的盛行之地加拿大，也都出台了同样的政策。

近年来，随着一些社会活动人士致力于清除影视节目中的不良信息，潜意识广告的渗透与追查已经演变为广告商、消费者以及监管部门之间的"猫捉老鼠"游戏。1999年，迪士尼公司召回了1977年版经典动漫《救难小英雄》(The Rescuers)的录像带，因为一位观众发现在其中两帧图像上，除了几只可爱的老鼠外还出现了一个半裸的女人。2000年，美国联邦通信委员会对小布什提出了指控，因为他在总统竞选活动中播放了一则抨击对手的电视广告，其中一帧图像含有"老鼠"一词。2007年，快餐抵制者们发现，在美国美食频道播放的《铁人料理》(Iron Chef)的一期节目中，有一幅包含麦当劳标志的单帧画面一闪而过。如此种种，不一而足。

然而，人们对潜意识信息的看法却不尽相同。一方面，它似乎的确是一种威胁。如果这种无意识刺激能够奏效，那么"老大哥"(Big Brother)①只要通过有针对性地闪现一些图像，就可以左右我们的行为，而我们对此却一无所知。如果潜意识的影响如此巨大，我们就要对其保持警惕，在必要时还应该设法躲避或者阻止它的发生。至少，在发现自己暴露于这种危险中时，我们可以适当地调整自己的行为。

然而另一方面，潜意识信息似乎显得荒谬可笑。那个在《救难小英雄》中一闪而过的半裸女人，真的会对观众的行为产生重要影响吗？许多所谓的潜意识广告看起来只不过是一种骗人的花招。

与大众的看法一样，有关潜意识信息的研究结果也莫衷一是。近年来，学界在这个问题上似乎形成了一种共识：虽然无意识的信息刺激可能会对人们的行为产生影响，但影响的效果却不大，而且也很难持久。

---

① 乔治·奥威尔的小说《1984》中的独裁者。——译者注

研究发现，只有当潜意识信息的内容与我们自己的行为意愿相互一致时，它的影响才较为明显。许多专家指出，即使潜意识信息真的会改变我们的行为，这种改变也只不过是聊胜于无。

然而，有新证据表明，潜意识信息可以产生持久深远的影响，尤其是当这些信息与我们的生活经验密切相关的时候。最新的研究显示，一些速闪图像可以在大脑记忆中残留几个小时，乃至几天。在某项实验中，当被试接收到的潜意识信息中含有苹果计算机的商标，他们在当天的工作中就表现出更多的创造性，而IBM公司的商标则没有这种效果。（抱歉！IBM公司）此外，如果一个人在潜意识中接触到高档饭店的照片，那么在当天晚上用餐的时候，他的行为举止会变得更加文雅礼貌。不过，从未进过高档饭店的人大概不会受到这种影响。再如，如果人们看到那些通常与老年人相关的词汇，如"宾果游戏""灰色""伤感"等，哪怕只有几毫秒的时间，他们也会因此出现走路缓慢、记忆力下降等现象，而且政治观点也会变得更加保守。由此说来，《救难小英雄》中的半裸女人也许真的会对有的青春期男孩产生不良影响。

如今有更多学者相信，潜意识信息能够驱使我们去做一些原本不会去做的事情，无论结果是好是坏。这种观点听上去让人难以置信，就像当年詹姆斯·维卡里声称可以让观众购买更多的爆米花与可乐一样。不过这一次，它是建立在客观事实以及真实可靠的学术研究之上的。

快餐带来的潜在危机

桑福德·迪沃（Sanford DeVoe）是多伦多大学罗特曼管理学院的助理教授，研究方向为组织行为与人力资源管理，他希望重新评估人们对激励与时间的看法，是目前致力于该项研究的青年学者之一。作为2007年就读于斯坦福大学的博士研究生，他发布了两项重要的研究成果，揭示了小时工资制是如何改变我们的行为的。此后，迪沃转而研究快餐的问题。

当我们中的大多数人走进麦当劳餐厅时，并不会意识到自己正在遭受各种视觉刺激的狂轰滥炸，许多人只是想点一份牛肉汉堡，然后把它吃掉。虽然我们清楚地知道这种食物的成分，也知道它会给自己的体重带来怎样的影响，但我们并不了解，麦当劳公司的商标、颜色是如何改变我们的一些行为，即便这些行为与食物毫不相干。我从未想过，麦当劳餐厅中的各种视觉刺激会影响我在餐厅之外的决定，尽管我以前是一位麦当劳爱好者，高中时曾在麦当劳餐厅打工。当年竞选堪萨斯大学学生会主席时，我还身穿一件麦当劳餐厅的工作服，大力主张准许麦当劳餐厅进入校园，以此作为我的主要竞选策略，不过我最终输掉了竞选。

对于麦当劳餐厅中的视觉刺激，迪沃抱着更为怀疑的态度。与普通人一样，迪沃也偏爱快餐食品。他显然了解这种偏爱所存在的风险，例如肥胖症、糖尿病等等，但从自己以及他人对快餐食品的反应中，迪沃发现了一个涉及广泛领域的研究课题，它可以揭示为何现代生活变得如此浮躁狂热。可以说，迪沃对这个问题的担忧，甚至超过了体重增加、胰岛素耐受，以及其他与快餐相关的健康危害。

自从2001年艾里克·施洛瑟（Eric Schlosser）的《快餐帝国》（*Fast Food Nation*）一书出版以来，在过去十年里，这些健康危害已经得到充分证明。然而，迪沃提出了一个更加耐人寻味的假设：我们每天都接收到来自快餐食品的各种环境暗示，正是这些暗示加快了我们的生活节奏。他告诉我说："研究快餐的念头源于我自己的亲身经历。我喜欢走进麦当劳，然后神气地点上一份牛肉汉堡大嚼特嚼，尽管它是高脂肪、高热量的食物。我知道自己不应该吃这种东西，但面对它的时候,我总是无法克制自己,立刻把它吃掉。按理说我应该好好品尝它的味道,但每次我都是两三口就把它吃完。我认为这是一种颇具意味的心理现象,里面包含了丰富的信息。"

迪沃想知道的是,现代人的时间观念与浮躁心理,是否受到了与快餐食品相关的视觉刺激的影响。当然,并不是每个人都热衷于快餐,有许多人对它不屑一顾,尤其是那些看到肉就讨厌的人,比如我12岁的女儿。然而,几乎所有的人都被各类快餐商标和广告包围。比起自己的父母或祖父母,我们大多数人的用餐速度都变得更快,无论我们吃的是不是快餐。在面对牛肉汉堡时,迪沃有一种狼吞虎咽的冲动,这种冲动是否仅仅是其中一个例子,可以说明我们在面对快餐食品时会下意识做出一系列的快速反应?迪沃开始怀疑,麦当劳不但让食物的烹饪速度变得更快,也让自己的生活变得更快。迪沃与另一位同事,同属于多伦多大学的仲晨波(Chenbo Zhong),决定研究潜意识中的快餐信息对一组大学本科生所产生的影响。

延迟视窗

快餐商标对阅读速度的影响

研究人员让学生坐在计算机终端面前,并要求他们注意屏幕的中心。在屏幕中心,会有一些感叹号("!!!!!!!!!!!!")一闪而过,然后在相同位置会弹出一个单词。研究人员要求学生对弹出的单词进行预测,并让他们忽略屏幕四周闪动着的一些彩色方块。当屏幕上的所有闪动停止之后,研究人员再让学生阅读一些简短的说明书以及一篇320字的关于多伦多的介绍文章。整个阅读过程没有时间上的要求,也不会进行检测,只要他们读完了文章,就可以向研究人员示意。

不过这些学生并不知道,他们中间的一半人所看到的,屏幕四周闪烁的不仅仅是彩色方块，其中还夹杂了12毫秒的快餐商标。这些商标包括了当今的六大快餐公司：麦当劳、肯德基、赛百味、塔可钟、汉堡王和温迪。没有一个学生发现自己接触到了这些快餐商标。和实验的对照组一样，他们说，自己只看到了彩色方块。

通常情况下，研究人员设计出这样的实验，是为了测试潜意识图像是否会让这些学生食欲大增，或者让他们更加贪恋快餐。但迪沃和仲晨波却试图揭示一些更加宽泛的因素，这些因素与食欲或食物无关，而是与速度有关。他们希望了解的是，在阅读关于多伦多的介绍文章时，那些潜意识中的快餐商标是否会影响受试学生的阅读速度。仅仅出现12毫秒的麦当劳商标是否会加快人们的阅读速度？

实验结果完全证实了这一点。同样是这篇关于多伦多的文章，对照组的阅读时间是至少84秒，而接触了快餐商标的学生只用了69.5秒。我们不知道这些学生是否同样理解了全文，或许他们来不及做到这一点，但无论如何，他们的阅读速度快了20%。这项研究表明，如果你想在考试前夜恶补功课，或者想以最快的速度完成一份阅读作业，那么你应该去麦当劳餐厅坐一坐。

1960年，全球只有200家麦当劳餐厅，如今这个数字达到了31 000。美国目前有超过250 000家快餐店，每天有四分之一的美国人会吃一次快餐。然而，人们花在阅读上的时间却越来越少。在一般的工作日里，平均每个14岁以上的美国人只有20分钟的阅读时间。在18~24岁的美国人中，有四分之一的人在一年之中从未享受过读书的乐趣。2012年，一个中等收入的美国人大概只会阅读6本书。

WAIT 慢决策

WAIT
THE ART AND SCIENCE OF DELAY

> 快餐的出现既节省了我们的时间，又加快了我们的行为。按理说，有了更多的时间和更快的阅读速度，我们本可以阅读更多的书籍，然而我们却越读越少。

迪沃和他的研究小组希望了解，快餐在加速我们生活节奏的基础上，是否会在其他方面改变我们的生活观念，甚至毁掉我们对日常生活乐趣的体验。难道快餐的负作用并不仅仅局限于身体方面，还牵涉我们的情绪状态和心理健康？难道是与快餐相关的信息刺激让我们对各类文化娱乐生活失去了兴趣，而阅读的减少仅仅是其中的一个表现？在最近的实验中，迪沃与他的同事仲晨波、朱利安·豪斯（Julian House）得出了一些出人意料的结论。

快餐商标干扰了人们的审美

WAIT 延迟视窗
THE ART AND SCIENCE OF DELAY

与检测阅读速度的实验一样，迪沃和他的研究小组让一群学生面对一系列闪烁的感叹号、单词以及彩色方块。不过，这一次研究人员不要学生阅读文章，而是让他们休息片刻，欣赏三张选自《国家地理杂志》的精美图片。参与者看过这些图片后，会立即自我评估他们此刻的愉悦程度。

根据那些接触了12毫秒快餐商标的学生所提供的自我评估报告，这些精美图片带给他们的愉悦感明显更低。不过，并不是快餐商标本身降低了他们的愉悦感。迪沃和他的同事们发现，如果一个学生只接触到快餐商标。而没有欣赏图片，那么他的愉悦感和那些既没有接触快餐商标，也没有欣赏图片的学生基本相同。因此问题的关键是，快餐商标是如何破坏学生对图片的审美能力。单纯的快餐商标会让学生变得既"快"又"乐"，快餐商标与精美的图片加在一起则让学生变得"快"而不"乐"。

研究人员想知道，与快餐相关的信息刺激为何会干扰人们的审美体验。因此他们设计了一个类似的实验，不过这次的实验内容是音乐。与图片相比，音乐的优势在于它的整个审美过程有着固定的时间长度，即旋律的持续时间。在该项实验中，受试学生所聆听的音乐取自歌剧《拉克美》(*Lakmé*)中《花之二重唱》(*The Flower Duet*)的前86秒。

与有关图片的例子一样，整个实验中愉悦感最低的，是那些既接触到快餐商标，又聆听了音乐的学生。显然，快餐商标影响了他们的审美愉悦。而且，由于音乐的持续长度为86秒，迪沃和他的研究小组可以测试实验中的另一个变量：焦躁感。为了了解快餐商标是否会让学生变得焦躁不安、缺乏耐心，迪沃等人要求学生对这段音乐的时长做出估计。结果，接触到快餐商标的学生普遍认为这段音乐持续了更长的时间。此外，他们在有关焦躁感的其他测试中也得分较高。可见，来自快餐的信息刺激扭曲了这些学生的时间观念。快速闪烁的快餐商标使他们无法安坐下来欣赏美妙的旋律。

迪沃认为，快餐的这种影响是现代生活的隐喻，它揭示出一味追求速度、节约时间所带来的潜在危机。在节约时间方面，快餐堪称一项完美的设计，但是，它在加快生活节奏、节省宝贵时间的同时，却夺走了我们的生活乐趣。即使我们在空闲时间里去做一些本可以给我们带来乐趣的事情，比如说欣赏一下美丽的图片或动听的音乐，也同样感受不到太多的快乐。今天的人已经不太读书，也难得去一次博物馆或者听一场音乐会，是因为这些活动已经变得不再那么有趣了吗？我们文化生活的数量与质量都在下降，至少可以部分归咎于那些我们意识不到的信息刺激，正是它们加快了我们的生活节奏。正如迪沃所说："本来用于节约时间的设计，却产生了有讽刺意味的结果。快餐可以节约我们的时间，但也让我们失去了生活趣味。在节省下来的时间里，我们本可以尽情地享受各种文化生活，却变得兴味索然。是快餐让我们不再为花香而陶醉。"

而且，这种影响并不仅限于审美体验。我们在探讨高频交易问题时曾经指出，良好的决策取决于潜在的时机，以及对时机的判断。一些交易策略之所以失败，是因为它们主张做出过快的反应。同样，由于受到来自电视、计算机的各种图像信息的狂轰滥炸，我们自身的决策机制也被高速调动起来，这更容易导致我们做出错误的决定。当然，这种速度优先、文化让路的时代趋势或许无可厚非。但是，为了节约时间而付出这样的代价，恐怕也有些得不偿失，我们在上一章针对高频交易公司以及通信行业所做的分析，就很好地证明了这一点。

> 关于快餐的研究表明，我们应该针对自身的快速决策系统进行延时管理。一个毫无价值的信息很可能会导致我们过早地做出决断，即便我们根本没有意识到它的存在。

让潜意识无缝可入

我们中的大多数人并不希望那些速闪的快餐商标加快自己的生活节奏，也不希望它们妨碍自己享受美妙的艺术与音乐，或者左右自己的各种决定。无论在电影中闪过的男性生殖器官画面会起到怎样的效果，我们都不希望它存在（尽管《搏击俱乐部》这部电影大受欢迎，却一直没有研究对此给出定论）。总之，我们根本不想受到潜意识图像的影响。但是，我们如何才能避免这种影响？

措施之一是由政府部门对潜意识信息进行监管。当然，如果完全禁止潜意识信息的发布，这很可能会涉及言论自由的问题，但法律可以禁止各类企业利用潜意识广告误导消费者。如果有公司老板读到迪沃的研究发现以后，通过放映快餐商标来提高员工的工作效率,监管机构也应该予以制止。然而,与高频交易领域一样,监管机构很难跟上技术发展的步伐。要防止潜意识信息加速个人的生活节奏,我们不能完全依赖监管机构,这就像我们不能依靠监管机构来防止股票交易过于频繁一样。从根本上说,这个问题的解决之道在于我们自身,而非法律条文。

首先一点,我们应该充分了解自己在什么时候最有可能受到潜意识信息的影响。例如在饥饿或者口渴的时候,我们最容易受到餐饮行业的潜意识广告的影响。因此,如果我们在行车路上经过了不少快餐店,那么在到达目的地后,我们可以花上几秒钟的时间凝视远方,以便清除脑海中的不良信息。

一旦怀疑自己接触到了不想要的潜意识信息,我们不妨有意识地放慢自己的速度,以此抵消潜意识信息刺激所带来的影响。我们可以阅读得更慢一些,或者在走进博物馆或音乐厅之前稍作停留。

此外,我们还有一个更好的办法,就是让自己的大脑积极地运转起来。伦敦大学学院认知神经科学研究所的研究人员最近发现,只有当大脑大部分处于闲置状态时,潜意识图像才会对我们的行为产生影响。相反,如果我们的大脑正忙于工作(在实验中,研究人员要求参与者在一串连续的字母中找出蓝色的"Z"或白色的"N"),这种图像就干扰不到我们。研究人员还以《搏击俱乐部》为例来说明这个最新的发现:**让大脑保持活跃,潜意识信息就无缝可入。**

因此,在观看《搏击俱乐部》时,如果我们专注于电影剧情,而且从头至尾都在钻研情节的发展,电影中的潜意识色情图像就不大可能对我们产生影响。

但是，如果我们看电影的时候心不在焉，大脑正好处于闲置状态，那么电影中的色情图像就会带来负面的影响。（当然，如果你本身就喜欢这类图像，那就另当别论了。）**面对潜意识信息，最好的免疫方法是积极思考。**谷歌搜索引擎的用户曾经举报过一个系统漏洞，据说在搜索过程中，该漏洞会引发一些包含淫秽内容的潜意识图片。这个问题的确令人担忧。不过很少有人知道，这类图片的最大受害者，是那些在网上无所事事的人。

当然，一旦图像持续的时间够长，我们就能察觉它们的存在，清晰可见的图像会给我们的反应和决策带来更为持久的影响，而不仅仅是毫秒之间。如果一个人盯着快餐商标或色情图片看上几秒钟乃至几分钟，那么他肯定会深受影响。无论是日常开车，还是徒步行走，我们身边总是会出现各式各样的快餐店，或者衣着暴露的模特照片。不过，我们对这些图像的存在已经熟视无睹，很少意识到它们所带来的影响。

到目前为止，本书已经从多个角度探讨了毫秒的世界。接下来，我们要将研究视角从"毫秒"扩大到"秒"。我们将分析那些"稍慢一拍"的决定，在面对这类决定时，我们有足够的时间做出反应，无论这些反应是否出于明确的意识。这些决定强调速度，但却并非快到极点。这是一个至关重要的区别，一旦拥有几秒钟的反应时间，我们就可以进行思考，而思考是一把双刃剑——它既能创造机会，也会带来危险。

我们是如何"快"而不"乐"的 04

WAIT

THE ART AND SCIENCE OF DELAY

- 潜意识信息在以一种无法察觉的方式影响着我们的行为。
- 我们要对潜意识的影响保持警惕,在必要时应设法躲避甚至阻止它的发生。
- 面对潜意识信息,最好的免疫方法是积极思考。

05

毫秒

09

SCIENCE OF DELAY

第二部分

间 的决策

> 行动本身不会让我们赚钱，
> 做对了才有赏

The best
decisions
are those we have
prepared for in
advance.

最好的决定往往出自预先的准备。

THE ART
AND
SCIENCE OF DELAY

5

WAIT

压力，专家瞬间变
菜鸟的罪魁祸首

心理学家通常认为，人类的大脑拥有两个系统："系统1"负责不受意识控制的自动反应，"系统2"则掌管人们的意愿行为和思考活动。不过，这并不是说人类大脑中真的存在两个相互独立的生理系统，诺贝尔奖获得者丹尼尔·卡尼曼（Daniel Kahneman）就明确指出："无论是在大脑中，还是在身体的其他部位，都不存在所谓的两个系统。"但一些科学家认为，这种两分法的观点正好可以用来概括人类两种不同类型的心理活动。

到目前为止，本书所考察的都是被心理学家称为"系统1"的心理反应。正如我们所看到的，即使在各类超速的前意识反应中，时机的把握与延迟的战术也发挥着重要的作用，虽然这些反应在心理学家看来属于无意识范畴。哪怕只有一刹那的时间，也足够发生大量的心率变异、运动反应或者潜意识作用。

从这一章起，我们将关注与系统2有关的决策行为。一旦拥有至少半秒钟的选择时间，我们就可以进行有目的、有意识的思考，这种思考或许会强化系统1的无意识反应，但也可能延缓或者改变这种反应。因此，当两个系统都参与到决策中时，我们常常会感到纠结：是依靠直觉判断，还是仰仗理性分析？是遵循本能的情绪活动，还是动用逻辑的思考能力？

05 压力，专家瞬间变菜鸟的罪魁祸首

几秒钟的时间足以让我们针对某些选择判断进行充分的思考，但不足以应对所有的问题。

本章的内容将告诉我们，大脑的这两个系统其实都容易出错，尤其是在时间的压力之下。系统2的确可以纠正系统1所犯下的错误，但它也可能推波助澜，错上加错。

专家怎会变菜鸟

在以秒计算的"意识世界"中，我们所面临的最大难题是：一个人很难弄清自己什么时候可以当机立断，什么时候又必须三思而后行。换句话说，我们难以弄清自己到底是一个行家还是一个新手。通常情况下，行家无须瞻前顾后、拖延时间，但一个新手则应该尽可能地延迟自己的决定。然而，在区分行家与新手的时候，有一种情形最具迷惑性：由于多年的相关工作经验，我们本来算得上是某个领域的行家，但是，某个突然的变化却让我们陷入了"菜鸟"的境地。但是，没有多少行家愿意承认，甚至意识到自己变成了新手。

1978年11月19日是一个星期天，对纽约巨人橄榄球队的进攻教练鲍勃·吉布森（Bob Gibson）来说，又是一个黯淡无光的秋日。纽约巨人队算得上一支老牌劲旅，早在20世纪20年代，它在传奇教练纽特·罗可尼（Knute Rockne）的率领下就曾拿到过联赛冠军。这种辉煌一直延续到50年代，当时，这支球队可以称得上是"明星阵容"，它的灵魂人物正是后来成为体育评论员的著名跑卫弗兰克·吉福德（Frank Gifford）。但是，这些发生在纽约波罗球场和洋基球场上的骄人往事已经随风远去，这支球队已经15年没有打入过季后赛了。为了让巨人队重新振作起来，球队老板不断招兵买马，引进球员，甚至还在梅多兰兹赛马场旁边修建了一个顶级训练场馆，但一切都徒劳无功。

就这一赛季而言，巨人队的出线希望也非常渺茫，它已经连续输掉了三个客场比赛。5胜6负的成绩将球队逼上了绝路，它必须在自己的主场战胜同一赛区的费城老鹰队，而此时老鹰队比巨人队多赢一场。这给了鲍勃·吉布森教练巨大的压力，他必须制定和实施一套行之有效的进攻战术，力求击败以强硬的防守型打法著称的老鹰队。

在比赛中，巨人队的开局堪称完美，当时还是二年级学生的四分卫乔·皮萨尔希克（Joe Pisarcik）在第一节中送出了两个达阵传球。但随后形势逆转，教练吉布森的进攻方案没能奏效，老鹰队掌握了场上主动权。在第四节快要结束的时候，老鹰队只落后巨人队5分，此时，球场上的所有观众都屏住了呼吸。作为老鹰队的明星四分卫，罗恩·贾沃斯基（Ron Jaworski）以善于在最后时刻发动制胜一击而著名，他在四个赛季中都有过这样的举动，而且在前一个月他就成功了两次。随着老鹰队离巨人队的达阵区越来越近，贾沃斯基毋庸置疑会送出一个绝杀的达阵传球，彻底粉碎巨人队打入季后赛的希望。如果不出意外，巨人队的球迷将再次迎来一个大失所望的赛季。

突然之间，奇迹降临，曙光重现。巨人队的防守后卫、赛场新秀奥迪斯·麦金尼（Odis McKinney）成功地截断了贾沃斯基致命的达阵传球。比赛只剩下不到一分钟的时间，赛场观众已经开始把酒相庆，欢呼雀跃。他们即将迎来一个无比重要的时刻，在多年的失败之后，巨人队马上就可以扬眉吐气了。吉布森教练只须让他的球队打完三档快攻，就将赢得比赛。皮萨尔希克和他的队友已经开始庆祝这扭转乾坤的胜利。

在第一档中，吉布森教练布置了一个冲锋达阵的战术，巨人队获得了短距离的推进。由于比赛只剩下31秒的时间，按照一个教练的正常做法，吉布森应该布置这样的战术：让四分卫皮萨尔希克向他的队友下达"裆下后传"的指令，然后将球从两腿之间抓起，再将球压在身下；一旦对方球员触碰到他，那么此次进攻就算结束①。老鹰队随后将用完最后一次暂停,而皮萨尔希克将在第三档中故技重施。此时,比赛时间将全部耗尽,巨人队将获得胜利。

在第二档中,吉布森教练的确是按照常理出牌。他命令皮萨尔希克跪地护球。面对比赛结束前的这种表演,防守球队一般都会承认失败。但老鹰队和巨人队之间积怨已深,已经到了水火不容的地步。当皮萨尔希克做出"档下后传"动作时,身材壮硕的老鹰队内线卫弗兰克·勒马斯特(Frank LeMaster)没有坐以待毙,他以迅雷不及掩耳的速度突破了巨人队进攻内锋的中部,然后摔倒在地,差一点伤到了趴在草坪上的皮萨尔希克。双方由此发生了冲突,勒马斯特站起身来,挥舞着拳头。

然而,巨人队的球迷已经沉醉在美味的啤酒和胜利的喜悦之中,他们根本没有注意到勒马斯特所制造的插曲。直播比赛的哥伦比亚广播公司(CBS)已经用黄色字幕打出了制作人员的名单,克里基解说员也在向节目制作人、导演、拍摄人员以及数据统计员等表示感谢。老鹰队叫了最后一次暂停,克里基在电视里宣布:老鹰队已经被淘汰出局。

对所有人而言,这场比赛已经结束,除了巨人队的教练吉布森,他还必须做出最后的,也最为关键的一个决定。在这一天之内,吉布森承受着来自各个方面的压力:背水一战的比赛、起伏不定的比分、意想不到的冲突。在上一周的比赛中,皮萨尔希克曾经违背过吉布森的命令,他临阵改变了吉布森所布置的一次战术,吉布森对此还余怒未消。但这一刻,吉布森不得不将情绪因素放到一边,面对老鹰队的防守,吉布森必须全力保护自己的四分卫,避免他在最后时刻再一次受到冲击。如今,巨人队即将挺进季后赛,他们需要一个无伤无病的皮萨尔希克。

---

① 后来,出于对四分卫的安全考虑,美国国家橄榄球联盟改变了这种"触碰"规则。如今,只要四分卫做出跪地护球的动作就可以结束进攻,而不再需要对方球员的触碰。

吉布森知道，按照一般的做法，他应该让皮萨尔希克再次实施跪地护球的战术，就像他在上一档所做的那样。但现在的局面符合常理吗？根据常理，在比赛的最后时刻，当四分卫做出跪地护球的动作时，防守球队的队员不会上前拦截，这是一条不成文的规定。可是谁也没有想到勒马斯特会违反这个规定。既然勒马斯特已经这样做了，那么他就有可能故技重施，或者单独行动，或者和别人一起干。当老鹰队为了防守下一档进攻而重新集合的时候，空中弥漫着一股危险的气息。吉布森大脑中的两个决策系统开始了一场激烈的交火：当自己球队的核心成员遭受潜在威胁的时候，系统1迫使吉布森顺从本能的反应，而系统2则要求他做出理性的选择。他是应该让皮萨尔希克冒着再受冲撞的风险，在第三档中依旧跪地护球，还是应该选择一个更加安全的打法，以避免他的四分卫受到伤害？

他只有几秒钟的时间来决定战术。

意识控制与本能反应的生理学奥秘

相对于网球、棒球或者板球比赛中的击球手而言，橄榄球教练身处的是一个"慢速"的世界。他的工作环境类似于急救护士、消防员或者军队中的急救员。这些人过着快节奏的生活，他们的大部分决策都出自无意识的本能反应。不过，几秒钟的长度，也让他们拥有了一点点的思考时间。在这个相对较慢的时间维度里，一个人必须知道什么时候应该寻求理智的帮助，什么时候又应该排除理智的干扰。

在超反应运动中，我们的各类腺体和激素根本来不及做出反应。但在一些相对更慢的运动项目中，例如橄榄球比赛的最后时刻，我们往往有几秒钟的反应时间。在这段"漫长"的时间里，经验丰富的选手通常不会去思考到底该怎么做，以避免突然冒出的想法干扰生理系统的本能反应，尤其是在面对巨大压力的时候。这样做的好处是非常明显的。在篮球比赛的最后时刻，迈克尔·乔丹能够从容不迫地延伸时间的长度，即使他当时正飞跃于空中。1986年，46岁"高龄"的高尔夫球手杰克·尼克劳斯（Jack Nicklaus）在后九洞打出了30杆的成绩，最终赢得大师赛的奖杯。设想一下，如果尼克劳斯当时满脑子都想着如何挥杆，他是否能够有如此优异的表现？在面临压力的时候，这些体育明星都表现得异常从容，内心没有一丝波澜。他们从不左思右想，而是依靠多年的训练，自然而然地做出本能反应。

在短短几秒钟内，系统2根本无法制定出一个万全之策，但这段时间却足以让一位教练的生理系统发挥作用，并对他的思考能力造成影响。系统1与系统2之间的相互干扰、相互摩擦，会让人做出错误的判断。

世界顶尖级的神经学家安东尼奥·达马西奥（Antonio Damasio）撰写过大量的文章，探讨我们的欲望和本能是如何迫使身体做出反应，从而让我们表现出某些特定行为的。根据他的发现，虽然神经元的反应极其迅速，一般只在几毫秒内，但由此引发的生理变化则相对较慢，有时慢上很多："神经信号会转化为化学信号，而这些化学信号又会产生其他的化学信号，然后由它们来改变许多细胞和组织（包括大脑组织）的运转功能，并影响到促发这一循环过程的神经调控回路。"换句话说，虽然我们大脑的某些区域能够在瞬间做出反应，但身体其他部位的反应则需要更长的时间。

为什么我们的生理反应需要几秒钟的时间，而不是在刹那间完成？一种解释与进化有关。设想一下，在100万年前的热带草原上，有甲、乙两个以狩猎和采集为生的原始人。每当甲撞见一只猛兽的时候，他的心跳就会瞬间加速；而乙的心跳在一开始时并不会发生变化，直到几秒钟后他发现真的存在危险，心跳才开始加速。这里有一个利弊权衡的问题：反应的时间越快，心脏的损耗就越大，心跳瞬间加速的人很可能活不长久。根据达马西奥的说法："如果想要生存下来，我们体内的生化过程就必须保持在一个合适的范围之内，过度偏离这个范围……可能会导致疾病或死亡。"这也就是说，稳定的反应能力与人类的进化息息相关。我们的祖先必须甩掉身后追赶的猛兽，但他们也需要维持健康的身体以延长寿命。结果显而易见：那些生理反应过于迅速的原始人逐渐灭绝，而我们的生理反应天生就有短暂的延迟。

此刻，老鹰队叫了最后一次暂停，吉布森教练必须做出决定，到底该布置哪一种战术。他的体内充斥着各种生理反应，其中的"主角"是肾上腺髓质，它位于肾脏的顶部，恰好就在我们所认为的肠道系统的中间。当吉布森感知到危险的时候，大脑基底神经节中的神经元产生一系列的反应，指挥他的肾上腺髓质分泌出促发"战斗—逃跑"反应的激素，特别是肾上腺素。肾上腺素导致他血压上升，而他的肾上腺皮质开始释放皮质醇，这是一种应激激素，他的血糖也因此升高。他的食欲和性欲完全受到抑制，胃部的血流量开始下降，他变得口干舌燥。从生理上说，他已经几乎瘫痪。

事实上，他的精神状态也一片混乱。大脑前额叶皮质的大部分执行功能出现障碍，完全处于杏仁核的支配之下。杏仁核是两个形似杏仁的神经核，它负责处理来自脑叶深处的情绪反应。杏仁核释放出大量的去甲肾上腺素，这种应激激素会强化他对于刺激的反应，让他难以分辨事情的轻重缓急。他的决策机制开始高度关注安全性的问题。他的大脑仓促应战，就如遭受野兽的攻击，而正是这种生存本能，帮助我们的原始祖先存活了下来。吉布森教练面临着巨大的压力，他无法判断到底什么才是当务之急。他变得比平时更加鲁莽、草率，甚至精神恍惚。虽然一开始时，强调理智的系统2还在苦苦支撑，但是几秒钟之后，它败下阵来，吉布森默认了系统1的无意识反应。

当大脑同时遭受到各种刺激时，我们的意识活动难以发挥它的功能。我们的大脑装得越满，我们就越依赖无意识的反应。这就是吉布森教练的处境。时间一秒一秒流逝，他的大脑已经脱离意识的控制，向着本能迈进。他被各种刺激所包围，大脑已经满满当当。

专家用直觉决策

对于像职业橄榄球教练这样经验丰富的专家而言，大脑的过度负荷并不一定会带来问题。实际上，专家之所以优于新手，一个主要的原因就是：他们在面对各种刺激时，仍然可以制定出正确的决策。**专家能够关闭意识思维的阀门，完全凭借自己的经验和直觉，做出无懈可击的反应。**

专家们到底是如何应对时间压力的？心理学家加里·克莱因（Gary Klein）对此最有发言权。自1985年以来，克莱因就一直通过实地考察，研究现实环境中的专家如何做出紧急的决策。他的第一个重大研究项目得到美国军方的资助，这个项目最终成为有关专家决策机制的权威研究，它有助于我们深入了解吉布森教练所处的困境。

20世纪70年代至80年代早期，军方研究人员试图弄清人们到底是如何做出决策的。他们为此投入了数百万美元，并开发出一套昂贵的辅助决策工具，以供战场指挥官使用。这种辅助决策工具由一系列的流程图构成，详细说明了人们在各种情况下的反应表现。然而，正如克莱因所言："没有人会去使用它。他们耗费了10年的时间和大笔的费用，但并没有取得显著的进展。"

于是，克莱因向美国陆军社会和行为科学研究所毛遂自荐。他表明，自己可以通过一项研究帮助军方解决这个难题，不过研究的对象不是军事指挥官，而是制定救火方案的消防指挥员。这些人都有着丰富的经验，而且也是在极其紧迫的时间压力下进行工作。克莱因认为，消防指挥员和军事指挥官的决策机制相差无几。传统研究方法的屡次失败，让军方项目负责人决定孤注一掷。他们同意初出茅庐的克莱因参与军方的研究。克莱因的项目获得了批准。

克莱因首先与消防指挥员进行基本情况的交流,让他们针对各大工商管理学校所教授的决策模式做出评价。这个模式强调"理性选择"的决策机制:识别问题、评估风险、权衡利弊,最后选出最佳答案。

但是,消防指挥员们对此一窍不通,对他们来说,这种模式没有任何意义。当克莱因询问他们有关决策、选择以及权衡利弊的问题时,这些人根本听不明白。一位经验丰富的消防指挥员说:"我没有做过决策。即使我这么做了,我也不知道。"

相反,消防指挥员所依靠的是他们的经验。每当面对一场具体的火灾,他们自然而然地知道要做些什么,他们不会根据评估结果来做出决定,而是直接采取行动。如果火势垂直向上蔓延,他们会自上而下喷射水柱。如果火势已经大面积扩散,他们将展开搜救工作,把人们带出火海。每场火灾都是一个特例,每个特例都有一种解决方案,根本没有选项可选。克莱因得出结论,对于消防指挥员这样的专业人士而言,他们的第一反应往往是正确的。"他们能够立刻掌握具体的行动方案……所以用不着考虑其他的选择"。

克莱因的研究获得了巨大成功。在军事战略、急诊医学以及快棋比赛等诸多领域,他都得出了类似的结论。克莱因曾经研究过一个案例,那是在1988年4月,两架伊朗的F-4s战斗机用雷达锁定了美国导弹巡洋舰文森斯号,在这种情况下,舰长威廉·罗杰斯(William C. Rogers Ⅲ)并没有下令向飞机开火。尽管当时两伊战争还在持续之中,但凭借多年的经验,罗杰斯知道伊朗飞行员只不过是执行演习任务,并没有实质性的威胁。他用不着动用复杂烦琐的决策矩阵来计算风险概率。他并不认为,在当时的情形下,两个伊朗飞行员会真的向他发动攻击。罗杰斯的判断是正确的。他很快做出决定:不开火。果然,这两架 F-4s 战机最后掉头飞走，一切相安无事。

WAIT
延迟视窗

THE ART
AND
SCIENCE OF DELAY

理论中的老手，实践中的新手

除了实地考察之外，克莱因还做了不少实验，他对比了专家和新手在几秒钟的时间内是如何做出决策的。在一项实验中，克莱因让一批医护人员和救生培训员观看一个短片，在片中，有 6 个人在执行心肺复苏的救生任务。看过之后，他们要在 6 个人中做出选择：如果自己处于危急状态，希望由谁来实施心肺复苏。事实上，短片里的 6 个人中，只有一个是真正的医护人员。

90% 的医护人员选择了短片里那位真正的医护人员。当被问及原因时，他们都无法指出到底是哪个特定的动作让他们觉得靠谱。他们只是大概地回答说："他似乎知道自己在做什么。"与之相对的是，只有 30% 的救生培训员选择了真正的医护人员，其余的人则批评他没有严格按照他们所教的规则行事，例如仔细地测量双手的按压位置。这些救生培训员或许有足够的资格教授心肺复苏术，但是，如果在生活实践中，当需要迅速做出判断的时候，他们仍是新手。

克莱因的另一个实验涉及国际象棋超快棋赛（blitz chess），它是国际象棋比赛的一个门类，每位选手只有 3～5 分钟的时间完成整个比赛。平均下来，一步棋的时间是 6 秒左右，这点时间只够一个普通人找到要下的棋子并把它抓在手里。在比赛的开局阶段，选手们都会按照固定的套路排兵布阵，因此每步棋的速度甚至更快。在超快棋赛中，根本没有时间来预测各种可能并对此做出分析。棋手只能立刻做出反应，然后按下计时器的按钮，让对方的时钟开始计时，自己的时钟则暂停下来。

专业棋手可以从容应对这种紧迫的时间压力。克莱因发现，在超快棋赛中，国际象棋大师的棋艺表现几乎不会受到影响。他们可以本能地找出最佳的下法，而无须耽搁时间。但是，对于那些新手而言，超快棋赛则意味着一场灾难。如果他们动用意识去思考下一步棋的走法，那么就将用去过多的时间；如果他们为了追求速度而仓促落子，那么质量就会大打折扣。无论哪种情况，他们的反应系统都负担过重，他们最终会输掉比赛。

克莱因认为，各个领域内的专家能手其实都和超快棋赛中的大师一样，在时间压力面前，他们往往关闭意识系统，完全依靠自己的直觉，因此能够万无一失。

在时间压力之下，新手的表现总是非常糟糕，因为他们会花费过多的时间进行思考，而他们的直觉也并不可靠。由此可见，如果你只有几秒钟的时间来做出决定，那么你最好是一个专家。

面对两架伊朗 F-4s 战斗机，罗杰斯舰长下达了不开火的命令，这充分显示了他的专业水准。但是，仅仅三个月后，罗杰斯舰长遭遇了一个更加复杂也更加紧迫的情况，他同样必须做出决定，而这个决定后来成为现代军事史上的一大研究热点。1988 年 7 月 3 日，文森斯号导弹巡洋舰上的船员向罗杰斯报告，一架他们已经追踪了 5 分钟之久的飞机进入了导弹射程。舰上战情中心人员认为它是一架伊朗 F-14 雄猫战斗机。

至少有一名船员认为这是一架商务客机。舰上人员通过无线电发出了数次警告，但是飞机没有做出任何回应。飞行清单显示，有一架商务飞机定于 32 分钟之前从伊朗的阿巴斯港（Bandar Abbas）机场起飞。这个机场就在附近，如果飞机是准点起飞，那么它现在应该已经抵达或者接近目的地迪拜，显然远离文森斯号所处的位置。这一商务航程只不过是穿越霍尔木兹海峡的短途飞行,耗时大约20分钟。但罗杰斯舰长并不清楚那架飞机是否已经按时起飞。

一个关键的判断因素是飞机的高度。商务客机在飞过文森斯号上空时会向高处爬升,但前来进犯的伊朗F-14战斗机则会降低飞行高度。如果罗杰斯舰长获悉飞机正在下降,他就可以下令用导弹攻击,但是,文森斯号的控制装置并没有显示飞机高度的变化情况,舰上人员不得不记录下窄小的计算机屏幕上闪现的高度数据,从而推断飞机高度的变化趋势。罗杰斯舰长事后表示,整个过程非常紧迫,"或许只有5~10秒的时间"。有几位船员进行了计算,但他们却得出了相反的结论。拥挤的控制室里喧闹嘈杂,人们对计算机系统所提供的飞行数据感到疑惑,而与此同时,飞机已经越来越近。

到上午10∶24,已经没有时间去确定这架飞机到底是上升还是下降,如果罗杰斯舰长再拖延几秒钟,飞机就会距文森斯号太近,舰上的武器将失去作用。罗杰斯决定开火,他发射了两枚SM-2MR地对空导弹,两枚导弹都命中目标,将飞机摧毁了。

很快,舰长和船员们懊悔地发现,它并不是一架伊朗F-14雄猫战斗机,而是伊朗航空公司的A300B2-203型客机。当时它正在飞往迪拜的途中,在接近文森斯号的时候,它的确是依照惯例向上爬升的。机上290名乘客和机组人员全部遇难,其中包括66名儿童,这一死亡数字在人类空难史上位列第七。这架飞机离开阿巴斯港的时间晚了27分钟。

所有的人都认为罗杰斯舰长是一位经验丰富的军官。接受委任23年以来,他指挥过多艘战舰参加远洋任务,包括一艘驻扎日本的基林级驱逐舰,两艘驻扎中东地区的斯普鲁恩斯级驱逐舰,以及文森斯号导弹巡洋舰。但这一次罗杰斯舰长面对的却是一个前所未有的情形:迫在眉睫的进攻威胁,船员们关于目标高度的不同意见,一架晚点起飞(罗杰斯对此一无所知)的商务客机,以及紧急无线电警告无人应答。仅仅三个月前,在应对伊朗 F-4s 战斗机的问题上,罗杰斯表现出了专家级的水准。但这一次,在陌生的突发状况和紧迫的时间压力下,他成了一个新手。

新手什么都别做,待着就好

如果我们不是专家,又没有时间做出理性的选择,那么最好的选择往往是什么都不做。新手总是容易做出错误的决断,所以明智之举通常是以不变应万变。

即使世界一流的专家有时也会陷入新手的境地,当这种情况发生时,他们通常应该什么也不做。有时候,你也许相信自己清楚地知道要做些什么,但是你最好不要轻举妄动,就像因为拿不定主意而不知如何行动一样。有人曾对顶级职业足球比赛中的点球罚射进行过研究,那一时刻,守门员必须面对对方球员近距离射门。结果显示,虽然守门员常常会跳向左边或者右边,但最佳策略却是待在球门中央。同样,我从传染病专家贾斯汀·格雷厄姆(Justin Graham)那里听到过一句行医格言:"什么也别做,待着就好。"

不做决策就是最好的决策

克莱因研究过这样一个案例,当某个小镇的消防指挥员赶到燃起大火的油罐区时,他看见的是一堵高达 30 多米的火墙。这次险情的火势之大、温度之高,超过了他以往经历的任何一次火灾。在大多数时候,这位指挥员都算得上一个专家,但此刻他成了一个新手。幸运的是,他意识到了这一点。他的队员也不知所措,没有人知道该做些什么。

通常情况下，他们会冲向火海，用水管灭火，但他们这次并没有这样做。这位指挥员事后回忆说："我们的脑袋好像都变成了石头。"消防员们没有做出任何决策。他们没有采取任何行动，只是眼睁睁地看着大火燃烧。

这个"不做决策"的决定是幸运的。如果他们试图扑灭大火，那么肯定会无功而返，还有可能葬身火海。相反，在熊熊的大火面前，指挥员和他的队员们努力想弄明白为什么火势会如此猛烈。两天之后，他们终于发现了一根直径 56 厘米的管道，它正源源不断地向一个燃烧的油罐注入新油。于是他们关闭了管道，让大火自行熄灭。

如果我们是初出茅庐的新手，而且只剩下几秒钟的时间来做决定，那么这通常已经太迟了。在时间紧迫的情况下，最好的决定往往出自预先的准备。真正的挑战是对导致我们可能由专家突然沦为新手的各种情况做出预测，并为此进行针对性的训练。克莱因建议人们不妨通过"死前验尸"的方法来进行准备。人们一般都是在做出错误的决定之后，再回过头来"开棺验尸"，汲取教训。而所谓的"死前验尸"是指预先设想自己做出了某个错误决定，然后寻求其中的原因。我们可以假设自己输掉了比赛、误射了飞机，或者葬身大火之中，那么为什么会这样呢？是哪个环节出了差错？是我们的想法带有偏见？还是手头的数据存在问题？"死前验尸"并不是几秒钟能够完成的事情，因此在危急关头出现之前，我们就应该做足准备。

不幸的是，如果你还没有做好这方面的准备，而你又算不上一个专家，那么这些真知灼见恐怕帮不上什么大忙。如果你不能停下来喘一口气，又得不到别人的帮助，而且对自己所处的境地也没有准确的把握，你十有八九会做出错误的决定。那些误认为自己经验丰富的新手逃脱不了失败的命运，等他们发现自己四面楚歌的时候，一切都为时已晚。最后再让我们回到吉布森教练身上。

"死前验尸"胜过"开棺验尸"

在这样千钧一发的时刻，巨人队球员都认为吉布森教练会要求皮萨尔希克跪地护球。这是一个专业教练的本能反应，再说，还有谁比吉布森更为专业吗？早在20世纪40年代，他就是扬斯敦州立大学橄榄球队的四分卫；50～60年代，他的大学橄榄球教练生涯成绩斐然。在担任鲍林格林州立大学队主教练期间，吉布森带队赢得了超过三分之二的比赛，其中包括中部美国联盟（Mid-American Conference）冠军头衔。在出任纽约巨人队教练之前，他已有20多年的执教经验。到1978年11月为止，吉布森在赛场上做出过上千个紧急决策。所有人都理所当然地认为鲍勃·吉布森是一位橄榄球专家。在绝大多数的赛事中，他的确如此。

然而，在与老鹰队的比赛中，当只剩下最后几秒钟就要进行第三档进攻的时候，吉布森教练变成了一个新手。他从未见过勒马斯特对皮萨尔希克所发动的这种攻击。谁也没有遇到过这种情形。此时，吉布森就像罗杰斯舰长一样，虽然并不清楚飞机到底是在爬升还是下降，却试图做出是否要将它击落的决定。

当吉布森发布"Pro 65 Up"的战术指令，要求皮萨尔希克将球传给克桑卡的时候，巨人队的球员们都惊呆了。在一片混乱之中，克桑卡告诉皮萨尔希克："别把球传给我。"但皮萨尔希克记得，就在上周，吉布森曾经因为自己的擅作主张而大发雷霆。巨人队的阵形杂乱无章，队员之间争论不休，其中一个向皮萨尔希克喊道："乔，你只管护住那该死的球！"

此时，哥伦比亚广播公司播音员唐·克里基正以熟练的口吻、飞快的语速播报着接下来将会出现的情况，他确信比赛已经结束："费城老鹰队的时间已经所剩无几,他们本以为可以通过这场比赛拿到一张外卡……但巨人队在比赛后程的一次成功截断锁定了胜局,最终将以 17∶12 险胜。比赛只剩下不到 30 秒的时间。"

然而,就在克里基漫不经心地指出"老鹰队已经没有暂停机会"的那一刻,皮萨尔希克没有控稳发球,他顺时针转身,寻找克桑卡的位置;此时,克桑卡正向他的左边快速移动。皮萨尔希克力图把球抓得更稳一些,但克桑卡已经离他太远了,他的传球没有落到克桑卡的手中,而是击中了他的臀部。球落到地上,弹在距离巨人队达阵区 24 米之外的草皮上。克里基大声喊道:"等一下,这是一个自由的……我不敢相信,老鹰队拿到了球,爱德华兹持球触地得分……这真是让人难以置信的变局……最让人震惊的变局……绝对不可思议……不可思议……不可思议。"

汤姆·柯里(Tom Curry),一位追随巨人队五十余年的老球迷,描述了当时的情景:"当时我们已经动身离开球场,我还有 6 个台阶就要到看台通道上了,这时突然听到 阵咆哮,我转身望去,只见赫尔曼·爱德华兹冲进了达阵区。我不由说道:'这真是活见鬼了!'"依靠这次触地得分,老鹰队以 19∶17 赢得比赛,这是老鹰队 18 年来首次挺进季后赛,巨人队则铩羽而归。这场比赛最终成为一个传说,名为"梅多兰兹的奇迹"。

第二天早上,吉布森遭到解雇。此后他再也没有涉足橄榄球运动,而是在佛罗里达州的萨尼伯尔岛(Sanibel Island)上开了一家卖鱼饵和杂货的商店。吉布森从来没有透露自己的战术决定主要出自本能的反应,还是快速思考的结果,对于研究决策机制的科学家而言,这不能不说是一件憾事。时至今日,他也拒绝谈论那次失误及其后果。他说自己"在三十多年里都守口如瓶,现在也不打算说出来"。

在巨人队被老鹰队绝杀之后，所有的橄榄球教练都认识到，在比赛的最后时刻，他们不能让自己陷入吉布森的境地，他们应该动用暂停机会，或寻求帮助。他们必须意识到，在面对压力的时候，自己的生物学反应可能会影响到决策的制定。他们需要进行"死前验尸"。

橄榄球队设计出新的"胜利阵形"，旨在保护四分卫和球；他们反复操练这些阵形，以确保在比赛的最后时刻，球队中的每个成员，包括教练在内，都能成为专家。他们启用了故障保险系统，这样一来，如果在比赛的最后时刻出现了始料未及的情况，进攻教练在布置新的战术之前，可以而且应当与主教练进行磋商。

执教过多支职业橄榄球队的迪克·福梅尔（Dick Vermeil）认为，吉布森的决定"让每位教练都记住了一个道理：你不要想当然地做出决定，你不能假定任何事情"。赫尔曼·爱德华兹，这位利用皮萨尔希克的失误一击致命的防守球员表达了同样的意思："我记得在比赛后的第二个星期，我们就在巨人队失球的位置增加了一个队员，以防发生意外。即使到现在，这也是我们每个星期六都要操练的一个阵形。"

如今，优秀的教练都会事先预测比赛后程可能出现的各种状况，并带队反复练习，以防万一。在篮球运动中，教练会针对比赛后程用完暂停机会的情况进行模拟训练，这样球员就不会再因想要求暂停而导致失误。在棒球比赛中，教练会依靠统计数据，判断何时采取短打战术或者换一个投手。在橄榄球的赛场上，人人都对吉布森教练的失误记忆犹新。

2009年11月，在对阵印第安纳波利斯小马队的最后一刻，比尔·贝利奇克（Bill Belichick），新英格兰爱国者队教练，决定在第四档中采用传球而非弃踢的战术，结果战术失败，小马队在爱国者队的达阵区附近夺球成功，并送上

压力，专家瞬间变菜鸟的罪魁祸首 05

了一记决定胜负的触地绝杀。贝利奇克的决策遭到许多人的指责，他们认为，弃踢战术可以让小马队的球员远离达阵区，这样就能减少对方得分的机会；一些愤怒的爱国者队球迷甚至将这次失利与"梅多兰兹的奇迹"相提并论。

但是，贝利奇克的决定与吉布森有着本质上的区别：在第四档进攻方面，贝利奇克是一个专家[①]。他在美国国家橄榄球联盟中担任了15年的助理教练和18年的主教练。对于赛场上的各种情形，他都有充分的研究和丰富的经验。他甚至还阅读并参考了有关第四档进攻的学术文献（是的，的确有这样的文献）。这些文献显示，他弃踢的战术使用得过于频繁，在当时的情况下，正确的决定是尝试进攻。

贝利奇克明白，从研究数据上看，在第四档中采用传球进攻的战术有明显的优势。他知道自己可能会输掉比赛，但是，传球进攻显然是正确的战术。在最后的几秒钟里，贝利奇克的身体和大脑都承受着巨大的压力，但作为一位专家，他只看到一个选择。凭借数十年的经验和大量的统计数据，他的直觉告诉他应该怎么去做。他不需要时间来权衡利弊。这20多年来他一直是这样做的。

- 如果你是某个领域的新手，与其仓促决断，不如不做决策。
- 专家能够关闭思考的阀门，完全凭借自己的经验和直觉，做出无懈可击的反应。
- 如果你只有几秒钟的时间做决定，那么你最好是一个专家。

[①] 同样，在2012年超级碗比赛的最后一刻，贝利奇克要求爱国者队的后卫放手让纽约巨人队发动触地得分的战术，因为他知道，巨人队通过射门绝杀赢得比赛的概率，远大于他们的四分卫汤姆·布雷迪（Tom Brady）突破防线触地得分的概率。这一次，贝利奇克又是一位专家，但爱国者队再次输掉了比赛。

For

some judgments

a few minutes

is better than

a few

seconds.

对某些决断而言,
几分钟的时间要比几秒钟更加合适。

THE ART
AND
SCIENCE OF DELAY

WAIT
偏见，决断2秒间的副作用

通常来说，医生不会是种族主义者。他们曾经立下誓言，对所有患者都一视同仁；大部分医生也的确是这样身体力行的。尽管医疗的商业气息变得越来越浓，但绝大多数学生在选择医生作为职业时，目的都是为了帮助他人，而不会在意对方的种族身份。在有关种族刻板印象的问卷调查中，各个专业的医生在宽容度上都有很高的得分，较少有偏见的表现。

然而，有一百多项研究表明，医生在行医过程中，往往会因为种族偏见与歧视而对患者进行区别对待。相比黑人患者医生更有可能将一位慢性肾功能衰竭的白人患者转送去做肾脏移植手术。心脏科医生向白人患者提供溶栓药物，以疏通冠状动脉血栓的概率是黑人患者的两倍。一般而言，无论是在精神疾病、癌症还是骨折方面，医生向白人提供治疗和药物的可能性要大于黑人。

无意识的种族偏见

在最近的一项研究中，实验对象是来自波士顿和亚特兰大的四所学术医疗中心的数百位主治医生。一个七人研究小组为他们设想了这样一个场景：一位名叫汤普森的男子因为胸部像刀扎一样疼痛来到急诊室就诊。研究人员向医生们提供了这位男子的照片，以及有关他身体状况的各种资料。为了弄清患者的种族身份会对医生的诊断产生怎样的影响,在向不同的医生提供照片时,研究人员随机更改照片人物的种族身份。因此,一些医生认为汤普森是位白人,而另一些则认为他是黑人。研究人员随后询问医生是否应该实施血栓溶解治疗,并要求医生谈谈自己的种族观点。

果不其然,研究小组再次确认了和先前的研究一样令人费解的现象:虽然医生声称自己并没有种族偏见的意识,但非常明显,他们更有可能向白人患者提供血栓溶解类药物。这些医生看上去并非种族歧视者,但他们对黑人另眼相看,没有提供足够的治疗,这分明是种族歧视的做法。

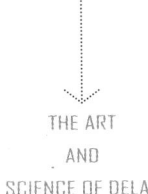

THE ART
AND
SCIENCE OF DELAY

为了解析这个矛盾现象,研究小组开展了一系列的测试,以确定医生是否暗地里,或者不自觉地偏爱白人患者胜过黑人。这类测试属于广泛应用于无意识偏见测评的"内隐联想测验"(implicit association test,简称IAT)的定制版本,不出所料,测验显示,医生在无意中对白人表现出更为积极的态度。测验已经证实,数以百万的人都存在这种无意识偏见,包括医生在内。这一点并不让人感到惊奇。

但测验带来了一个新的发现,同时也为上述研究发现的令人费解的现象找到了答案:一边是医生的 IAT 分数,一边是他们针对白人患者与黑人患者所做出的治疗决定,两者之间存在着明确的关联。简单地说,那些在无意识中偏爱白人的医生给白人患者提供的治疗要多于黑人患者。这项研究总结道:"在 IAT 中针对黑人的偏见度越高,建议对黑人患者实施溶栓治疗的可能性就越低。"可见,在面对黑人患者时,医生之所以会"大病小治",并不是出于明确的种族歧视,而是源自无意识的种族偏见。

研究人员表示,这一发现"说明医生和其他人一样,都可能怀有无意识的偏好和成见，而这会影响到他们的临床决策"。医生也许会坚称自己在种族方面上毫无偏向，但许多黑人患者却仅仅由于肤色的原因而得不到足够的治疗。

为什么无意识的偏见能够战胜有意识的宽容？人们对医生内隐性的种族偏好进行了研究，结果揭示出一个隐藏更深的现象：医生身上这种内隐的、无意识的种族倾向似乎具有传染性。

七人研究小组成员之一达纳·卡尼（Dana Carney）和哈佛大学博士后格雷格·威拉德（Greg Willard）向我们展示了这一点。他们让不同种族的学生观看一些短片，内容是一位白人和一位黑人之间的日常交流。在所有的录像中，黑人的行为都是一致的，但白人的举止却各有不同，相应地表现出一些种族歧视的行为，例如较少地露出笑容、某些特定的身体动作，以及整体的冷淡态度。

无论这些学生观看的是哪段录像，他们对片中白人的印象都没有什么不同。然而，观看了"偏见"录像的学生对片中的黑人则留下了更为负面的印象，种族偏见的程度也更高一些。即使研究人员将短片中的黑人镜头删去，然后让实验参与者观看一张黑人的照片，告知他们这位黑人就是片中白人的交流对象，结果也是一样。一旦学生看到片中白人的歧视之举，他们也会同样心怀偏见。

众所周知，医院和医生办公室可能是充满危险的地方，病毒与细菌无处不在，在传染病人和医生之间交互传播。我们现在已经知道，还有一种传染病在医院里——乃至任何地方，四处蔓延，那就是无意识的种族主义。它产生于我们高速运转的大脑，只要你稍微看一眼别人的表情，就有可能在几秒钟内感染上这种病。

无意识系统操控的"薄片分析"

1992年，纳利尼·阿姆巴迪（Nalini Ambady）和罗伯特·罗森塔尔（Robert Rosenthal）在发表于《心理学公报》（*Psychological Bulletin*）的一篇论文中首次使用了"薄片分析"（thin slicing）一词。他们用这个术语来描述人们见微知著的洞察能力。他们研究人们能够从一段简短、无声的录像剪辑中捕捉到多少信息。答案是：很多很多。

在1993年进行的后续研究中，他们有一个著名的发现。阿姆巴迪和罗森塔尔让一些人观看一系列简短、无声的教学录像，然后要求他们对录像中的教师做出评价。结果，这些评价与几个月来一直听这位教师上课的学生以及教学主管所给出的评价竟然惊人的相似。这项研究被学界广泛援引，用来证明无意识系统的强大能力。论文的副标题说明了一切——"通过非言语行为和体态魅力的薄片分析，我们可以对教师的评价结果做出预测"。

薄片分析的概念至少可以追溯到20世纪30年代。当时，心理学家高尔顿·奥尔波特（Gordon Allport）指出，人们能够在有限的接触中对他人的个性做出粗略的概括。在接下来的几十年里，一些心理学家宣称，只须瞥上一眼，人们就能对对方形成准确的印象。不过，这种观点一直存在争议，并没有太多的支持者。多数学者对此持怀疑态度。就在前些年，人们还普遍认为，我们对陌生人的第一印象往往并不准确，而且没有多少用处。

然而到了2005年，情况发生了变化。那一年，马尔科姆·格拉德威尔（Malcolm Gladwell）出版了他的著作《眨眼之间》（*Blink*）。这本书写得极其精彩，而且通俗易懂，它将阿姆巴迪、罗森塔尔以及其他学者所做的"薄片"研究呈现于广大读者面前。在《眨眼之间》的开篇，格拉德威尔讲了一个故事，用以说明薄片分析的非凡之处。当年，加利福尼亚州的盖蒂博物馆（J. Paul Getty Museum）购买了一尊大理石雕像，那么这尊雕像到底是真是伪？根据格拉德威尔的描述，有4位专家在看到雕像时立刻产生了一种厌恶感："在惊鸿一瞥的短短两秒间，他们对雕像本质的理解，要比盖蒂团队整整14个月的调查研究还要深刻。"

这个故事容易使读者产生一个简单的想法：利用强大的薄片分析，掌握好最初的两秒钟时间，你也可以成为一个专家，而且不仅仅局限于教学录像或者艺术鉴赏，还包括生活的方方面面。随着越来越多的人开始了解"最初两秒"的神奇魔力，薄片分析法逐渐成为流行新宠①。如果你在网络上搜索"薄片分析"一词，会得到400多万条结果。比如说，位于马萨诸塞州韦尔斯利市的加德纳咨询公司将帮助你"运用薄片分析的方法做出更好的雇用决策"。Virtulink公司开发了一套"薄片分析程序"，这是一种用以提升公司效能的咨询工具。

180个两秒钟

"决断2秒间"成为一句流行的口头禅，用来代称研究者所说的薄片分析。突然之间，人人都在谈论两秒钟的重要意义。芝加哥广播节目《闪亮秀》（The Lit Show）里的一句评论最具代表性："当我们遇到一位陌生人，或者面临某个挑战的时候，在最初的两秒钟里，我们的无意识会自发地进行筛选，以获取重要的细节。"无论是在访谈中、网站上还是《眨眼之间》里，马尔科姆·格拉德威尔都一再强调两秒钟的重要作用，他甚至将《眨眼之间》定义为"一本关于

---

① 格拉德威尔在《眨眼之间》中承认，薄片分析存在许多危险。他谈到了纽约警方枪杀手无寸铁的几内亚移民阿马德·迪阿罗（Amadou Diallo）的恶性事件，分析了其中的种族主义倾向。另外，他还探讨了音乐专业招生面试中的性别歧视问题。然而，尽管《眨眼之间》一书提到了薄片分析的缺陷，但公众普遍只在意它的优点。这或许与公共舆论的倾向性有关，但也可能是因为读者没有阅读（或关注）这本书最后三分之一的内容。

最初两秒的书"。

现在，让我们花点时间——希望不只是两秒钟来重新思考一下"薄片分析"的概念。所谓的薄片分析，是指通过有限的局部观察来推测事物的全貌。其中的一个关键点是，我们是在尚未了解全部事实的情况下做出结论。薄片分析由无意识系统所操控，这是因为，当我们在如此短暂的时间内做出决策时，无意识系统总是跑在意识系统的前头。

但是，薄片分析并不是两秒钟的事情。事实上，即使是研究薄片分析的重要论文，题目中也没有提到两秒钟的概念。例如，阿姆巴迪和罗森塔尔所发表的那篇具有开创意义的论文《半分钟》(Half a Minute)。还有约翰·戈特曼与他人合撰的研究论文《根据新婚夫妻语言冲突的最初3分钟预测其离婚的可能性》[①]，以夫妻争吵的视频录像为研究对象，《眨眼之间》将其称为戈特曼做的"最薄的薄片分析"。可见，薄片分析的时间单位是分钟，而不是秒。

以上两项研究都没有证明两秒钟左右是薄片分析的最佳时间。相反，阿姆巴迪和罗森塔尔发现，在教师的评价方面，虽然与随堂听课的学生比较起来，只看过3段两秒钟教学录像（总共6秒钟）的学生表现得同样出色，但是，那些看过10秒钟教学录像的学生做得更好。后来，阿姆巴迪在一篇与他人合撰的文章中，将薄片分析定义为"5分钟内所撷取到的动态信息"。

目前，约翰·戈特曼和朱莉·戈特曼（Julie Gottman）也许是最为知名的薄片分析专家。他们夫妻二人共同创办了戈特曼关系研究所（Gottman Relationship Institute），并打出广告："根据从短期实验中所收集到的蛛丝马迹，我们可以迅速判断出一对夫妻的婚姻状况。"在《眨眼之间》中，格拉德威尔

---

① 原论文名为 Predicting Divorce Among Newlyweds from the First Three Minutes of a Marital Conflict Discussion。——译者注

对约翰·戈特曼的这种快速决断能力赞叹不已，并据此得出结论："运用薄片分析法所得的结果，往往要比殚精竭虑思索所得的结果更加准确。"

但是，在戈特曼的实验中，如果判断的时间只有两秒钟，参与者又会有怎样的表现？我们对此并不清楚，因为戈特曼花在数据调查上的时间是两秒钟的180倍。事实上，尽管约翰·戈特曼擅长对夫妻关系做出快速判断，但他仍然建议用更长的时间来收集信息——通常是两天，而不是两秒。①

那么，对于薄片分析而言，到底多"薄"才算合适？答案很少与两秒有关。在判断他人的危险性时，我们的大脑和身体会在毫秒之间产生连锁反应。在不到一秒的时间里，我们就可以对他人的种族、性别和年龄做出断定。我们不太善于辨别他人的性取向，但如果我们做出了正确的判断，那也是一瞬间的事情。研究人员曾让一组学生观看一张男子照片，然后询问他们这个男子是不是一位同性恋者。就准确率而言，这些学生在100毫秒之内所做出的回答，与经过更长时间思考之后的回答并无二致。在做出这些反应时，我们根本不需要用两秒钟的时间。

但是，在面对其他问题时，两秒钟的时间往往又显得不够长。如果要弄清一个人是敌是友，时间越长，判断也就越准确。要确认他人是否随和友善，我们至少需要1分钟的时间，而最佳的时长是5分钟。如果我们要对更为复杂的个性特征做出判断，比如神经过敏或者心胸开阔之类，情况也是如此。在做出这些决断时，最初两秒的印象并没有用处，我们需要更多的时间。

---

① 戈特曼关系研究所的"爱情的艺术与科学"（Art and Science of Love）研习会往往持续两天，"戈特曼方法深化版"（Deepening the Gottman Method）也是如此。其他为期数日的项目包括："亲密爱人度假之旅"（Couples Retreats）、"马拉松夫妻疗法"，这两个项目的活动地点是戈特曼夫妇的岛上别墅。此外还有"婚前准备"项目，这算得上是一份绝佳的结婚礼物。戈特曼夫妇从不提供一两秒的治疗课程。我们在第一章中曾经提到，在适当的时候，戈特曼并不反对比两秒钟时间"更薄"的薄片分析。正如戈特曼的研究结果所示，在面对父母的指责时，幼儿的心脏会在毫秒之间做出反应。以上研究可参考戈特曼所著的《培养高情商的孩子》《幸福的婚姻》《爱的博弈》。

就我们的许多判断而言，薄片分析的过程呈现为某种特定的学习曲线。在开始阶段，当我们快速收集观察对象的各种信息时，曲线幅度非常陡峭；而当我们处理这些信息时，曲线变得平缓起来。虽然有人将薄片分析描述为一种快速决断，但它更像汽车爬山时的加速过程，而非灯泡的瞬间点亮。有时我们能够在几秒之内做出很好的判断，但如果有一分钟或者更长的时间，我们的表现往往可以更为出色。这取决于信息评估的难度，即"山的坡度"。一般来说，薄片分析并不像转动开关那样容易。

当我们研究那些至少需要几秒钟才能做出的决定时，会发现我们收集、处理信息的能力在时间间隔上有着很大的差异。关于薄片分析的研究表明，我们可以做出快速的反应，但它同时也显示，即使有一丁点儿的额外时间往往也有助于我们做出更好的决策。管中窥豹未必能推测出事实的全貌，所谓的"最初两秒"也并没有什么神奇之处。相反，薄片分析的时间长度取决于我们所分析的对象。

美女没有面试机会？

此外，无论速度如何，薄片分析未必就一定行之有效。我们总是认为自己在看人方面堪称行家里手，就像加里·克莱因提到的那些面对火灾的消防指挥员。我们常常惊叹于无意识系统对观察信息的补充能力。然而，我们的自动处理机制虽然强大，但也极其危险。直觉的反应有时会造成错误的判断。

以保罗·埃克曼（Paul Ekman）为代表的心理学家已经指出，我们的面部表情充满即时、可靠的信息。特定的面部表情总是与某种基本情绪紧密联系。许多简单的表情是不分种族、无关文化的。只要看到一张面孔，大多数人都能立刻读出愤怒、厌恶、恐惧、快乐、悲伤或者惊讶等各种情绪，完全不用思考。

在面对这些表情时，我们会产生一种瞬时的生物学反应，我们对基本情绪产生的快速印象是相当准确的。

我们拥有一项几乎不可思议的能力，即仅仅通过观察他人的面孔，就能获取各种信息。除了性别、种族和年龄之外，我们还可以挖掘出一些模糊的隐性特征。实验表明，只要一睹尊容，人们就能大致区分出民主党人和共和党人。此外，我们也可以通过相貌来甄别销售人员的好坏。我们甚至可以根据机构成员的照片，来判断这个机构的发展情况。通过观看公司合伙人 10 年之前的大学照片，我们可以判断出哪一家法律公司效益更好，即便那时他们还没有进入法学院学习。同样，只要看一看公司总裁的照片，我们就可以预测哪些公司将获得最大的利润。

但是，在对面部进行薄片分析时，我们也可能被自己的眼睛欺骗。我们对面部表情的自动反应有可能让我们误入歧途。愉快的面容往往会激发我们购买商品或住房的欲望，这就是为什么精明的销售员和房产经纪人总是面露微笑的原因。我们对悲伤或愤怒的面孔则会做出相反的反应，即使对方出售的商品有更高的质量。虽然有些专家可以准确地识别他人的谎言，但大多数人做不到这一点。

在面对那些相貌出众的人时，我们常常会做出一些错误的判断，认为他们真诚可靠、聪明过人、感情丰富、温柔友善、乐于助人、易于合作，而他们似乎也的确生活得更加幸福。外表迷人的政客通常会赢得更多的选票。长得好看的职员往往有薪酬更高，而且更容易得到提拔。相貌端正的律师有着更高的价码。漂亮的女招待可以拿到更多的小费。

相对于个人生活，外貌特征对我们的职业生涯显得更为重要。我们不妨以商业领袖的"面子"问题为例。在一项实验中，纳利尼·阿姆巴迪和尼古拉斯·鲁尔（Nicholas Rule）要求170名大学生对数十位首席执行官的个性特征和领导才能进行评判，不过，评判的依据并不是他们的决策水准或者公司业绩，而是长相。研究人员让大学生们用几秒钟的时间来观看这些首席执行官的面部照片，但并没有告诉他们这些人到底是谁，甚至也没有说明这些人的职务。研究人员选取的第一批首席执行官都是白人男性，因为他们想要排除种族和性别的因素，专门考察外貌特征的作用。结果发现，学生们根据外貌特征对首席执行官所做的主观判断，与当事人的公司效益之间有很大的关联。此项研究认为："仅仅通过首席执行官的外貌特征，这些涉世未深的大学生（无论其性别如何）就成功地判断出了《财富》杂志1000强公司的业绩表现。"

接着，阿姆巴迪和鲁尔决定测试我们对女性首席执行官是否有不同的观感。这并不是一件容易的事情。他们翻遍了《财富》1000强的公司名单，只找到20位女性首席执行官，随后进行了相同的实验。研究人员让这些女性首席执行官的相貌照片随机出现在计算机屏幕上，然后要求参与者对她们的能力、统治力、亲和力、成熟度、诚信以及领导力6个方面进行评分，满分为7分。而且，这些参与者必须尽快做出判断。

在面对女性首席执行官的照片时，我们所做出的反应足以证明薄片分析的双刃性。总体而言，我们会对魅力人士抱以青眼。但涉及女性领导者时，情况则正好相反。尽管我们喜欢更有女人味的女性，却认为她们并不是很好的领导者。相反，我们认为那些相貌阳刚的人具有更好的领导能力，无论他们是男性还是女性。在我们看来，他们更加强势，能够提供更好的金融服务。人们一般认为，在社会关系的各个重要方面，相貌姣好的女性都处于有利的位置，包括寻找到如意郎君；但是，如果要成为一名出色的领导者，一个女人就应该有一副男人的长相。

同样的道理也反映在一些较低的职位上，对于这些职位而言，迷人的外表会让男性获益匪浅，却可能给女性带来糟糕的影响。在 2010 年年末，布拉德利·拉弗勒（Bradley Ruffle）和泽艾弗·史图迪纳（Ze'ev Shtudiner）发表了一项综合研究，研究针对的是以色列境内的数千份招聘广告。他们之所以选择以色列，是因为在这个国家里，应聘者可以自由选择是否在求职简历中附上自己的照片，这既不是一种禁忌，也不是一种社会惯例。

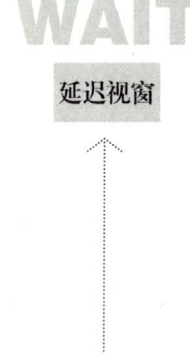

照片在面试中的作用

研究人员向这些招聘单位发送了一批求职简历，其中有一半的简历附带了照片。同时，他们还组织了一个评审小组，对照片上男女求职者的吸引力程度做了分级。结果显示，招聘单位对美女颇为反感。在获得面试机会的可能性上，虽然帅气的男人比他的同性求职者要高出一倍，但漂亮的女人却比一般的女性更少获得面试的机会。在面试的机会上，没有提交照片的男性求职者比提交了照片的帅气男子的概率要低，但是，没有提交照片的女性求职者的面试机会却多于提交了照片的漂亮女性。帅气的男人如果在求职简历中附上照片，可以增加获得工作的概率，漂亮女人却更可能因此丧失工作机会。

为什么美女反而遭人厌弃？拉弗勒和史图迪纳通过思考，排除了一些可能的解释，例如所求职务的属性要求，以及"美女低智商"（dumb blonde）的假说。假说认为，漂亮的女人似乎并不聪明（事实上，人们对吸引力的观感和对智商的判断是相互联系的）。接着他们注意到，只有当招聘公司自行筛选面试对象，而非借助其他职业中介机构的时候，美丽的外表才会对女性产生负面的影响。公司之外的简历筛选员对所有女性求职者都一视同仁，不分美丑，而公司内部的筛选员则更青睐长相平平的女性。

拉弗勒和史图迪纳还注意到，绝大多数的筛选员都是女性，因此他们追问道，也许对于公司内部的女性筛选员来说，美女求职者是一种潜在的威胁，而中介机构的女性筛选员则没有这样的忧虑。如果某个公司雇用了一位美女，中介机构的筛选员以后不会再见到她，但公司内部的筛选员则很可能与她"狭路相逢"，而且也许天天都要见面。

为什么公司内部的女性筛选员拒绝给美女提供面试的机会，而向长相普通或没有提交照片的女性求职者敞开大门？拉弗勒和史图迪纳认为很可能是嫉妒心理在作怪。公司内部的女性筛选员之所以不给美女面试的机会，是因为她们在内心深处不自觉地希望自己身边的女性同事都姿色平平。他们解释说："负责人事招聘的女性雇员对美女应聘者很可能存在嫉妒心理，害怕她们成为竞争对手，抢走自己心仪的对象，或者至少是吸引男同事的眼球。"虽然不少研究结果都支持这一解释，但整个问题还存在争议，有待于进一步的讨论。

我们倾向于认为，每个人在做出决定时，都不会考虑性别的因素，这就像我们认为医生不会偏爱白人胜过黑人一样。我们的社会已经消除了许多针对性别与种族的显性歧视，但对无意识的歧视行为，我们还知之甚少。而这一现象的产生，似乎可以归咎于我们所拥有的一项卓越技能：高超的薄片分析能力。只须短短一瞥，我们就可以从对方的脸上读出大量的信息。我们能瞬间锁定自己偏爱的人选，同时也会立刻辨别出自己不太喜欢的对象。

一旦做出了带有偏见的无意识反应，我们就不会公正地对待那些首选之外的对象，尽管我们并没有意识到这一点。

生理特征对决策制定的影响

在社会判断研究领域，达纳·卡尼算是后起之秀，她参与了美国医生种族歧视课题的研究工作。在目前兴起的重新考察决策机制的研究潮流中，卡尼是领军人物之一。在过去的几年中，她与几位同事以及合作研究者已经发现了新的方法，用以研究并影响薄片分析的双刃性特征。卡尼所设计的开创性实验，与传统的强调方案与概率的决策研究有着天壤之别。

如果你曾经像我一样在哥伦比亚大学商学院中寻找过卡尼的实验室，你就能对此有形象的了解①。那是一个星期五的下午，纽约的上空飘着秋雨。一开始，我走进了哥大商学院的尤里斯大楼，这座大楼共有9层。当我步入宽敞的大厅时，看到美国前总统乔治·布什的经济顾问委员会主席、哥伦比亚大学商学院院长格伦·哈伯德（Glenn Hubbard）正嚼着三明治当午餐。然后我乘坐电梯上到7楼，那里有管理系教师的落地窗办公室，而研究生都挤在一个个小隔间里，周围堆满了箱子和纸张。那些顶级期刊中的重要论文被一份份复印出来，散落四处。卡尼并不在那儿，于是我拨通了她的手机。当我说自己找不到她位于7楼的实验室时，她不由地笑出了声。

为了抵达实验室，我不得不走出大楼，然后绕到大楼背后，顺着一组楼梯向下走，直到找到一个隐蔽的地下门，再沿着一条地下通道走回大楼的底层。等我找到入口时，全身已经被汗水浸透，我心里十分好奇，仿佛掉进了《爱丽丝漫游奇境》中的兔子洞。而当我走进实验室时，里面的情景同样让我感到新奇。

卡尼已经邀请了一位来自BioPac Systems科研公司的销售代表，让他向几

---

① 在我到访之后，卡尼去了加州大学伯克利分校的哈斯商学院任教。

位学生和同事演示某台新型生理测量设备的功能。她将我带进了一个四壁洁白、没有窗户的房间，在这个屋子里，一位研究生被连接上传感器，目的是测量他的心律、血流量以及皮肤电传导。十几位研究人员（多数是女性）急切地注视着平板显示器上的 4 条彩色脉动线走势。

当卡尼向我解释每条跟踪线的具体含义时，我突然发现，眼前的这个场景与 20 世纪 90 年代初我所参加的耶鲁大学商业课程有多么大的不同。在那个时候，绝大多数的教职人员都是男性，他们专注的领域是数学与金融，而非生物学。我最感兴趣的课程是微分方程在金融衍生品定价中的应用，授课老师是一位西装革履的男士，来自摩根大通集团。如果我当年看到教室里有一位迷人的金发女子把电极连到一个胡子拉碴的男人身上，我会认为这是在拍摄电影，而不会想到这是商学院的研讨课程。

首先让我感到吃惊的是卡尼本人，她的形象举止完全不像商学院里的老派教授。在 BioPac 公司设备的演示过程中，她穿着一袭黑衣，一双黑色的时髦长靴闪闪发亮。她年轻活泼，充满活力，如同影星蕾妮·齐薇格（Renee Zellweger）扮演的电影角色。卡尼全神贯注地盯着屏幕中上下波动的绿线，它所测量的是人体的皮电反应。卡尼向我解释了其中的奥义："皮电反应显示的是自动唤起的皮肤电传导反应。这种反应是无形的。如果受试者受到刺激，他就会有所反应。这种刺激并不一定需要身体接触。我不必碰他，只要吓一吓他，绿线就会飙升。如果他感受到痛苦、恐惧或者某种潜在的压力，绿线会上扬。"

卡尼让我们对着那位研究生大叫并且鼓掌，我这时终于明白了她的意思。绿线展现的生理反应是一种无意识反应，但它并非即时生成。皮肤需要 1~3 秒的时间做出反应。因此整个过程表现为：鼓掌——停止——绿线飙升，或者大喊——停止——绿线飙升。

卡尼将绿线与其他跟踪线进行比较，这些跟踪线记录的是研究生身上的其他电极所传递的刺激信号。结果显示，皮电反应比大脑的瞬时反应要慢，但快于人体的意识反应。卡尼解释了皮电反应在"艾奥瓦州赌博任务"（Iowa gambling task）中的具体表现，在此类实验中，在受试者还没有意识到自己做出错误选择之前，他的皮电反应就已经反映出了这种预期的压力。换句话说，在我们自己还没有察觉之前，我们的皮肤就已经在提醒我们将要输钱。

卡尼向我解释了不同类型的刺激是如何导致不同的生理反应，这些反应肇始于我们的大脑，然后蔓延至整个身体。我们可以在屏幕上清晰地看到受试研究生的各种生理反应：脑电波，脉搏与血压的变化，皮肤电传导的波动，但他自己察觉不到这些变化，至少不能立即察觉。这让我想到了吉布森教练，在他指导的最后一场橄榄球赛即将结束的那一刻，如果我们对他的皮电反应进行测量的话，绝对会得到难以想象的测量结果，不过他自己很可能感觉不到这些变化。

根据卡尼的研究结果，薄片分析只不过是一系列的生理反应。如果确实如此，那么从理论上说，我们应该能够对它进行调节，就像我们可以控制身体的其他部分一样。这些反应都需要几秒钟的时间，它们的速度相对较慢，因此常常是可控的。事实上，在我们喊叫和拍手几分钟之后，连有传感器的研究生已经能够抑制自己的生理反应。他开始习惯这种测试，不再受到它的影响。换句话说，他在应对刺激方面越来越像个专家，在受到刺激时，他能有效地控制自己的身体反应。当我最后一次向他大声叫喊时，屏幕上的绿线几乎一动不动。

先造型，再等待

在实验演示的休息时间，我问卡尼：我们是否可以解决薄片分析所带来的问题？我们应该如何改变自己和他人的生理反应？卡尼没有直接回答，而是突然坐了下来，身子靠着椅背，双手抱在脑后，两只脚架在我面前的桌子上，鞋底冲着我。我对这种姿势非常熟悉，20世纪90年代初，我在华尔街工作的时候，摩根士丹利公司的同事常常摆出这种姿势，它所传达的意思是："事情已经搞定！"

然后她问我："你看，在这几秒钟里，我发生了什么变化吗？从生理的角度说，我有什么不同？"当我打趣地说她现在看上去更像一位投资银行家时，她立刻身体前倾，恢复了正常的坐姿，并说道："非常正确。这样你会感觉到睾酮的分泌。这是一种'高能量姿势'（high-power pose）。"接着，卡尼谈到了自己不久前进行的一项实验，这个实验的合作者有哈佛大学的艾米·卡迪（Amy Cuddy）以及哥伦比亚大学的安迪·亚普（Andy Yap）。

延迟视窗

高能量姿势和低能量姿势

研究人员让42名学生分别摆出卡尼所说的"高能量姿势"和"低能量姿势"。所谓"高能量姿势"，除了卡尼做给我看的"事情已经搞定"的姿势外，还有一种是双腿分开站立，两手向前撑住桌面。"低能量姿势"则有两种：一种是坐着的时候双手放在膝盖之上，身体蜷作一团；另一种是弓身而立，双手交叉。研究人员要求受试学生每个姿势保持60秒的时间。

在受试学生摆出这些姿势之前与之后，研究人员分别对他们的唾液进行采样，以测量睾酮和皮质醇的变化情况。睾酮是一种与统治、地位等因素密切相关的激素，而皮质醇反映的则是压力和软弱。结果显示，两者的相对差异非常明显。"高能量姿势"的学生睾酮大幅增加，皮质醇则急剧下降。他们感觉自己更加"强大",更具"掌控能力"。在有关金融的标准化测验中,他们表现得更加冒进,更愿意承担风险。而保持"低能量姿势"的学生则正好相反。

卡尼和她的合作者总结道:"这一研究结果对日常生活有实质性的影响。"① 仅仅通过摆出"高能量姿势",我们就可以增加睾酮的分泌量,让自己变得坚强有力,雄心勃勃。如果说我们担心自己过于好强,则可以垂下脑袋,以增加体内的皮质醇。在参加某个重要会议或现场演说之前,我们可以相应地调节自己的激素水平。

卡尼认为,这些激素的变化至少会持续17分钟的时间。因此,我们可以在私下的场合预先摆好造型进行准备,在随后的一段时间里,我们依然可以感受到澎湃的睾酮所产生的积极影响。不妨看一看比赛之前待在更衣室里的拳击手,他们往往会摆出极端强势的造型,让睾酮充满全身,然后再走上拳击台。在日常工作中,我们可以用同样的方式进行准备,不过准备的场所不是更衣室,而是会议室。你只须站在桌子旁边,伸展手臂,两腿分开,并向前倾斜,然后静静等待激素的爆发。

有朝一日,我们也许可以通过"先造型,后等待"的简单方法,来对抗薄片分析的负面作用。不出所料,关于身体姿势的实验受到人们的广泛关注,而此项实验引出了一个我们尚未深入了解的潜在观点:一旦充分破解了生理特性对决策制定的影响方式,我们就可以让它为我所用。

---

① 研究证明,睾酮能够缓解诸如内疚、尴尬以及焦虑等社会情感,并减少人们的同情心。例如,睾酮水平较高的人更有可能在华尔街的商战中取得成功。在另一项研究中,卡尼与哥伦比亚大学的玛利亚·梅森教授发现,睾酮水平较高的人,无论是男性还是女性,都表现出更为功利的一面,在做出选择时,他们更看重成本与收益,而非道德上的对错。

有意识思考纠正无意识偏见

在开展有关医生种族歧视的实验时,达纳·卡尼和她的同事担心一些参与者可能会识破研究目的(即测试潜在的种族偏见),从而影响到实验结果,于是他们要求受试医生回答有关研究目的的问题。谁也没想到,这个问题揭示出一种应对之策,或许能解决潜在的种族歧视问题。

医生们大都思维敏锐,洞察力强,而且对于医学院来说,内隐联想测验也并不陌生。他们当中有不少人感到疑惑,为什么研究人员要在医疗资料里夹一张汤普森的照片?在研究人员还没有提出相关问题之前,就有大约1/4的医生推测,这项研究是为了测试种族偏见。

研究人员将这些医生排除在主要考察对象之外,但仍然把他们视为实验中的一个亚组,看看从中会得到什么样的结果。研究人员对他们分别进行了测试,以便考察这些医生的治疗方案与其他医生是否有所区别。结果显示,他们的做法的确不同。虽然根据测试情况,这些"知情"的医生和他们的同行一样,都表现出对白人的内隐性偏爱,但在实际的治疗方案上,他们却给黑人开具了更多的溶栓药物。换句话说,一旦医生意识到种族歧视的问题,种族歧视就不再是个问题。他们会校正自己的潜在偏见,就像汽车司机在面对有失精准的方向盘时所做的调整。

只要瞥一眼汤普森先生的照片,只是几秒钟的时间,就可以让一些医生出于种族的原因而改变治疗方案。然而,一旦意识到种族歧视的问题,同样也不过几秒钟的时间,就可以让上述情形发生逆转。这意味着,如果你存在内隐性的种族偏好,你应该了解这一事实,并且做出思考。在面对黑人患者时,如果一位医生能够稍停片刻,想一想自己的测验结果,那么他就能在一定程度上免遭无意识种族偏见的侵害。他们和那些在无意之中看到快餐标志或速闪色情图片的人一样：只要做出一丁点有意的思考，就能极大地纠正瞬间产生的偏见。

我们很难消除内隐性的偏见，也许这原本就是不可能的事情。但是，我们可以花点时间去了解它们，例如参加内隐联想测验或者其他一些类似的测试。当我们发觉某种偏见可能会左右自己的某个决断时，就应该稍作停顿。

> 我们可以强化积极的观念，忽略消极的印象，我们也可以通过清醒的认识来对抗无意识的偏见。

一般来说，如果我们明白了薄片分析的风险，就能够早做准备，未雨绸缪。就像达纳·卡尼所揭示的那样，对某些决断而言，几分钟的时间要比几秒钟更加合适，在这种情况下，我们不妨用更长的时间来做决定。如果我们希望成为更加出色的薄片分析者，那就应该进行预先的准备，只有在胸有成竹的情况下，才做出快速的判断。婚姻问题专家约翰·戈特曼曾经表示："我们的快速分析之所以屡试不爽，是因为我们的每一次薄片分析都是以不可计数的'厚片'为基础。这些'厚片'是一组无比庞大的数据，我们花费了30年的时间，从成千上万对夫妇身上收集到这些数据，并且对它们进行了检验。"

事实证明，无论是看过黑人照片的医生，还是观看了两秒钟教学视频的学生，他们都在做同样的事情。而一位年轻的美国女性将中东地区视为恐怖组织的世界，或者一位中东青年将美国看成穷极奢华的国度，情况也是一样。同样，无论一个人身在何处，只要他凭借自己的第一印象对别人做出判断，都将面临这种结果。

> 在对他人进行薄片分析时，我们习惯于在短短几秒之内得出结论，而这些结论往往受到无意识的深刻影响。不幸的是，这些结论常常漏洞百出，但值得庆幸的是，我们可以有意识地修正这些结论。

即使是那些具有传染性的看法也能得到遏制。在有关种族主义传染性特征的研究中，学者对许多情况表示了担忧，例如，"在大街上，如果有位黑人经过身边，一个小女孩也许会察觉到自己的手被父亲握得更紧了；在超市里，如果对面是一位黑人收银员，一个小男孩可能会发现自己的母亲比平时更加沉默，也很少有眼神的接触"。但是，他们同时也提出了有希望的结论："当然，这些结果也揭示了另外一种可能，即不偏不倚、一视同仁的日常行为，同样有助于塑造平等无差的种族观念。"

如果从以上角度审视任何一个被刻板化的群体，你将对世界上的许多问题有更为真切的了解。而且，你也许可以找到部分解决方案。

- 瞬间得出结论，极易产生无意识的偏见。
- 要积极避免无意识偏见的传染。
- 可以通过有意识的思考来修正无意识的偏见。

The

best actors are

the ones

who

don't panic.

最好的演员是那些不慌不忙的人。

THE ART
AND
SCIENCE OF DELAY

WAIT
说话，稍作停顿更有说服力

道格拉斯·亚当斯（Douglas Adams）经常在他的作品中使用引人注目的"不要恐慌"（DON'T PANIC）一语，如在《银河系漫游指南》及其同名电视剧里。此外，这句话还出现在亚当斯与他人合编的一款视频游戏附赠的徽章上，甚至被印在毛巾上面。英国科幻小说家阿瑟·克拉克（Arthur C. Clarke）曾说，亚当斯的这句话是对人类的最佳忠告。"不要恐慌"这句话为何具有如此宝贵的指导意义？一个主要原因是，突如其来的恐惧感——也即我们所说的"恐慌"，会严重干扰我们的决策能力，妨碍我们做出最佳的选择。恐慌让我们难以动用逻辑或者理性，它会关闭负责意识思维的系统2，驱使我们依靠原始的、无意识的系统1。当然，依靠系统1未必是件坏事，特别是当我们身为专家的时候。但是，恐慌可以把专家变成菜鸟，正是它结束了鲍勃·吉布森教练的职业生涯，导致军队人员误杀无辜。恐慌足以让任何人做出错误的决定。

恐慌改变你的时间

恐慌会影响人们的时间知觉。我们对时间的体验往往因为环境不同而发生变化，即便我们并不处于紧张或害怕之中。作为消费者，我们更容易被低廉的价格和良好的照明吸引并做出更为快速的反应，这就是为什么商店里到处都张贴着各式各样的销售价格海报，而且总是灯火通明的原因。如果你生活在一个有百万人口的城市里,那么和住在农场或小镇的居民比起来,你会觉得短暂的停顿更加漫长,相当于他们感觉的两倍。不妨举起一只手,在觉得到了1分钟的时候再把它放下,并让人帮你计时,结果很可能只是40秒左右。或者你可以在聊天或演讲的时候试着暂停整整1分钟的时间,不过你很可能会估算失败,大概10秒或20秒之后,你就会打破沉默,开始说话。

当我们陷入恐慌时,时间知觉扭曲的现象会变本加厉。患有恐慌症或相关精神障碍的人常常感觉时间急剧地变慢或者加快。对孩子们来说,强烈的情感体验所持续的时间似乎比实际时间要长,例如参加万圣节的恐怖狂欢或者亲人的葬礼。遭遇车祸或者急速追赶他人时,你也许会觉得时间被拉伸、延长,这种情况很可能出现在赶往医院的路上,或者竭力奔跑的时候。

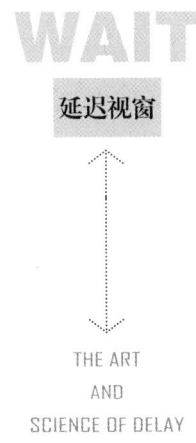

延长了的时间知觉

著名神经学家大卫·伊格曼(David Eagleman)、切斯·斯特森(Chess Stetson)和马修·费斯塔(Matthew Fiesta)测试了恐慌对时间知觉的影响。他们用吊绳将参与者提升到距离地面45米的高度,再让这些人从半空中落下,最后掉在安全网上,这种自由下落的恐怖过程一共持续3秒钟。在下落之后,参与者立即被要求回忆刚才的情景,并估算自己下落的持续时间,结果,他们都觉得整个过程持续了4秒钟,比实际时间长了三分之一。

这究竟是怎么回事?我们的大脑让时间有了弹性。当然,时间本身并不能延展,但我们对它的感觉会发生变化。在极度紧张的时刻,身体会做出过度的调整。在压力之下,肾上腺素的激增会对我们的判断形成干扰,从而扭曲对时间的体验。实际上,罪魁祸首是我们的记忆强度。由于强烈的刺激会在大脑中产生更为深刻的记忆,因此在回忆的时候,我们往往觉得它持续了更长的时间。

伊格曼对此给出解释："在严峻的形势下，大脑形成的记忆可能会更加牢固，而等到回忆的时候，高度密集的数据让整个事件的持续时间显得更加漫长。"时间扭曲的现象不仅发生在回顾过往经历的时候，它同样可以实时发生。我们可以从电影中了解这一点。在《黑客帝国》中，主人公尼奥就可以放慢时间，以慢动作的方式躲避子弹。又如在《英雄本色2：马克斯·佩恩的堕落》(*Max Payne 2: The Fall of Max Payne*) 中，马克斯·佩恩说道："当你面对枪膛的时候，时间的脚步变得缓慢下来。整个人生一闪而过，带着心碎，带着伤痕。好好享受它吧，刹那之间度过一生。"

职业运动员的做法与尼奥或马克斯·佩恩相差无几：他们可以掌控时间，让自己的大脑延缓动作的速度，以便做出准确的判断。这让我们想起悬停于半空之中的迈克尔·乔丹，不过，赛车选手或许是最好的例子。前国际汽车大奖赛冠军杰基·斯图尔特（Jackie Stewart）曾这样描述比赛中的转弯："转弯时的车速可以达到每小时278千米。即使车速为314千米/时，你也应该看清楚转弯的整个过程，就像表演慢动作一样。这样你才有时间踩住刹车、摆正车位，并判断漂移的幅度，然后切入拐点，略加油门，冲向出口，最终以278千米/时的车速驶出弯道。"如果杰基·斯图尔特的大脑以正常速度运行，他就有可能在拐弯时判断失误，车毁人亡。

恐慌对时间知觉的影响进一步拉大了专家与新手之间的距离。专家明白恐慌的负面作用，但他们也善于利用时间扭曲，充分拉伸每一秒钟的长度，以发挥其最大的效用。新手则显得更不堪一击，他们的世界无论是加速还是减速，都不以自己的意愿为转移。

在前面两章中，我们探讨了一些瞬时的意识反应，这些反应都发生在数秒之内，我们所关注的是人的行为，包括选择正确的橄榄球战术、扑灭大火，或者对病情做出诊断。在本章中，我们将依然停留在"秒"的世界，但探究的对象并不是行为，而是语言。恐慌与时间知觉是一个过于宏观的话题，完全可以写成一部皇皇巨著，因此，我们此处只关注恐慌与时间扭曲对某类特殊的决策行为的影响，即我们与他人进行语言交流的时机。本章不仅仅考察人们交流时的用语，还将探究人们说出这些话的时间点。

> 无论在工作场合还是在日常生活中，选择说话的时机都是一项至关重要的决定。

意味深长的停顿

在与他人交谈的时候，恐慌会让我们变得局促不安，而也许最为重要的是，恐慌使我们难以表现出风趣幽默的一面。对此，道格拉斯·亚当斯和其他的喜剧演员显然有更深的体会。史上最杰出的喜剧演员之一卡罗尔·伯内特（Carol Burnett）对一句谚语钟爱有加："喜剧就是悲剧加上时间。"伍迪·艾伦也是如此，在他 1989 年拍摄的电影《罪与错》（*Crimes and Misdemeanors*）中，由艾伦·艾尔达扮演的一位性格粗鲁的电视制作人这样说道："在林肯被暗杀的当晚，你不能拿这件事开玩笑，你显然不能这样做……但是，现在这件事已经成了历史，我们完全可以拿它开涮。"

对喜剧来说，时机是重中之重。笑话的感染力在很大程度上取决于语言的节奏。正如杰克·本尼（Jack Benny）与维克多·伯厄（Victor Borge）在数百万粉丝面前所表现的那样，他们发展了"延长节拍"（extended beats）的概念，有时这也被称为"意味深长的停顿"（pregnant pauses），在这个时候，一言不发甚至比笑料本身更让人觉得有趣。

节奏之所以重要，不仅是因为它能够制造悬念，而且还因为它留给听众更多的时间去咀嚼、消化笑话的内涵①。对笑点时机的把握不同于棒球击球之类的前意识反应，但两者之间存在着某种类似的时机问题。如果过早行动，效果将大打折扣；如果行动过迟，又会坐失良机。然而，一旦时机的选择恰到好处，你的吐槽就能轻而易举地点石成金，如有神助。喜剧大师在舞台上所创造的是一个有关时间扭曲的新奇世界。伟大的喜剧演员都是延迟的高手。他们能让我们置身于一种意味深长的停顿之中，这种强烈的体验与赛车选手高速转弯时的感觉如出一辙：时间变得慢了下来。

让时间慢下来

《每日秀》（*The Daily Show*）节目主持人乔恩·斯图尔特（Jon Stewart）是一位延迟的专家，我们来看看他的表现。当他向观众播放了某位公众人物的愚蠢言论之后，他会做些什么？他什么也不做，只是等待，等待，再等待，有时等上5秒或者10秒，然后，当紧张的气氛达到顶点，这数秒钟的时间被充分延伸之后，他才会适时开口，吐出一句妙语。

2011年3月29日，斯图尔特播放了一段阿拉斯加州前州长莎拉·佩林（Sarah Palin）的言论录像，内容涉及美国针对利比亚的有限度的军事行动。当时，中东地区处处爆发危机，从突尼斯到埃及，最后蔓延到利比亚。佩林对奥巴马总统的相关措施表示怀疑，她说："我并没有听到总统说我们正处于战争状态。这也是为什么我对此不甚了解的原因，我们是使用'干涉'一词，'战争'一词，还是'squirmish'②一词？到底是哪种情况？"

看完这段视频后，我们马上就会明白，斯图尔特开涮的对象将是佩林生造

---

① 音乐也是一样。作曲家保罗·西蒙（Paul Simon）说："在一段复杂的歌词之后，我会试图留下一定的空间，或者沉默片刻，或者插入一段重复的歌词，让听众的耳朵在下一段内容出现之前能够'赶上'歌曲的步调，而不至于迷失其中。"

② 英文中并不存在这个单词，请您继续往下读。——译者注

的单词"squirmish"。但是,这段视频并不会让我们立刻发笑,斯图尔特也没有笑。如果他在这时候开几句玩笑,或者只是简单地重复这个单词,就可以获得不错的"笑果",但是他一言不发。斯图尔特在等待,他直视前方,脑袋向右倾斜,保持了 4 秒钟的时间;他的眼睛冲着镜头,做出惊愕的神情,但却不笑不语。随后他开始摆弄一支铅笔,脑袋依然歪着不动。又一个 4 秒过去了。接着,他把头偏向左侧,眼神再次投向远方,这样又过了 4 秒钟,斯图尔特仍然没有说一句话,甚至没有一丝微笑。

接下来,他眉毛一扬,流露出狐疑的表情,并且强忍着笑意,低头俯视了片刻。终于,他似乎要开口说话了,但并非如此。这种等待让人备受折磨。我们焦急地想,他最后总得说点什么吧。的确,他举起了手指,准备开口说话。但是,他并没有开口,而是把手指举得更高,然后保持了整整 1 秒钟的时间。此刻,这种等待让人痛苦不堪。我们再也受不了了,我们渴望一场大笑。("Squirmish"!她说的是"squirmish"!现在该说点什么了吧!)然而,即便如此,斯图尔特又拖延了 4 秒钟。最后一次,他看上去真的要开口说话了,但是,他再一次举起手指,举得比刚才还高。斯图尔特又坚持了 1 秒钟戏剧性的沉默,最后他终于把手指放下,嘴里吐出了两个字:"精辟!"观众顿时笑炸了锅。此时,距观众听到莎拉·佩林说出"squirmish"一词已经有 20 秒了。如果事后让我们用秒表估算斯图尔特开口之前拖延的时间,结果肯定会比实际时间要长。

最后,斯图尔特发动了致命一击,又等待了两秒钟之后,他抖出了包袱:"Squirmish?嗯,它要么是指某种高深莫测的外交政策分析,要么是形容毛虫打架的样子。"到这个时候,观众已经不需要再听他说些什么了。没有人在乎这句话到底讲了什么。无论这个包袱是否好笑,都没有太大的关系。我们并不是被"打架的毛虫"这个有趣的比喻逗乐的。之所以笑出眼泪,并不是因为斯图尔特说了什么,而是因为他**开口之前的漫长等待**。

如果斯图尔特仅仅是简单地播放视频，亮出笑点，那么只会让人莞尔一笑。但是，斯图尔特懂得制造停顿，延长时间，推迟我们对笑点的预期，从而实现了爆笑如雷的效果。如果他一开始就迫不及待地抖出"毛虫打架"的比喻，就等于在棒球赛场上打出一记界外球。但是，当他在20秒之后说出这句话时，它就变成了本垒打。

主动思考与无意识本能

沃克·克拉克（Walker Clark）算得上一位文艺复兴式的人物，他多才多艺，集演员、教师、教练、作家于一身，对哲学也兴趣十足。克拉克在纽约北部长大，曾经是一位出色的冰球和撑竿跳高运动员。从杜克大学毕业之后，克拉克转而研究戏剧，并从事金融方面的工作。随后他移居好莱坞，饰演过诸多影视角色。在我见到他的最初几秒钟里，他的面部表情异常丰富，在几种真实情感之间不断切换：先是高兴，然后是严肃，接着是关注，然后又变得高兴起来。在《美眉校探》（Veronica Mars）、《金牌律师》（Justice）以及《急诊室的故事》（Emergency Room）等电视剧中，你都可以看到他的身影。而他本人与电视剧中的角色一样，吸引力十足。

克拉克深受恐慌的困扰。在高中时代，克拉克的教练认为他必将入选美国奥运冰球队。比赛对他来说简直易如反掌，每次击球的时候，他都如同进入一种忘我的"心流"（flow）状态。但是，几乎在一夜之间，他开始出现恐慌和窒息的问题①。他向我解释道："多年来，赛场上的我从来不去想任何事情，我只

---

① 克拉克和我常常将"窒息"和"恐慌"两个词交替使用。不过，这两个词的区别存在着一些争论。按照马尔科姆·格拉德威尔的解释，所谓的窒息感，是由于"想得太多……而丧失本能反应"，恐慌则是由于"想得太少……而归复本能反应"。因此，需要说明的是，克拉克和我（想必还包括大多数演员）在使用这两个词时，都是表示由于情绪不安或神经紧张而无法正常地表演。换句话说，在此背景下，无论是"窒息"还是"恐慌"，都意味着想得太多。

是因为好玩才打球。但后来他们迫使我研究自己的比赛，这样才能有更好的表现，因此我开始思考。这种思考让我惶恐不安，总是担心自己可能出错。一旦开始恐慌，一切都无可救药了。"

在撑竿跳方面，克拉克也遭遇了同样的命运。克拉克曾经是纽约州最为优秀的撑竿跳高运动员，从实力上说，他可以轻而易举地越过 4.88 米高的横杆。但是在赛场压力下，他却常常表现不佳，很可能在起始高度上就用掉三次机会。克拉克解释说："只要一拿起撑竿，我就开始恐慌。眼前的一切让我胆战心惊，一想到自己将身处半空之中，我就心神不安，甚至连风也让我感到害怕。我紧张得几乎喘不过气来。"直到今天，克拉克依然对高度感到恐惧。

幸运的是，在表演方面，情况有所改观。虽然克拉克仍然会陷入恐慌，但他知道该如何应对。他不断地总结失败的教训，积累成功的经验，穷究原委，仔细观察。他加入了纽约的一个演员俱乐部，每逢星期一，成员们都会聚在一起，切磋演技。他们的想法是，每周分别由不同的人向其他成员讲授表演技艺；但是，大家很快便一致认为，应该让克拉克包揽所有课程。除了实际扮演角色的时候，他几乎每时每刻都在思考表演的问题。他能准确地洞悉其他演员的缺点和长处。他告诉我说："如果我们走进一间挤满了演员的房子，我可以马上挑选出其中最棒的那一个，他的演技一定会征服世界。我也能看出谁的自我意识过于强烈，超出常人。"

自我意识是影响我们在几秒钟内做出快速决策的核心。与那些超速的决策不同，以秒计算的快速决策既涉及无意识反应，也包含审慎的思考，我们有一定的时间去感知自己的本能何去何从。如果愿意的话，我们甚至可以通过拍摄录像观察自己的瞬时反应，然后做出必要的调整。但是，这种额外的时间也可能导致我们干扰自身的无意识反应，即便这些反应已经完美无缺。有时候，一旦准确地了解了自己无意识中的所作所为，反而会破坏自然天成的率性之举。

如果自我的意识过于强烈，我们将阻碍自己的本能发挥其应有的作用。但是，如果完全丧失这种意识，本能反应将永远无法得到提升。因此，在几秒钟的时间内，面临的重要挑战是，既要留意决策中的各种因素（在强调某个重点的时候，我是否应该举起手指），但又不能过于关注这些因素，以至于矫揉造作，徒劳无功（各位请看，我现在举起了手指，要向大家强调一个重点）。

克拉克研究出一套表演理论，这套理论源于冰球、撑竿跳高以及简单的观察：**最好的演员是那些不慌不忙的人。**即使是丝毫的慌张也会让演员思考自己的表现，而演员在思考的时候是无法表演的。当恐慌袭来的时候，演员会加快语速，打破表演的节奏。因此，演员应该避免思维的干扰，等待某种情境出现。一旦他们进入"心流"状态，就能无拘无束地与其他演员、镜头以及观众进行互动。克拉克对此解释道："表演不是主动的行为，也不是被动的反应，表演是通向自己的真实情感。一旦进入这种状态，表演就成为一种互动。因此可以说，你不是在表演，而是在互动。"要了解克拉克所说的表演技巧，最简单的办法就是看他如何欢迎一位十几岁的女生加入自己的工作室。

拍手游戏中第一个出局的人

克拉克将女生介绍给 12 位站成一圈的同龄人（即使换成一组成年人也同样简单），并让她加入其中，然后宣布开始玩"拍手游戏"。

"好了，现在从我开始。我来拍手①，这可没有别的意思。"他拍了拍手，并把眉毛一扬，孩子们都窃笑不已，尽管他们并没有听懂克拉克的玩笑。"我可以将手点向身边的人，把拍手的动作向右或向左传递。然后那个人开始拍手，并把它任意地传递下去。由你决定下一个拍手的是

---

① "我来拍手"的原文为"I have the clap"，这句话又有"我得了淋病"的意思。——译者注

说话，稍作停顿更有说服力 07

谁，然后一直继续。这是个有趣的游戏。都准备好了吗？让我们先练习一下。"他们开始了游戏，克拉克先拍手，其他人紧随其后。这对每个人来说都易如反掌，即使新来的孩子也一样。没有人忘记点人或者拍手，也没有人感到恐慌。

一两分钟后，克拉克说道："好了，现在我们要举行淘汰赛。这可不是闹着玩的，如果你出了错，就会被淘汰出局。你要退出这个圈子，靠墙坐下。坚持到最后的人将获得最佳表演奖，我将给那个人开设一期免费的培训课程。"鉴于克拉克每小时的收费标准，他的话引起了所有人的关注。

突然之间，整个房间里充满了紧张的气氛。许多学生表现得心神不宁，甚至包括那些经验丰富的队员。所有人都开始思考自己的动作。新来的孩子看上去吓得不轻。她应该向左还是向右传递呢？她应该做出多快的反应？要是忘了拍手或者点人该怎么办？克拉克面带微笑地拍起双手，开始了游戏，但新来的孩子却笑不出来。她的眼神告诉我们，她将是第一个出局的人。结果正是如此。

克拉克对此做了解释："每一次都是新人最先出错，这是不可避免的。我会告诉他说：'好了，坐下吧，你输了。现在请告诉我们原因。'我将一直追问下去，直到所有人都明白，失败的根源是恐慌和思考。刻意的思考让你把事情搞砸。拍手游戏和表演一样，如果你一边扮演角色，一边进行思考，就无法全身心地投入。我所传授的技巧能够帮助你绕过自己的头脑，让舞台上或镜头前的你懂得如何拒绝思考。如果你不能避开意识的干扰，就无法真正融入情景之中。"

THE ART
AND
SCIENCE OF DELAY

克拉克的目标是让客户拥有一种自然、真实的反应能力。这种说法很像加里·克莱因对医护人员的评价。如果你是一位专家，你可以充分利用自己的无意识系统，做出正确的决断。你不会感到恐慌。你的反应不会太快，也不会太慢。你的决策完全出自工作经验和专业知识，因此准确无疑。如果你是乔恩·斯图尔特，你可以本能地把握说话之前的等待时间。时间自然而然地延展开来，你根本无须思考。你就是知道该怎么去做。

面对拍手游戏，克拉克小组中的老队员已经应付自如，他们可以即时可靠地运用自己的本能。通过精心思考，他们已经学会如何摆脱恐慌，轻而易举地做出快速的反应。新来的孩子在开始的时候会被自我意识干扰，直到他们懂得如何驾驭自己的本能。起初，他们需要一些思考，因为没有人天生就熟悉游戏之中点人与拍手的规则。你必须想方设法将这些新的反应模式内化为一种习惯，此后就无须再为此分心。这是拍手游戏区别于超速反应的一个关键因素：我们需要动用本能与思维这两个反应系统：首先是系统 2，然后是系统 1。

当我向克拉克问及有关"squirmish"的笑话时，他兴奋得几乎从椅子上跳起来："乔恩·斯图尔特就像约翰尼·卡森（Johnny Carson）一样。他看起来没有任何表情，也没有太多的动作，只有特定的眼神、略微上扬的眉头，或者是一个傻笑。如果他做出过多的举动，或者走来走去，我们可能就会失去这种乐趣。他其实是在告诉我们：'我要让你享受这一时刻。'我们对此充满信心。我们知道他不会延迟太久。他一次次地欲言又止，直到我们即将失去耐心之时，他才脱口而出。简直无懈可击！当然，这并不是说如果早一点抖出包袱的话，这个笑话就会变得索然无味。它依然会让我们发笑。但是，我们更喜欢他带给我们的这种感觉，我们的胃口被吊得越来越高，等到最后一刹那，他才爆出笑点。"

07 说话，稍作停顿更有说服力

放慢语速，变身沟通达人

无论是克拉克的说法，还是斯图尔特的表现，都涉及高超的演技。但是，我们也可以从日常沟通中获得相关的经验。我们时常要面对各种类型的听众，也许是一个人，也许是一群人。在讲话的时候，我们通常不会考虑延迟的时间长短，但它真实地存在。在我们中间，有些人更善于交流，而背后的原因往往与恐慌和停顿有关。如果缺乏足够的停顿，讲话会失去色彩，但过度的停顿又会使讲话听起来枯燥乏味、矫揉造作。优秀的演讲人能够轻而易举地通过语言和停顿的相互搭配吸引住他的听众。

密歇根大学演讲专家乔斯·本基（Jose Benki）认为，和那些说起话来滔滔不绝、流畅无间的人比较起来，言谈中时常稍作停顿的说话者更具说服力。个中原因是，对大多数人来说，每分钟有4次或5次停顿的言谈听起来最为自然。如果一味求快，不做停顿，讲话听起来就会显得过于生硬，如同照本宣科，而听众也根本来不及思考，或者做出反应。

优秀的节目主持人和评论员，如拉里·金（Larry King）、维恩·斯库利（Vin Scully）和泰瑞·格罗斯（Terry Gross），每分钟都会停顿好几次。而马丁·路德·金、罗纳德·里根以及比尔·克林顿等一流演说家的停顿时间甚至更长，也更富戏剧性。在电影《国王的演讲》中，科林·费斯（Colin Firth）凭借其饰演的患口吃的乔治六世征服了亿万影迷，一举摘得奥斯卡影帝的桂冠，他所依靠的并不是语言，而是一字一句间的沉默。

这些沟通者的天赋有一部分源自细心的思考。至少在人生的早期阶段，他们曾对不同情况下的时间延迟进行过思考，并将其中的一些规则内化为自身的习惯。这种情况可能发生在他们年轻时，或者随着经验的累积，他们学会了如何在正确的时间使用正确的停顿,从而起到最佳的效果。一旦他们开始懂得把握时机,表演就变成一件轻而易举的事情。开始的时候,科林·费斯不得不想法儿让自己变得口吃,但接下来,他必须忘掉自我,毫无拘束地做到这一点。科林·费斯的表演实在令人惊叹,他出神入化地表现出主人公如何面对并战胜由言语缺陷引起的恐慌,而他本人并不存在这种缺陷。

优秀的沟通者本能地知道一段讲话应该持续多久:通常越长越好,但千万不要超过某个限度。正如集演员、歌手和语言顾问于一身的多萝西·萨娜芙(Dorothy Sarnoff)所给出的劝告:"要确保在听众结束倾听之前,结束你的谈话。"在某些情况下,你必须戛然而止,然后一言不发。我有一位高中时代的好友,他可谓深谙此道。作为专业的销售人员,他善于利用漫长的停顿来说服客户购买产品。他常常把该说的说完,然后陷入沉默,因为他相信,接下来谁先开口,谁就是输家。几年前,他曾推销过净水器,有天夜晚,他坐在沙发上,默默地盯着一对老年夫妇,一声不吭。一个小时之后,这对夫妇终于软了下来,他们打破了沉默。最终,他们购买了产品。

有效的沟通不但涉及谈话的技巧,同样离不开沉默或者延迟。沉默与延迟的时间长短往往取决于谈话背景。一小时的沉默当然过于极端。20世纪20年代,臭名昭著的"火柴大王"伊瓦尔·克鲁格[1]被认为是世界上最成功的演说家之一,他的听众可以消化1分钟的停顿。如今在电视上,5秒钟的延迟已经算很长了。如果听众有点心不在焉,乔恩·斯图尔特可能只会拖延一两秒钟,然后立即抖出包袱。在讲某些笑话时,他根本不做任何的停顿。镜头之外的斯图尔特说起话来和一般人没有区别。在和别人闲聊的时候,他并不会像电视上一样歪着脑袋,等上4秒钟的时间。

---

[1] 讲述瑞典火柴业大亨伊瓦尔·克鲁格(Ivar Kreuger)传奇事迹的《火柴大王:一部金融创新与金融监管的启示录》是作者的另一代表作,中文简体字版已由湛庐文化策划、浙江人民出版社出版。——编者注

说话，稍作停顿更有说服力 07

我们可以，而且也应该效仿这些延迟大师。对大多数人而言，这意味着更多的停顿和更少的恐慌。作为一名教授，相比于小型的讨论课程，我在大课中所用到的停顿时间要更长一些。有时，在一番充满激情的讲解之后，我会根据课堂气氛停顿 10 秒左右，这样做效果也不错。但是，在这片刻的满足中，我必须保持谨慎。如果耽搁过久，我的学生恐怕就要起身离去了。在日常生活中，我们可以利用各种条件来放慢自己的语速。不过，大多数时候，尤其是在压力之下，我们会无视这些条件，转而依靠未经训练的本能。本能反应是用言语来打破沉默，其实，我们可以更为有效地掌握说话的时机。这需要刻意的努力，甚至是一定的训练。一开始，我们的自我意识会比较明显，并感到十分别扭。

 其实，我们大多数人都可以成为沟通达人——无须改变说话的内容，只要把语速放慢一些就行。

恐慌不仅仅会导致语速过快，它也会迫使我们仓促上阵，过快地做出回应。在面临危险的时候，这种瞬时的反应也许有一定的用处，但是在现代生活中，恐慌可能扭曲我们的时间知觉，让我们做出懊悔不及的草率决定。如果我们可以控制自身的恐慌心理，就可以延缓行动，避免动物性的本能反应，从而做出更好的决断。我们甚至可以因此变得更加幽默。

- 选择正确的开口时机，能让你的言谈点石成金。
- 最为自然的言谈是，每分钟有 4 次或 5 次的停顿。
- 优秀的沟通者本能地知道一段谈话该何时结束。

The only
objective for the
first date
is to decide if you
want to
see this person
again.

初次约会的唯一目的是确定是否愿意再次见到对方。

8

THE ART
AND
SCIENCE OF DELAY

WAIT
约会，先吃午餐，再做决定

在小说《柯莱利上尉的曼陀林》(Captain Corelli's Mandolin)中，医生伊安尼斯(Iannis)对爱情做了这样的描述："爱情是一种暂时的疯狂。它像地震一样爆发，然后又平息。而当它平息时，你得做出一个判断。"虽然伊安尼斯是一位没有行医执照的医生，但他的这句话却正确无比：在第一次相遇时，我们会做出大量的超速反应以及快速反应。要么被对方吸引，要么没有感觉，只是一瞬间的事情。但是，经过几分钟或者更长的时间，我们会对这个人产生更多的了解。我们需要足够的时间进行审慎的思考，并有可能改变自己最初的想法。

初次约会选择相约午餐

作为全球约会网站"相约午餐"(It's Just Lunch)的执行总裁，艾琳·拉科塔(Irene LaCota)是世界上数一数二的"初次约会"专家。二十多年前，拉科塔与丈夫在一次集体活动中初次见面，从那时开始，她对初次约会展开了深入的研究。1991年，"相约午餐"还只有一间小型工作室，在拉科塔的打理下，逐步发展成一家专为职业人士提供约会服务的国际公司，办公室遍布全球一百多个城市，从亚拉巴马州一直延伸到新加坡。

08 约会，先吃午餐，再做决定

我和拉科塔在一家高人气的餐厅见面，不过并不是为了吃午餐，而是为了享受餐厅的打折饮料。我希望可以观察到一些真实的约会场景。当拉科塔环顾四周，寻找那些可能是初次约会的人时，我不禁问她："一般的约会网站只收取不到50美元的费用，可是为什么许多精明的律师、医生和商务人士愿意支付数千美元，选择你们的'相约午餐'？"她解释说，其中的部分原因是服务："在加入一般的约会网站后，你还必须自己寻求和安排约会，而'相约午餐'会替你安排一切。"

不过，拉科塔的研究表明，还有另外两个因素比方便的服务更为重要。她的公司之所以如此成功，与这两个因素关系密切。她解释说："首先，我们不向客户提供对方的照片，我们从来不这样做。客户总是要求提供照片，尤其是男性客户，当我们表示拒绝时，他们简直无法忍受：'不给看照片？这到底是什么意思？'"

你无法从照片中得到任何有价值的信息。就亲密关系而言，有两个最重要的方面：灵犀相通与相互包容。在这些方面，照片提供不了任何帮助。

"你的对象是一位活生生的人，你必须去嗅、去看、去感觉，否则形成不了准确的想法，捕捉不到真正重要的信息。另外，人们往往会修饰自己的照片，本人的形象与照片看上去完全不同。"

如果注册一个社交约会网站，比如Match.com、Zoosk或者JDate，你可以看到关于潜在约会对象的诸多信息，不过，真正引人注目的是这些网站所充斥的海量图片内容。在Match.com网站上，每份档案中可以包含26张照片，因此，当你登录时，首先映入眼帘的就是一个硕大的"查看图片"绿色标签。即使你将一年中醒着的时间全都花在这家网站上，也看不完所有的照片。同样，Zoosk的注册用户总是沾沾自喜地将自己的玉照四处张贴，包括日期卡、Zoosk桌面以及附带的Facebook。在约会网站JDate的博客中，一位顾问建议用户按照 5 个 "F" 的顺序张贴自己的照片:脸（Face）、全身（Full body）、休闲（Fun）、友人（Friends）和家庭（Family）。

拉科塔认为，对照片的关注只会适得其反。她试着阻止人们根据第一印象草率地得出结论。她说道："我们想方设法让人们避免依据照片做出仓促的决定。"拉科塔了解有关薄片分析的研究结果，深知它的用处和缺点。拉科塔明白，就约会而言，帮助客户的最好方法之一，就是在他们做出薄片分析之前有意地抢占他们的想法。

虽然"相约午餐"也会用到分析调查和问卷调查，但拉科塔摒弃了许多约会网站所使用的过于机械的方法。这些网站会设置一些多项选择题，然后根据客户的回答来实施匹配。除了成本低廉之外，这种方法还有一些明显的优点，比如它可以极大地增加约会的概率。如果你约会的主要目的是性，那么这种数据调查就会显得特别有用。（例如"你喜欢啤酒的味道吗"这个问题，能够准确地预测出对方是否愿意在初次约会时与你发生性关系，只要对方回答"是的"就行。）在这方面，"相约午餐"无法与其他网站竞争，不过它也不屑于这样做。与之相反，"相约午餐"的工作人员是通过广泛的交谈来了解客户及其潜在的伴侣的，他们看上去就像现实生活中的媒婆，综合自己的直觉和分析，将男男女女撮合在一起。

除了避免照片干扰，"相约午餐"取得成功的第二个重要因素显然是：只约午餐。拉科塔解释说："我们强调午餐，是因为研究表明，午餐时间最适合初次约会，晚餐则过于漫长。如果约会的客户不打算吃午餐，而是选择下班之后一起去酒吧坐坐，这也未必不可，但他们不能共享晚餐，绝对不能。这会使事情变得复杂起来，时间也过于漫长。同时，也不要延长午餐的时间，即使一切进展顺利，彼此一见钟情。以后有的是时间。"拉科塔认为，**这种有意的延迟，以及相信未来检验的意愿，是创建亲密关系的关键所在**。

把现在留给狗和猩猩

2006年，丹尼尔·吉尔伯特（Daniel Gilbert）凭借他的先锋之作《撞上幸福》（*Stumbling on Happiness*），掀起了一场现代幸福运动。这位哈佛大学的心理学教授在教学和研究方面已经获奖无数，而他的《撞上幸福》一书更是包罗万象，引人深思，它改变了人们对幸福原因的思考角度，并让人们重新关注一个古老但却最为基本的观念。如今，幸福研究已经成为主流，并渗透到各个领域，人们很容易忘记吉尔伯特的理论起点，也就是他在第一章的开篇所提到的"命题"。他开玩笑说，每一位心理学教授都要经历一次成人礼，就是出版一本涉及"人类是唯一一种……的动物"的书，这句话是命题的一部分，而教授们的工作是补上空白的内容。

吉尔伯特是如何填补这个命题的呢？在他看来，人类的根本特征，也就是我们之所以能够幸福的人性特点，到底是什么？吉尔伯特的答案是："人类是唯一会思考未来的动物。"他认为，要了解我们幸福（或者不幸福）的原因，就必须关注这种思考未来的能力，这是人类之所以为人类的根本标志。在他的整部书中，吉尔伯特所关注的是时间与延迟，以及我们对未来状况的思考与设想的能力。然而，这种能力不断受到挑战，我们的记忆容易出错，计划也常常赶不上变化，而且我们总是过度地活在当下。在《撞上幸福》中，吉尔伯特所探讨的是幸福问题，这一点显而易见，但我们很容易忽略他对时间的关注。

在本书中，我们通过几种不同的时间维度探索人类的决策奥秘。基于这个目的，我想对丹尼尔·吉尔伯特的命题稍微做一点修改："**人类是唯一会思考遥远未来的动物。**"我之所以增加"遥远"二字，是因为最新研究显示，许多动物能够预见至少几分钟之后的事情，但无法思考未来一天的情况，这一点与本书前言中对狗的描述完全吻合。每种动物所能思考的未来有长有短，但根据新的实验结果，有两个结论是显而易见的：第一，动物能够思考未来；第二，相比于动物，人类对未来的思考更为充分，也更为长远。"遥远"一词提醒我们，在较短的时间维度里，人类与动物并无区别，我们的相对优势在于可以预见更为长远的未来。在毫秒或秒的世界里，我们的表现不见得比动物强。只有当思维的长度得到进一步延伸的时候，我们才能展现出人类特有的优势。虽然我对弗莱彻宠爱有加，但我还是不能让它爬上餐桌，与我共进午餐。

回顾本书前面几章的内容，你可能会认为人类的瞬时反应与动物差别不大。在半秒钟或者更短的时间内，几乎所有的动物都能无意识地"思考"近在眼前的未来，即便它是一条蠕虫。动物不知道接发球或者打棒球，但是，它们可以在几百毫秒之内做出不可思议的事情。电视上的自然节目常常会播放一些慢动作视频，因为这样可以充分展现动物在策划进攻时如何"延展"时间。无论是猫鼬对眼镜蛇的进攻，还是眼镜蛇对老鼠的袭击，动物的反应与人类职业运动员不相上下。在毫秒的世界中，人类并不是唯一懂得思考未来的动物。

那些分秒之内的简单决策也是如此。最新研究显示，在相对较短的分秒世界里，许多动物在前瞻性思维方面与人类不相上下，尤其是类人猿。动物不会扑灭大火、开具处方，也不懂幽默。在许多情况下，动物总是被恐慌所袭扰，而这种恐慌让它们无法预测未来。但研究者发现，动物能够对眼前分秒之内的风险利害做出预测，特别是涉及食物或者繁殖后代时。例如，黑猩猩懂得收集一些当时派不上用场，但也许很快就要用到的工具。猴子、老鼠和鸽子能够放弃眼前的实惠，以换取将来更大的回报。西丛鸦就懂得计划未来，如果它不得不在某个地方过夜，而这个地方又缺少食物，它会预先储备一些食物，作为第二天的早餐。再比如，鸟类会给自己筑巢，海狸会在住的地方修建水坝。另外还有本书前言中所提到的那些狗狗们，为了得到一块更大的鸡肉狗粮，它们可以等待十多分钟的时间。

约会，先吃午餐，再做决定 08

当然，以上这些动物行为并非完全出于我们通常所理解的思考，但许多动物的确能够"思索"未来，其能力达到了人类幼儿的水平。一项研究发现，"与其他受试动物相比，黑猩猩更善于感知时间的维度，它们的表现类似于儿童"。通常情况下，孩子们到 5 岁左右才开始区分现在与未来。即便是在幼儿园阶段，他们也想不了太远。因此，人们把幼儿园称为"儿童乐园"是再合适不过的了，这个学习阶段的主要内容就是全心投入游戏，无忧无虑成长，而不必考虑未来。为了得到第二颗棉花糖，一些 4 岁的孩子愿意等待 15 分钟的时间，不过，他们对耐心和自控的认知程度与黑猩猩并没有区别。

随着年龄的增长，我们能够思考更为长远的未来，而动物无法办到。成年人平均每天有 12% 的时间在思考未来。我们可以预想几年之后的情况，这让其他物种望尘莫及。如果涉及的时间超过几分钟，就没有动物能和我们匹敌了。对于个人的日常决策和幸福程度而言，这一点至关重要。

 人类之所以为人类，是因为相比于其他动物，我们有能力思考更为长远的未来。

这并不是说我们时刻都在做这样的思考，我们只是能够做到这一点而已。也许我们宁愿像动物一样，整天做一些临时的、毫无关联的事情。我们可能更希望专注于现在（比如说在冥想或者练习瑜伽的时候）或者近在咫尺的将来（比如在用餐或者娱乐的时候）。一位富有的高管曾向我的家人说，在退休之后，他将把大部分的晚年时光花在保龄球上，因为这样可以完全不动脑筋。但是，长远的思考常常让我们获益匪浅，这完全是人类的一项专利。它不仅表现在一些日常事务上（即使是大猩猩也无法制定出一个简单的购物计划），同时也涉及人际关系与互动交往。为了谋求长远利益，我们能够克制动物性的短时反应，采取前瞻性的措施，这常常是我们获得快乐的保障。虽然我们有时宁愿自己做

出类似动物的反应，但我们通常并不希望如此。正如英国诗人罗伯特·勃朗宁写的："什么是时间？把'现在'留给狗和猩猩吧！让人类拥有无限的未来。"

以上这些动物研究与初次约会究竟有什么关系？答案在于你对"一见钟情"的看法。"一见钟情"是一个引人注目的词语，充满迷人的浪漫色彩，但它也可能造成灾难性的后果。明智的希腊人将这种炽热的爱火喻为"来自神的癫狂"，这正是英国作家路易斯·德·伯尔尼埃（Louis de Bernières）笔下伊安尼斯医生对爱情的描述。毫无疑问，人类拥有某种动物性的大脑回路，用以处理瞬时的感情。我在前面已经谈到，人们可以瞬间判断出一张面孔的魅力程度。男性往往对腰臀比例为 0.7 的女性一见倾心。那些曾在酒吧泡到打烊的人可以证明，无论男人还是女人，都善于（也许应该说不善于）做出此类迅速的判断。

达尔文相信，动物之间也存在浪漫的爱情，不过科学界对此仍有争论。但可以肯定的是，如果动物真的会坠入情网（无论你怎么看待这种爱情），整个过程也不会持续太长，这是一种基于第一印象的快速反应。某些动物会结成一种短暂的配偶关系，相互支持，形影不离，其中表现最为突出的是草原田鼠，一种小型啮齿类动物[①]。草原田鼠之间会举行类似"相约午餐"的约会，如果彼此满意，此后便白头偕老，很少见异思迁。但是，像草原田鼠这样的动物并不多见。

根据拉科塔的说法，在初次约会时，我们应该表现得更像一个人，而非一只动物，或者至少应该更像草原田鼠，而不要像兔子那样匆匆忙忙。在午餐过程中，我们能够获得一定的认识。我们可以设想第二次约会的情景，我们也可以观察对方，根据他的反应调整自己的行为，确定自己对他的看法。最后，我们再采取行动，或者提出下次见面的邀请，或者就此作罢。

"观察—调整—决策—行动"这一连串行为在某个特定的决策领域得到大

---

① 该项实验的研究者苏·卡特（Sue Carter）是研究心率变异性的行为神经科学家史蒂芬·波吉斯的妻子，这使得他们成为学术界唯一一对研究强大的夫妻纽带关系的夫妻。

力推广。和初次约会比起来，这个领域中的"约会"更具对抗色彩，它是另一种较量。

空战中的 OODA 决策准则

约翰·博伊德（John Boyd）堪称美国历史上最伟大的战斗机飞行员。他是 F-16 战隼等轻型战斗机的拥护者，因为这种飞机就像弹簧刀一样，在近距离的空中格斗中灵巧无比。飞行员可以来回拉动操纵杆，使敌机过冲，然后利用扣钩式的转身，取得战术优势。博伊德战胜对手的办法并不是先发制人，而是等待对手先出招。博伊德认为，这种空战技巧能够运用到更为广泛的军事战略之中。

博伊德指出，在战斗中，速度并不是唯一的关键。他举了两个例子，一是德国对法国的闪电攻击，一是以色列对恩德培机场劫机分子的突袭。这两个例子说明，问题的关键不仅是进攻的速度，还包括进攻的时机。博伊德依据《孙子兵法》，开发出一套针对时间的战斗策略。这一策略的核心是战斗者应遵循的四个步骤：

第一，观察瞬息万变的环境；

第二，根据观察的结果调整自己的行为，清除障碍，了解迷惑对手的时机和方法；

第三，制定行动方案；

最后，在对手最脆弱的时候，把握时机，迅速采取行动。

博伊德提到了如何"切入"对手的时间周期：一旦对手开始行动，你就可以判断出他的过激或不足之处，然后有针对性地予以还击。以上四个步骤简称为 OODA，有时，这个过程会不断重复，反复循环，因此又被称为"OODA 环"。

OODA 的核心观点适用于人类的大部分活动。如果我们能够尽量缩减决策与行动的时间，把更多的时间用在观察和调整上，就可以制定出更好的决策。

OODA 的最终目标是迅速行动，但并不要求率先行动。①这与棒球击球的道理一模一样，如果我们能以更快的速度草拟备忘录、制作数据表或者准备演讲稿，我们就有更多的时间去了解任务、收集信息和分析问题。如果我们需要过多的时间来完成决策和行动，就只能提前结束观察和调整的步骤。但是，如果行动过于迅速，我们所应对的问题很可能会在最后时刻到来之前发生变化，甚至不复存在。

我们已经探讨了超反应运动、高频交易以及喜剧表演等活动的决策过程，博伊德的 OODA 环与它们非常类似。在接发球时，职业网球选手首先观察来球的速度和轨迹，然后对观察到的信息进行处理，以确定网球的落点和反弹后的飞行轨迹，最后再挥拍击球。UNX 公司的计算机就像动作迅猛的击剑高手，它让对手率先出招，自己则等待几十毫秒之后入场交易。同样，乔恩·斯图尔

---

① 我所主张的"观察—处理—行动"方法与博伊德的 OODA 环的主要区别在于，我将"调整—决策"合并为"处理"，以避免为了厘清"调整"与"决策"、"决策"与"行动"之间概念交集而弄得过于复杂。OODA 决策框架的另一个关键特征是：它是一个环形结构，从"观察"到"行动"，又从"行动"回到"观察"。在战斗过程中，这种机动性特别重要，因为每次行动和反应都会产生一个全新的局面，一个人所观察到的发展动向将指导他下一步的调整和决策。我的"观察—处理—行动"方法适用于一些日常决策。

特揣摩着观众的反应,他欲擒故纵,欲吐还休,直到最后才抖出包袱。

博伊德所做的工作,就是制定出一套以空中格斗为特定背景的决策步骤,由此,战斗机飞行员可以预先通过有意的思考和训练,学会如何观察、调整、决策与行动,从而确保在激烈的战斗中能够不假思索地遵循这些步骤。在博伊德对空战人员的建议中有一些关于瞬时反应的要求,这类似于超反应运动的选手和高速计算机的快速反应。但是,他的大部分战术设计旨在应对更长时间单位的情形:分钟,而不是毫秒。在网球或棒球比赛中,职业选手依靠"看球—准备—击球"的策略,尽量提高自己接发球或者击球的速度,以此留出更多的时间来判断球体的旋转和轨迹。从许多方面看,OODA环不过就是这种战术的加长版。

博伊德的决策理论并非独一无二。无论是军事领域、体育运动、喜剧表演还是股票交易,它们的决策框架都大体相同:首先收集信息,然后处理信息,最后采取行动。其中主要的区别是:击球手在面对飞速而来的棒球时,只有几百毫秒的时间处理信息,而飞行员则拥有更长的时间来收集信息,以应对盘旋的敌机。然而,博伊德的高明之处在于,他让我们明白,无论时间单位是毫秒还是分钟,无论时间维度是大还是小,决策的步骤并没有区别。

尽管博伊德的OODA环最常应用于军事领域,但在约会交友的问题上,它也有用武之地。一场军事战斗的起始经过,与一次约会交友的相亲过程有相同的步骤。与他人的初次约会,就像驾驶着F-16战隼在空中作战。在理想状态下,初次约会时我们应该充分利用思考未来的能力,以确定对方"是敌是友"。当拉科塔对酒吧里的约会男女进行品评的时候,她的观察方式与心理学家戈特曼对已婚夫妻的关系评判如出一辙:这个男人显得心不在焉,那个女人看起来心存戒备。拉科塔在每个人身上搜寻有关情绪的蛛丝马迹,尤其是那些消极的情绪。与婚姻存在问题的夫妻不同,初次见面的人通常不会表现出对对方的不屑。但拉科塔善于捕捉各种存在隐患的信号和细节。她的观察其实就是一种目测，能够发现约会双方的优势和不足。

拉科塔关于初次约会的"行为准则"与军事家约翰·博伊德的 OODA 环异曲同工。不要给午餐约会设置一个特定的时间长度。相反，你可以根据自己的需要，尽可能长时间地仔细观察对方，一切都应该视情况而定。此外，调整自己的注意力，集中精力设想你对下一次约会的感受，不要被其他因素干扰。记住，不要过快地做出回应，一定要留给对方足够的时间展示其自身的优点和缺陷。最后，到了必须做出选择的时候，不要再去回顾午餐中的每个细节，你应该果断地做出决定。如果你已经给了自己足够的选择时间，就没有必要再前思后想，剩下要做的就是采取行动：要么邀请对方再次见面，要么用礼貌的方式结束你们的来往。

婚恋网站的约会准则

为了帮助客户进行观察和调整，拉科塔给他们设定了一个套路，用来评估其自身的反应。拉科塔要求客户思考下一次约会的可能性，其中关键的问题是："当约会结束时，我对这个人有什么样的看法？"拉科塔解释说："我们告诉客户，初次约会的唯一目的是确定自己是否愿意再次见到对方，仅此而已。并且，他们应该等到午餐结束之时再做出下次是否见面的决定，而不要立刻给出答案。初次约会时，你唯一需要思考的问题是：'我希望和他再次约会吗？'在整个午餐过程中，你都应该反复思考这个问题，但是，只有等到午餐结束的时刻，你才可以给出答案。一定要不急不躁，充分思考，直到午餐结束。如果你在整个用餐过程中都觉得自在无比，那就可以准备下一次的约会了。"

拉科塔的专业水准来自多年的训练，而像我这样的人可能永远也做不到这一点。但是，即使是那些在相亲过程中容易冲昏头脑、做出仓促决定的人，也能够有更好的表现，只要他们听从拉科塔关于初次约会的两点忠告：

第一，在午餐结束之前，不要做任何决定。

第二，当午餐结束时，问自己一个简单的问题：我们是否应该再次见面？

对这个问题的回答，综合了系统 1 和系统 2 两种反应模式各自的优点，它们一个源自本能，一个诉诸思考。我们留有充足的时间，有意识地收集、加工有关约会的信息，最后再依靠直觉，迅速做出反应。然后我们开始着手第二次午餐约会，接下来也许是晚餐，再接下来会发生什么，又有谁知道呢？①

WAIT
THE ART AND SCIENCE OF DELAY

- 对于初次约会的对象，你无法从照片中得到任何有价值的信息。
- 午餐时间最适合初次约会，一定要留给对方足够的时间展示其优点和缺陷。
- 午餐结束，应果断地做出是否再次约会的决定。

---

① 在交往过程中，有一个非常重要的问题：我们应该用多少时间来考虑对方的结婚请求，理想的拖延时间取决于多个因素，它包括：你们一起相处的时间、你之前的感情经历、你的年龄、你们之前对婚姻的探讨，以及求婚者是否头脑清醒。如果有人在初次约会时就向你提出求婚，你应该礼貌地表示自己需要更多的时间来了解对方。但如果对方的求婚已经是预料之事，而你也流露出了这种意向，那么拖延不决只会给你未来的伴侣留下不快的记忆，甚至心生疑虑，这时你应该立刻表示接受。

Apologize,

when it

was just right.

道歉，要选择恰当的时机。

THE ART
AND
SCIENCE OF DELAY

WAIT
道歉，真的不是越快越好

WAIT 慢决策

带有余温的乌鸦

1997年10月8日上午,就在克林顿总统的支持率接近历史最高纪录之时,共和党参议员弗雷德·汤普森(Fred Thompson)认为自己找到了足以指控总统的铁证。他的手下发现了一份6月份的记录,显示克林顿曾在白宫私下会见了自己的两名竞选筹款人和卡车司机工会的某位前任顾问,而这位前任顾问已经招认,这次见面是为了商谈一笔非法的政治献金交易。这笔非法交易其实就是一个赤裸裸的回扣方案:卡车司机工会将为民主党全国委员会提供一笔资金,而民主党全国委员会承诺,将为卡车司机工会主席罗恩·卡瑞的竞选活动提供一笔等额的资金作为回报。这份新发现的记录让汤普森相信,克林顿本人很可能参与了这场阴谋。

乍听之下,这个故事与汤普森过去经手的一个爆炸性事件如出一辙。作为参议院水门案调查委员会的少数党检察官,汤普森是理查德·尼克松总统翻船落马的关键推手。他是最早知道尼克松对白宫谈话进行秘密录音的人之一,1973年7月16日,汤普森向尼克松的前任助手提出质问:"你是否知道总统办公室里装有监听设备?"此言一出,全国上下一片哗然,随之引发了一系列的政治较量:特别检察官阿奇博尔德·考克斯(Archibald Cox)向尼克松发出传票，尼克松展开"周六夜大屠杀"（Saturday Night Massacre），要求司法部长罢免考克斯，而最高法院下令，要求总统公布录音带。正是这一系列较量，最终导致尼克松下台。

这份有关卡车司机工会的会议记录有可能成为克林顿的"水门事件"吗？汤普森看到了机会，他发动了进攻。在参议院关于非法捐款的听证会上，汤普森一开始就将克林顿与卡车司机工会控告案联系了起来，他指出："根据起诉书，总统的这次会见，就发生在卡车司机工会决定向民主党提供23.6万美元作为献金交换的4天前。"汤普森强调，这是一次私下会见，也就意味着民主党曾与克林顿秘密讨论过这笔非法交易。但是，汤普森的这次出击太过仓促，他的证据站不住脚。不到一个小时，参议院调查委员会的一位律师提出了反驳。他出示的文件显示，汤普森所说的"私人会见"实际上只不过是一个午餐会，还有另外6人参加了这次会见。这份文件记载了午餐会上的讨论议题，其中并没有证据证明克林顿卷入了非法的献金阴谋。这位律师表示，汤普森"居心叵测"，有意误导公众。

汤普森的指控被证明是错误的，这让他陷入被动之中，他需要就此事道歉。但是，他是否应该立即道歉？就在听证会的现场，还是该晚些时候？如果晚些时候，那应该晚到什么时候？汤普森听过这样一句格言："如果你不得不吃一只乌鸦，那趁热把它吃掉。"① 这是杜鲁门的副总统阿尔本·巴克利（Alben W. Barkley）对政治道歉的描述，许多人表示赞同。如果你犯了一个错误，就应该立刻道歉，而且越快越好。赶紧了结此事，表明你的悔意，将损害降到最低，然后继续前进。

但是，汤普森并没有立刻道歉。相反，听证会继续进行，在接下来的几个小时里，更多的证据被摆了出来。白宫官员证实，克林顿的会见是公开的。出席午餐会的人也作证说，会见期间没有任何人提到政治献金交易。民主党开始

---

① 在美式英语中，"吃乌鸦"是一句俗语，表示被迫承认自己的错误。——译者注

对汤普森大肆抨击，认为他在错误地暗示克林顿存在犯罪行为。听证会结束后，汤普森与自己的下属交换了意见。最终，在当天晚上，也就是在犯下错误几小时后，他发表了一份声明，对自己"所造成的错误印象"表示道歉。他承认："在提出假设之前，我应该在某些消息渠道上多花一些时间。"

汤普森的措辞一向谨慎小心，而且根据我的了解，他也从不畏惧立刻纠正自己的错误，即便是在电视直播的参议院听证会上。他获得过哲学和政治学双学位，以及范德堡大学法学学位。他是一名成功的律师和政治说客。据说，他的导师霍华德·贝克（Howard Baker）在水门事件听证会上的那句著名质问"总统知道些什么？他是什么时候知道的？"就是出自他的笔下。因此，我们有必要听一听汤普森最终为自己的不当之举道歉时所说的话。他操着慢条斯理的南方口音，这种口音在他所参加的电视节目和出演的电影中都可以听到，已经广为人知。在结尾时，他引用了巴克利的名言，但稍微做了改动。汤普森说道："如果你不得不吃一只或者半只乌鸦，与其冷了再吃，不如趁它还有余温的时候动手。"巴克利强调的是"热"，但汤普森说的是"有余温"。

汤普森懂得如何把握道歉的时机。他明白，**不要在风口浪尖上立刻道歉**，因为一个匆忙的道歉似乎显得过于轻率，会让人越发觉得他早上的突击指控完全是冲动、鲁莽之举。他需要解释自己为什么会被误导，需要确保所有的信息都被公布出来，还需要充分了解事实。汤普森推迟了几个小时才发表声明，而当他最终开口道歉时，他将巴克利的名言稍加改动，以配合自己的延迟之术。他不想等待太长的时间来表达歉意，但也不愿过早地承认错误。在面对自己犯下的错误时，汤普森的策略有点像童话中的"金凤花姑娘"（Goldilocks）①：不要在人们反应"太热"或"太冷"时进行道歉，而要选择恰当的时机。

---

① "金凤花姑娘"是西方童话故事《金凤花姑娘和三只熊》里的人物。由于金凤花姑娘喜欢不冷不热的粥、不软不硬的椅子，总之是"刚刚好"的东西，所以美国人用"金凤花姑娘"来形容"刚刚好"。——译者注

偷情者的道歉时机选择

什么时候道歉最为理想？这个问题与本书所探讨的许多决策一样，实际情况要比乍看之下更为复杂，虽然它包含一些相同的元素。如果你不小心把饮料洒在别人身上，或者踩到别人的脚趾，一个迅速及时的道歉显然在情理之中。如果你的错误是无心之失，或者并不涉及个人情感，那么姗姗来迟的道歉，甚至仅仅几秒钟，都会被认为是不真诚的表现。面对这种情形你应该依靠系统1的本能反应，立刻表达自己的歉意，而不用去观察、调整或者思考。然而，在其他情况下，仓促的道歉可能会收效甚微，甚至让人觉得毫无诚意。它或许还意味着恐慌或者害怕。对参议员汤普森来说，借助系统2的审慎思考来推迟道歉的时间显得非常必要。如果一个人的过错是蓄意为之，或者涉及个人情感，例如汤普森对克林顿总统的指控，那么一定程度的延迟可以让道歉显得更加真诚。

如果我们等待一段时间再做出道歉，比如说几个小时或者几天的时间，这表明我们已经充分思考过受害人的感受，显然是仓促的道歉无法做到的。

在等待的过程中，我们可以动用博伊德的 OODA 环，花费一定的时间去观察、适应受到伤害的对象的反应，然后再表达歉意。与本书探讨的其他决策一样，人们在道歉问题上所面临的机遇和挑战与延迟息息相关。

第一时间就道歉反而不好

精神病学教授阿伦·拉扎尔在《道歉》(*On Apology*) 一书中提到，当他向学生询问有关道歉时机的问题时，大多数人一开始都回答说：越早越好。的确，我们从小就是被这样教导的。但是，经过一番讨论之后，学生们开始了解过早道歉所存在的弊端。拉扎尔指出，大多数学生认识到，"对于有效的道歉而言，时机的把握非常重要，而且复杂且精细"。学生们逐渐明白，一旦事实表明自己对别人造成了伤害，我们首先要做的决定并不是要不要道歉，而是什么时候道歉。

真正让学生理解道歉时机的重要性的话题，并不是溅洒饮料或者踩人脚趾等无心之失，而是偷情。有一次，在拉扎尔的课堂上，学生们在讨论道歉时机的问题，一个同学承认自己曾经因为偷情而被逮个正着。他描述了自己在面对女友质问时的想法："我立刻告诉她我们要坐下来谈一谈，但我并没有在第一时间向她道歉。"起初，其他同学都感到非常震惊。这位偷情者的所作所为也太恬不知耻、工于心计了吧！难道他不应该马上道歉吗？

然而，这种等待其实有两个好处。**首先，过早的道歉可能会妨碍受害者表达自己的感受**，尤其是遭受严重伤害之后。如果道歉过于迅速，受害者往往没有足够的时间去梳理自然的情绪反应，也无法了解过错方的想法并表达自己的感受。如果一个陌生人无意中撞到了你，你立刻就能明白这只是个意外。但是，如果你的伴侣承认自己有偷情的行为，你需要一定的时间来思考和发泄。

时间让受害者有机会调动自己的意识系统，而更为关键的是，时间也让他们有机会发出自己的声音。

推迟道歉的第二个好处是，在经过一段时间之后，更多的信息会浮出水面，**受害者可以更加清楚整个事件的来龙去脉**。这种偷情行为只不过是一夜风流，还是保持着长期的关系？它从什么时候开始？它为什么会发生？这些额外的信息能够让道歉更加切实、具体，它们不但表明了道歉者的错误，而且解释了犯错的原因。所以说，稍晚做出的道歉往往更加可信、更有依据，因此也更令人满意。时间让受害者有机会了解整个事实。

在现实生活中，因为偷情而道歉并非一件小事。根据综合社会调查，每年大约有 10% 的已婚人士承认自己有过不忠的行为。对于未婚伴侣来说，这个数字就更高了。在本书的读者中，恐怕有相当一部分人将来会因为外遇曝光而需要道歉。当然，首先你不应该偷情，这一点毋庸置疑。但是，如果你铤而走险，最终又东窗事发，那么就需要尽量做出有效的道歉。

为什么要等待一段时间再道歉

2005 年，辛西娅·弗朗茨（Cynthia McPherson Frantz）和考特妮·本妮森（Courtney Bennigson）发表了第一篇正式研究道歉时机的学术论文。她们的假设是：如果等待一段时间再进行道歉，受害者会感到更加满意，因为这段额外的时间给了他们表达自己的机会，并感觉自己被人倾听、被人理解。为了验证这一理论，弗朗茨和本妮森以阿默斯特学院和威廉姆斯学院的本科生为对象，开展了两项研究，而这两所学院正是弗朗茨和本妮森各自的母校。

Wait
延迟视窗

迟来的道歉感觉更好

第一项研究是针对学生近期所陷入的冲突进行提问。首先，这些学生需要按照时间顺序，将冲突中所发生的各个事件进行排列，包括道歉在内。然后，他们还要对冲突的解决程度、自己余怒未消的程度，以及对冒犯者的谅解程度进行打分，并且评估自己被人倾听和理解的程度。不过，这些学生并不知道实验的目的是为了测试道歉时机的重要性。

结果一目了然："道歉的时机与最终的满意度之间存在积极的联系，在冲突中，道歉来得越晚，实验参与者所报告的满意度就越高。"这项统计测验表明，道歉延迟的时间越长，受害者就越觉得自己得到了更多的倾听和理解。更长的时间，意味着更多的表达、更好的理解。

第二项研究是设计一个场景，让学生对自己由此产生的情绪反应进行评分。在这个场景中，他们和一位朋友约定晚上一起联欢，但那位朋友并没有现身，而是与别人出去玩了。然后，第二天，学生接到了朋友的电话，电话内容由研究者随机安排，一共分为三种情况：第一种情况，朋友在交谈一开始就表示道歉；第二种情况，朋友在交谈结束时才表示道歉；第三种情况，朋友自始至终都没有道歉。最后，再让这些学生重新评估自己的情绪反应。

毫不奇怪，学生们对"拒不道歉"的情况最为反感。无论如何，说一句"对不起"总要好过什么也不说。但是，与第一项研究相同的是，学生对迟来的道歉感觉更好："稍晚的道歉对情绪的改善作用明显大于过早的道歉。"事实上，只有在稍晚道歉的情况下，学生的情绪才得到了明显改善，因为这让他们有机会讨论事情的经过和缘由。总而言之，这些研究表明，道歉与时间大体呈"钟形曲线"关系，在最初时刻，效果位于低点，然后逐渐上升，到达峰值，最终趋于下降。

在拉扎尔的课堂讨论中，那位曾经背叛女友的同学解释了自己为什么没有立刻道歉："我需要给她足够的时间发泄她的怒火。许多天后，我向她表示了歉意，一切又回归正常。"也许我们认为这段感情不应该再回归正常，但是如果他拒不道歉，或者过早道歉，都可能让这段感情就此结束。

把握道歉的时机，与其说是一门科学，不如说是一种艺术。我们无法用公式来计算道歉的准确时机。不过，倒是有一些工具可以帮助我们把握时间，以确保我们的延迟够长够久。在道歉之前，我们可以观察、处理信息。阿伦·拉扎尔在《道歉》一书中花了整整两章的篇幅探讨时机与延迟的问题，他的大部分后续研究也专注于此。拉扎尔发现，一个有效的道歉通常包含4个部分：

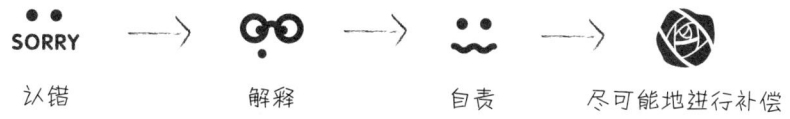

认错　　　解释　　　自责　　　尽可能地进行补偿

　　这份清单有两个重要功能：第一，它列出了一个道歉所包含的关键步骤，这样我们就能按部就班，逐一突破；第二，它提醒我们在每个步骤之前都应该稍停片刻，这样就不会过于仓促地解释自己的错误。拉扎尔的学生首先承认自己的不忠，在过了一分钟之后，他才解释到底发生了什么，然后他又选择了等待，这一等就是几天。直到最后，他才开口道歉。在此之后，他花费了更长的时间，也许是几年之久，去尝试修补他所造成的伤害。

要等多久再道歉

　　不过，这份道歉清单并不容易遵守，它也不能确保成功。它无法撤销那些伤害性的言行。但是，一些公众人物的表现已经证明，如果我们使用正确的道歉策略，就可以防止糟糕的局面进一步恶化。

　　2011年6月3日，在纳什维尔的一家夜总会里，喜剧演员崔西·摩根（Tracy Morgan）讲了几个关于同性恋的敏感笑话，甚至一度扬言说如果自己的儿子是同性恋的话，就会拿刀捅死他。这些言论被一一报道出来，结果很明显，摩根必须为此道歉。事实证明，摩根的道歉极有章法，堪称完美。

　　首先，摩根给了公众几天的时间，让他们批评、指责自己的"反同"言论，然后再表示自己的行为"做得过火"了。接着，他承认这种做法"一点都不好笑"。他向几个同性恋权利组织寄送了一份声明，对自己的措辞不慎表示道歉。这一系列举动涵盖了清单中的前面三个步骤：认错、解释和自责。又过了几天，摩根来到纽约的阿里·福尼中心，看望了那些无家可归的青少年同性恋者。他还

WAIT 慢决策

与一位在近期的"反同"仇杀案件中痛失儿子的母亲进行了交谈。他回到纳什维尔，亲自向"同性恋者反诋毁联盟"的领导者表达歉意，并为该组织拍摄了一个公益广告。显然，他又重复了清单中的第二和第三个步骤，就像循着约翰·博伊德的 OODA 环不断盘旋的战斗机飞行员。

摩根的道歉没能取得两个人的谅解，一位是和他一道出演电视剧《我为喜剧狂》(*30 Rock*) 的蒂娜·菲 (Tina Fey)，另一位是美国全国广播公司娱乐部总裁鲍勃·格林布拉特 (Bob Greenblatt)，《我为喜剧狂》一剧正是由该公司电视频道播出的。即使在摩根发表道歉声明之后，他们仍然对他提出批评，并一度表示将不会再接纳他。

但是，公众接受了摩根的道歉。人们需要的是认错、解释、自责和补偿，一步一步，而摩根正是这样做的。摩根的道歉让他们觉得，他对同性恋者的挖苦不过是出于玩笑，耍耍小聪明，言辞中充满反讽的意味，其实并无恶意。那些钟爱《周六夜现场》(*Saturday Night Live*) 的观众并不会认为摩根真的需要服用大量"抗同"药物，才能面对一个娘娘腔的儿子。到 6 月底的时候，摩根已经重返舞台，他甚至仍然拿同性恋说事儿："本人 42 岁，男性，难道我一下子就成了'同性恋恐惧症患者'了吗？我的父亲曾是村民乐队 (Village People)[①] 的主唱……当我爸爸写这首歌的时候，我就坐他旁边，乐团中那位印第安酋长的扮演者就是我的教父。"凭借从容、谨慎的道歉策略，摩根最终化险为夷。

与此相反，我们再来看一看梅尔·吉布森的拙劣道歉。2006 年夏天的一个深夜，吉布森在马里布因为醉酒驾车被警察逮捕。在逮捕现场，他高声咆哮，发表了一通带有亵渎性质的反犹宣言，称"犹太人应该为所有战争负责"。随着这番言论被各大媒体曝光，公众对此义愤填膺。早在两年前，由吉布森导演、监制并参与编剧的电影《耶稣受难记》(*The Passion of the Christ*) 就已经让许

---

① 该乐团是流行乐坛历史上第一支以同性恋身份自居的乐队。——译者注

多人断定吉布森有反犹思想,无论事实是否如此。

面对无比愤怒的公众,吉布森需要小心谨慎,为道歉的各个步骤设定最佳时机,以便让公众有足够的时间发泄自己的怒气。虽然媒体强烈要求他立刻发表声明,但吉布森应该按兵不动,让公众的情绪得以充分表达(无论这需要多少时间),然后再对自己的错误行为发表一份完整详尽的致歉声明。但是,吉布森火速抛出了第一份道歉声明,结果一败涂地。在被捕次日,吉布森就行动起来,如同一位在应对客户投诉方面行事高效的商人。他的经纪人发布了一份措辞笼统的新闻稿,文中虽然表示了歉意,却并没有直接谈及吉布森发表反犹言论的事实。这份空洞无物的声明激起了一波新的抗议声浪。YouTube上出现了一段广为流传的漫画视频,对吉布森的道歉予以辛辣的讽刺:"我对你们硕大的鼻子感到非常、非常的抱歉;我对你们的贪婪感到非常、非常的抱歉。但是,最让我感到抱歉的,是你们卑鄙无耻的行径。——梅尔·吉布森。"

人们普遍认为第一份道歉声明没有起到任何效果,吉布森不得不发出第二个声明,结果也好不了多少。这两次道歉都没能平息公众舆论,吉布森只好坐下来接受美国广播公司主持人黛安娜·索耶(Diane Sawyer)的采访,以便为自己的行为进行辩解。然而,这期访谈节目也遭到网友的恶搞。吉布森的道歉行为沦为了经典的反面教材。

其实,吉布森本应该用更多的时间来拟定一份详尽完整的道歉及解释声明。只有等到公众已经准备好接受道歉的时候,他才应该采取行动。

吉布森的错误在于,他没能估算出道歉所需的最大延时量,也就是在承认并解释自己的过错之前,他应该等待的时间长度。这听起来与我们的直觉相悖,但是,我们的确应该尽量延长自己的道歉过程,直到对方做好了倾听的准备。道歉其实就像是在抖包袱,只不过它没那么有趣。也许在你看来,所有的政客都明白这个道理,就像参议员汤普森一样。你可能会认为,他们能从自己面对的各种过错与道歉中学到些什么。如果这样想,那你就大错特错了。

拙劣道歉的代言人

2011 年 5 月 27 日,安东尼·韦纳(Anthony Weiner),一名来自纽约的六届国会众议员,向一位在 Twitter 上"关注"他的 21 岁女子发送了一个链接,链接内容是一张灰色内裤的特写照片,内裤之下掩盖着勃起的阴茎。这张图片虽然很快就被删除,但还是晚了一步。保守派博客作家安德鲁·布莱巴特(Andrew Breitbart)得到了一份复件,并在第二天把它发到自己的网站上。4 天之后,韦纳就此事接受了一系列采访。他否认自己发过这张照片,并表示有人盗用了他的 Twitter 账户,然后又说这张照片被人做了手脚。韦纳用了一个让人摸不着头脑的双重否定句,说他无法"确定地"说这不是他本人的照片。韦纳在采访中的声明成为电视评论员、新闻节目以及名博博主们眼中的肥肉,他们把这些掩饰说辞扒剥得一干二净。于是,韦纳在 6 月 6 日召开了记者会,含着眼泪承认自己撒了谎,并做出了道歉。在此之后,随着更多的照片浮出水面,韦纳重新举行了新闻发布会,再次向公众表示歉意,并引咎辞职。

韦纳的道歉是灾难性的:第一,他否认自己的错误行为;第二,他的道歉并不完整;第三,当他最终承认一切的时候,情绪显得过于激动,整个过程已经超出了他的控制。韦纳最终成为全国的笑柄。他没有采取"观察—处理—行动"的步骤,而是躲避、犹豫和哭泣。

当政客身陷性丑闻的泥潭时,没有人能够科学地告诉他道歉的准确时机。道歉的时机是一个变量,它取决于过错的类型、证据的多少以及政客的名声。不过,政客们就性丑闻而做出的道歉已经不胜枚举,我们甚至可以据此整理出

09 道歉,真的不是越快越好

一份名为"政客性丑闻道歉"的战术指南。根据这份指南,有效的道歉一般都遵循"观察—处理—行动"的决策方针,而糟糕的道歉则没能做到这一点。

在道歉时机的选择上,许多身陷性丑闻的政客表现欠佳,例如约翰·恩赛(John Ensign)、纽特·金里奇(Newt Gingrich)、加里·哈特(Gary Hart)以及马克·桑福德(Mark Sanford)。2008年,参议员约翰·爱德华兹承认自己有过外遇,但否认私生女的存在;两年后,在一本披露此中内幕的书即将出版之前,他承认了婚外的父女关系。在机场的男厕所里,参议员拉里·克雷格(Larry Craig)因为骚扰一位便衣警探而被拘捕,事后他拒绝道歉,并宣布自己打算辞职,但后来又犹豫不决。在一片争议声中,他极不光彩地结束了自己的参议员任期。

不过,有些政客却表现不错。众议院议员克里斯·李(Chris Lee)曾经通过Craigslist网,将自己的半裸照片发给一位变性女子。在事情曝光后,他对各类证据进行了调查分析,并在曝光的第二天发表了道歉,提出辞职。现在,他已经是位成功的商人。当《纽约时报》爆料纽约州长艾略特·斯皮策(Eliot Spitzer)曾经光顾过色情应招网站"皇帝贵宾俱乐部"后,斯皮策给了媒体和公众两天的反应时间,然后迅速发表道歉声明,并引咎辞职。几个月后,他以新闻评论员和顾问的身份重新进入公众的视野。阿诺德·施瓦辛格则堪称一位成功的政坛"私生父",直到2011年州长任期结束之后,他才坦承自己14年前与家庭女佣生有一子,而当时他已经与玛利亚·施莱沃成婚。

在有关白宫实习生莫尼卡·莱温斯基的桃色事件中,比尔·克林顿总统的道歉可谓姗姗来迟,而且在策略上显得与众不同。克林顿曾经在镜头前挥舞着手指,矢口否认与"那个女人,莱温斯基小姐,发生过性关系"。此后,他整整等待了8个月,直到自己被迫在联邦大陪审团前宣誓作证之时,才迅速履行"道歉清单"中的4个步骤。我们并不清楚,在这8个月中,克林顿到底观察并处理了多少信息，对于它的实际效果，人们也持不同的意见。大多数人已经确信克林顿与莱温斯基有过鱼水之欢，特别是在莱温斯基令人信服地宣称自己曾为克林顿"口交"9次之后。但是克林顿最终逃过一劫。

在以上所有的政治道歉中，安东尼·韦纳的表现是最糟糕的，我们很难想象他能再度成为值得信赖的公众人物。即便是韦纳的同事和支持者也都认为，无论别人如何看待他的行为，他都不可能再受到别人信任。然而，在我们以上公布的"政客性丑闻道歉"清单中，韦纳的行为难道就比其他人更加恶劣吗？他甚至从来没有见过那六位相关的女性，仅仅是通过短信和邮件联系。他没有四处"播种"，也没有让谁怀孕。他的致命错误是那条可笑的内裤，以及悲催的道歉策略。他的反应太过仓促，他的道歉又来得太迟。

无须惊讶，那些充满自信的政客往往沦为拙劣道歉的代言人。正如20世纪初的美国联邦最高法院大法官奥利弗·霍姆斯（Oliver Wendell Holmes）所言：道歉，只不过是表里倒置的自我主义。

道歉也许姗姗来迟，但有总比没有强。不过，如果道歉来得太晚，往往就会失去作用。对于自己和他人在越南战争中的判断失误，如果美国前国防部长罗伯特·麦克纳马拉（Robert McNamara）能够提前一二十年做出道歉的话，恐怕会更有实际意义。又如，在与乔治·弗雷泽（George Frazier）的历史性决斗过去30年后，拳王阿里才为自己曾经讽刺弗雷泽是"汤姆叔叔"和"大猩猩"的行为表示道歉，此时，这份歉意已经失去了应有的分量。弗雷泽在2011年离开人世后，这场宿怨成为一段永恒的记忆，最终损害了拳王的形象。

道歉是一门艺术，其核心在于延迟策略。我们大多数人都可以从中汲取经验。如果下次不慎得罪了亲朋好友，或者在工作场合说了些不该说的话，我们

道歉，真的不是越快越好 09

首先应该考虑的是，面对晚一天或者晚几个小时的道歉，受害者会做出怎样的反应。如果时间上的拖延能够让自己的亲朋或同事有机会做出反应、回馈意见，并做好接受道歉的准备，那么稍晚的道歉会比立刻的忏悔更有价值。

如果我们的错误过于严重，就很可能需要多次道歉，这样一来，对时机的把握就变得更具挑战性。在每次道歉之后，我们都必须根据受害者的情况调整自己的行为，并观察他们的反应，然后再确定下一次道歉之前的等待时间。在连续的道歉过程中，始终存在着一个延时循环，就像空中格斗所遵循的 OODA 环。

无论要进行何种道歉，我们大多数人都不应该仓促行动，而是应该首先花上一两分钟，想一想道歉的时机问题。先承认自己的过错，然后倾听对方的反应，再稍作等待，考虑下一步的行动方案与行动时间，并对自己的行为做出解释。

用充足的时间来做这些事情，直到最后时刻，再说出自己的歉意，并着手收拾残局。这就像弗雷德·汤普森指出的：不要在乌鸦太热或者太凉的时候吃它，而要趁它尚有余温的时候动手。

WAIT
THE ART AND SCIENCE OF DELAY

- 一旦对别人造成了伤害，首先要决定的不是要不要道歉，而是何时道歉。
- 不要在风口浪尖上立刻道歉。
- 只有等对方准备好接受道歉时，才应该行动。
- 如果错误过于严重，则需要多次道歉。

10

拖延　THE ART AN

14

SCIENCE OF DELAY

第三部分
培训班

拖延是生活的常态，
只要
延迟得恰到好处

The
real challenge
is to figure out
how to
procrastinate
well.

真正的挑战是如何做到正确地拖延。

THE ART
AND
SCIENCE OF DELAY

WAIT
拖延，没有你想的那么糟

WAIT 慢决策

在什么情况下，拖延算是一种病？面对一些不想做的事情，比如说道歉之类时，我们往往会选择拖延，这是不是拖延症的表现呢？弗雷德·汤普森在等待了几个小时之后，才承认自己错误地将克林顿总统牵扯进"献金回扣"一案，这的确是个不赖的道歉策略。但是，如果他一拖再拖，迟迟不肯道歉，就会给他带来麻烦。同样，我们的确应该等到午餐约会结束的时候再决定是否与对方继续交往。但是，如果我们拖到一个月之后再做决定，结果又会怎样？在拖延问题上，正确与错误的界线到底在哪？

经济学家乔治·阿克尔洛夫（George Akerlof）研究生毕业后在印度待了一年，他的好友兼同事约瑟夫·斯蒂格利茨（Joseph Stiglitz）曾专程到印度看他[①]。这次旅行中，斯蒂格利茨购买了许多纪念品和衣服，当他准备登机回国时，一位海关官员说他携带的包裹数量过多，必须减掉一个。于是，斯蒂格利茨把多出的饰品和衣服装进一个纸箱里，托阿克尔洛夫把它邮回美国，然后转身上了飞机。不过，这两位经济学家都没料到，这个箱子为行为经济学的一个重要理论奠定了基础。

---

① 这还是几十年前的事，当时他俩还没有获得诺贝尔奖。2001年，阿克尔洛夫、斯蒂格利茨与迈克尔·斯彭斯（Michael Spence）由于在"不对称信息市场"领域所做出的重要贡献，共同分享了诺贝尔经济学奖。

阿克尔洛夫为人和蔼可亲、彬彬有礼，但对待学问一丝不苟、专心致志，他已经撰写了数十篇重要论文和几部专著。就在前不久，我曾问他是不是一个办事拖拉的人，他回答说："绝对不是。我其实正好相反，做起事来雷厉风行，绝不拖延。"但是，当我提到斯蒂格利茨的箱子时，他犹豫了片刻，然后反问道："那么，如果你需要从印度寄一个箱子过来，你打算怎么做呢？"

人人都有拖延症？

我们的社会追逐产能，崇尚效率，鄙视拖延。早期移民给美国带来了英国政治家切斯特菲尔德（Chesterfield）伯爵的忠告："不虚度，不懒散，不拖延；今日之事今日毕。"他们聆听着 18 世纪美国神学家乔纳森·爱德华兹的布道："拖延，是以未来为代价的罪恶和愚蠢。"他们将清教徒式的工作态度树为榜样，这虽然缺少乐趣，但却成为美国文化的主流。随着时间推移，切斯特菲尔德和爱德华兹的告诫，连同爱德华兹布道时所援引的《圣经》原文，开始渗入日常生活，尤其是《箴言》第 27 章 1 节："不要为明日自夸，因为一日要生何事，你尚且不能知道。"

由此，从 20 世纪 70 年代开始，一场"行动起来，对抗拖延"的管理风暴席卷而至。彼得·德鲁克的建议被管理人士奉为金科玉律："要事优先，余事让路。"简·博克（Jane Burka）与莱诺拉·袁（Lenora Yuen）撰写了一本如何改掉拖延症的畅销书，她们的"拖延工作室"也因此走红[①]。自我激励大师史蒂芬·柯维告诉我们，高效之人总是"先做重要的事情"[②]。作家兼顾问戴维·艾伦（David Allen）也教导我们说："把事情及时做完。"

[①] 简·博克和莱诺拉·袁的著作《拖延心理学》（钻石版）已由湛庐文化策划、中国人民大学出版社出版。——编者注

[②] 史蒂芬·柯维被誉为最具前瞻性的管理思想家之一，他的著作《高效能人士的影响力法则》简体中文版已由湛庐文化策划、浙江人民出版社出版。——编者注

久而久之，我们开始为自己的拖沓行为感到无比愧疚，但拖延的现象却不降反升。从1978年至今，认为自己"经常拖延"的人所占总人口的百分比已经翻了6倍。学生们表示自己有超过三分之一的时间在拖延。

一些研究显示，每5个成年人中就有一个是"慢性"拖延症患者。我们对拖延问题的关注可谓不遗余力，美国已经成为一个名副其实的"拖延之国"。

但是，事情也有另外一面。在古埃及和古罗马，拖延被视为一种行之有效的明智之举。除了西塞罗和修昔底德外，劝告人们不要拖延时间的古代作家寥寥无几。直到18世纪中叶，对拖延的憎恶还只是少数人的看法[1]。

许多著名人物都是根深蒂固的拖沓之人，比如圣奥古斯丁、达·芬奇、艾灵顿公爵、阿加莎·克里斯蒂、约翰·休斯顿以及比尔·克林顿。与很多同事好友一样，我做起事来也拖拖拉拉，而且，我根本不认为这是一件坏事。可以说，如果我在工作中取得过什么突破性的进展（当然，这种事并不会经常发生），那也是因为我的拖延习惯，而非努力赶工的结果。有关拖延问题的最新研究表明，我其实不是特例。研究发现，尽管拖延对某些人有负面的影响，但是，有些人却可以一边拖延，一边从容自如、信心满满地完成许多事情。

《华尔街日报》最近对一些"拖延爱好者"进行了报道。在报道中，成功的企业家保罗·科德罗斯基（Paul Kedrosky）表示自己做事"总是能拖就拖，就像一条小狗，为了踏平一块睡觉的地方而原地打转"。结果，几位研究拖延问题的心理学家就此展开了还击，他们对科德罗斯基的观点大为恼火。美国德

---

[1] 尽管在18世纪以前就有针对拖延的负面评价，但许多学者认为，工业革命是拖延问题的转折点，因为科技的发展强化了时间期限的要求。斯蒂尔说，根据学术文献，至少有一部关于拖延的历史著作，而这其实是一个精心编造的笑话：这本探讨拖延问题的书因为拖延并没有写完。

保罗大学心理学教授约瑟夫·费拉里（Joseph Ferrari）反驳道："容忍这种拖延行为，是对美国文化的一种误解。而更大的误解是把它看作小事一桩。"简·博克也前来助阵，她表示，所谓的拖延者，只不过是一些害怕失败、畏惧成功并且缺乏自制的人，"拖延是一种自我保护的心理策略，以便掩盖自己的真实水平"。然而，这些批评似乎让科德罗斯基困惑不解，他指出："这些人都在要求我去做许多不必要的事情，我不得不对此表示怀疑。"

在拖延问题上，学者们观点纷纭，壁垒森严，看起来就像阿富汗境内你争我斗的各个部族。许多心理学家认同著名学者皮尔斯·斯蒂尔（Piers Steel）对拖延的定义：一种"非理性"的拖拉现象①。换句话说，我们明明知道这种做法有损自己的最大利益，但依然选择拖延。但是，究竟是什么导致了这种非理性的行为，心理学家的看法并不一致。是消极忧郁的思想行为和人格特点吗？是强迫症吗？还是"无意识的死亡焦虑"，或者对存在的宿命的反叛？一些人认为，拖延行为起因于父母的溺爱与纵容，而另一些人则声称，这是棍棒教育的结果。

另一批心理学家对拖延行为做了更加正面的解释，认为它与拖延者所付出的精力密切相关。在他们看来，所谓的"主动拖延"是一种明智的表现：它意味着策略性延迟，将那些不急之务暂时搁置；相反，"被动拖延"则是愚蠢之举，它与懒惰无异。这批学者表示，拖延的好坏，取决于我们投入了多少精力。

经济学家则以不同的方式研究拖延问题。一些学者认识到拖延现象的普遍性，他们依据古典经济学的标准做法，提出了一个这样的问题：这种非理性的行为为何会如此普遍？如果拖延不能带来一定的好处，人类为何会做出这种行为？公共财政和自然资源经济学家卡洛琳·菲舍尔（Carolyn Fischer）开发了一个巧妙的数学模型，用以揭示拖延行为为什么会符合我们的最大利益。

---

① 皮尔斯·斯蒂尔是世界上最著名、最有影响力的拖延心理学研究者之一，他的著作《拖延心理学2：用拖延方程式战胜与生俱来的行为顽症》简体中文版已由湛庐文化策划、浙江人民出版社出版。——编者注

皮尔斯·斯蒂尔和许多一流的经济学家、心理学家则认为，拖延与焦虑感密切相关。他们的这个观点奠基于乔治·阿克尔洛夫所创立的经济学学派。如今，拖延现象已经成为经济学的一个研究热点，但是，如果我们向三位经济学家咨询拖延的问题，说不定会得到5种不同的答案。

在拖延的问题上，历史学家也形成了不同的阵营，双方观点势同水火。一方认为，有证据表明，拖延现象一直与人类相伴，而且是人性特征的本质表现，例如，圣奥古斯丁就曾这样祷告："主啊，请让我变得纯洁起来吧，不过不是今天。"而另一方则将拖延看成一种较晚出现的现象，它源于技术的发展、城市的扩张以及现代生活的各种诱惑。

此外，神经科学家也投入到研究之中。最近，在功能性磁共振成像的帮助下，研究者已经可以拍摄到人类做出拖延反应时的大脑活动影像。如今，其他的学科门类也开始利用这些五颜六色的脑部扫描，这看上去显然比心理、经济或者历史领域的传统方法要酷得多。相关的交叉学科随之迅猛发展，例如神经经济学和神经金融学，它们都以大脑的部分区域作为研究对象，而这些区域很可能就是"非理性拖延"的根源所在。

不过，几乎所有的学者都公认一个事实：每个人或多或少都有过拖延的念头。在这个问题上，各种学说可谓见仁见智，各显神通。保罗·科德罗斯基对传统观点的怀疑精神适用于那些富有创意的思想者，心理学家约瑟夫·费拉里、简·博克和皮尔斯·斯蒂尔则全力帮助自卑无助的慢性拖延症患者。经济学家和历史学家也从不同的角度提出了自己的看法，就像天主教中的不同教派。不过，尽管探讨拖延问题的书籍、网站和自助课程已经铺天盖地，我们仍然缺乏一个统一的理论，而乔治·阿克尔洛夫是离这个目标最近的人。

短期行为的长期成本

1991年,阿克尔洛夫受邀在美国经济学会第103次会议上发表演讲,此时据他毕业后的印度生活已经过去了25年。如今的他开发出一个经济模型,用以解释人类拖延的原因。在演讲《拖延与顺从》(*Procrastination and Obedience*)时,阿克尔洛夫一开口就提到了斯蒂格利茨的箱子[①]。

古典经济学的核心理念是假设人类的行为具有理性和前瞻性。从本质上说,经济学家认为,人们总是通过简单的方法做出两种不同类型的决定,这种方法就是"乘法"。首先,根据经济模型的假设,人们往往将每种选择结果的可能性与满意度相乘,从而得出每种选择结果的"期望值",然后再选取其中得数最高的选项。

例如,我们宁愿毫无风险地得到100美元,也不愿赌一赌运气,通过掷硬币的方式获得150美元,因为掷硬币的期望值平均下来只有75美元,即150美元的一半。但是,如果掷硬币的赌注加到250美元,我们就会去冒这个险,因为此时的期望值平均为125美元。根据这个理论,我们根本不该购买彩票,因为它的期望值通常都是负数,彩票的价格要远高于中奖概率与奖额的乘积。(除了2007年的超级大奖,当时头奖奖额达到3.9亿美元,而中奖概率为一亿七千五百万分之一。)这种计算期望值的假设听起来似乎不合情理,但自从1738年数学家丹尼尔·伯努利(Daniel Bernoulli)首次提出这个观点以来,在超过两个世纪的时间里,它都一直受到人们普遍认同。

经济模型的第二个假设是,人们通过乘法对未来预期收益进行"折现"(discount)。折现的道理其实非常简单:明天的1美元不如今天的1美元值钱。

[①] 在这篇关于拖延问题的演讲中,阿克尔洛夫在开头部分讲了一段简单的话:"当眼前的成本被过于看重,以至于掩盖了未来成本时,拖延就会产生,它导致我们将今天的工作拖到明天,但却不会想到等明天到来之时,这份工作又将再次推迟。"这句话已经成为一代人的行动方针。

如果要支付给某人100美元，我们大多数人当然更愿意一年之后再支付这笔钱，而不是现在付款。反过来说，我们更希望今天就得到这100美元，而不愿拖到一年之后。古典经济学家认为，人们是根据未来收益与折现系数的乘积来选择收益的时间，而这个折现系数则是基于所涉时间与风险的计算结果（排除通胀因素）。打个比方，如果我许诺一年之后支付你100美元，你可能会通过"100美元×9/10"的计算方式进行折现。换句话说，从今天的角度看，我所许诺的100美元其实仅值90美元。如果利率和风险都很低，那么未来预期收益的折现幅度就不大；但如果利率和风险居高不下，那么折现的幅度也会随之上升。

如果这两个假设都能成立，而且其中的乘法运用得当，就不会出现所谓的拖延现象。反之，如果有人推迟自己的决定，那一定是因为他们已经计算了概率，并准确评估了未来的预期成本与收益，然后得出结论：此时动手并不划算。顺便说一句，儿时的我就做过类似的事情。有一次，我的父母要求我整理床铺，但是，作为一名喜爱数学的小孩，我向他们做了一番论证：客人到访并参观我房间的概率很低，而且，如果此事真的会发生，那也是在未来的某一天。对我来说，整理床铺的成本很高，而且又没有即时的收益，那我为什么要此刻动手呢？

拖了8个月才寄出的箱子

从古典经济模型出发，所有倾听演讲的经济学家都认为，阿克尔洛夫肯定理性地将箱子寄给了斯蒂格利茨，因为邮寄的成本很低，斯蒂格利茨的收益却相对较高，他显然希望拿回自己刚买不久的东西。另外，阿克尔洛夫也能从中获益，他可以享受到帮助朋友的快乐。如果阿克尔洛夫进行恰当的计算，得出准确的概率与折现幅度，他就应该选择尽快寄出箱子，甚至第二天就会这样做。台下的听众也是这样想的。

然而，阿克尔洛夫告诉大家，他没有这样做。他并没有立刻寄出这个箱子，第一天没有，第二天没有，第三天也没有。阿克尔洛夫讲出了自己在这件事上的拖延时间，以及他是如何决定一天天地拖延下去，这让在场的经济学家大为吃惊。阿克尔洛夫说道："在八个多月的时间里，每当我清晨醒来，都会做出同一个决定：还是等到明天早上再把斯蒂格利茨的箱子寄出去吧。"拖延了 8 个月？这不仅对年轻的斯蒂格利茨来说是一种失礼的行为，而且也等于给了古典经济学一个耳光。①

阿克尔洛夫宣称，虽然人类通常按照理性行事，但是，"由于一些毫无根据的重要理由"，我们很容易重复性地做出一些细小误判。毫无根据的"重要理由"，此言一出，就把满屋子的经济学家和理性主义者还原成了一个个普通男女。阿克尔洛夫是在告诉我们，人类是非理性的。而且，他还通过数学的方法来说明这一点。阿克尔洛夫为自己的拖延决定建立了一个代数模型，其中除了箱子的邮寄费和衣服的价格外，还包括了一个新的因素，这个因素涉及他每天早上做的各项活动所具有的价值——相对于跑到邮局邮寄包裹而言。用数学形式描述人类行为是经济学的核心要义，但这一次的数学化描述却让经济学家深感不安，它也无法掩盖阿克尔洛夫的颠覆性结论：人们往往会做出一些错误的短期决策，即使他们完全了解这种行为的长期后果。

最要命的是，即使阿克尔洛夫已经明白这些"重要理由"其实并无根据，他依然一再拖延。他知道自己每天清晨起床之后，都会一边享受着热腾腾的酸

---

① 阿克尔洛夫一直没有邮寄箱子，直到为了给另一个朋友邮寄包裹的时候才把它一并邮回了美国。《纽约客》财经版主笔詹姆斯·索罗维基（James Surowiecki）打趣说："鉴于跨国邮件的不确定性，说不定阿克尔洛夫比斯蒂格利茨的衣物还要早回美国。"

豆汤和咖啡,一边想象着印度邮局的官僚作风,然后把邮寄箱子的事情推到下一天再做。阿克尔洛夫懂得,邮寄箱子的好处超过了邮寄的即时成本,概率与折现因素都在提醒他赶紧寄出箱子,他也做了相关的乘法运算。然而,阿克尔洛夫仍然没有寄出箱子。对那些崇尚理性的经济学家来说,这无异于离经叛道。

在演讲中,阿克尔洛夫将自己的决定与其他类似的短期决策做了比较,这些错误的短期决策都会造成不良的长期后果,例如酗酒、节食以及退休老人的储蓄习惯。阿克尔洛夫的听众都是些年纪一把、体重超标并且暴饮暴食的经济学家,难道他们不清楚这些行为的长期成本吗?阿克尔洛夫指出,这些行为都与拖延密切相关,因为它们都过于关注今天。

人们并不像经济学家所想象的那样精于计算,他们不会去考虑产生长期负面后果的概率,他们过度地透支了未来(例如"我不会得肝病或心脏病""我不用担心退休"等)。阿克尔洛夫的观点可谓一针见血:古典经济学家同样并不理性。

时间的不一致性与拖延的好坏

今天,我们大多数人都不会对阿克尔洛夫的理论感到惊讶。我们知道自己可能会推迟打扫房间、复习备考或者回复邮件的时间,觉得现在动手的话代价太高。如果我们能看透这层迷雾,认清未来再行动的代价同样很高,或者还要更高,我们就很可能会立刻采取行动。但是,我们看不透,也想不通。我们的做法就像马克·吐温所讽刺的那样:"从不把后天的事拖到明天来做。"

问题的复杂性在于,事实上,我们往往应该将一些高成本的事情拖到明天再做。假设我们要支付给别人100美元的费用,并且既可以现在支付,也可以一年之后再支付，那么一般情况下，我们都会选择一年之后，因为从今天的角度看，现在的 100 美元比一年之后的 100 美元更加值钱。如果银行能够支付足够的利息（当然，这种利息相当微薄），我们就可以先把这 100 美元存入银行，以赚取一年的利息①。

如果两种情况支付的金额数量相等，我们就很容易做出选择，到底是今天支付，还是以后再说。但是，如果未来支付的金额要比今天更高，这种选择就显得颇有难度。如果要在今天支付 100 美元和一年之后支付 115 美元之间做出选择，我们可能会选择今天支付 100 美元。但是，如果一年之后的支付金额是 105 美元，我们又会选择一年之后。在一定的应付款额之内，我们并不会介意到底是即时付款还是等到一年之后再付款。如果我们觉得今天的 100 美元和一年之后的 110 美元并没有什么区别，经济学家就将其称为 10% 的"折现率"。以 10% 的折现率计算，一年之后的 110 美元与今天的 100 美元基本上是等价的。

很多时候，我们宁愿将来多花钱，也不愿现在少花钱。这种做法有时是出于自己的选择，有时则是因为我们一时间手头拮据。但这种拖延不一定就是坏事，它往往是理性思考的结果。正因如此，我们才会选择信用卡和房屋按揭，企业才会采用应付账款，政府才会发行债券。当然，我们常常因为决策失误而债台高筑，但未来付款的折现成本已经成为各项决策的核心因素，显然，这些推迟付款的决定并不全是拖沓的表现。

未来付款的关键问题是折现率。在 20 世纪的大部分时间里，经济学家都认为，无论未来的时间有多长，人们的折现率都保持不变。如果我们的折现率

---

① 在未来支付一笔相同费用，而不必为此付出任何利息，这就像是一笔无息贷款。我们没有理由不喜欢无息贷款，它们就像是意外之财。在就读法学院时，我有多张信用卡的零利率预借现金，我直接把这些钱存进了银行；几个月后，我把钱取出来，还清信用卡欠账，剩下的钱就装入了自己的荷包。我刚进华尔街工作的时候，有一位英国朋友做法比我高明得多：他告诉我们的老板自己需要一个信用额度以兑换美元，然后他利用这笔"无息贷款"通过外汇衍生品交易赚取了 25 万美元。

是 10%，那么无论还款时间是一天、一个月还是一年，折现率都是 10%。经济学家还认为，无论我们是穷人还是富人，是债主还是债户，折现率都不会受到影响。根据标准经济模型，人们都会把这些因素纳入考量范围，对于风险与时间的看法也基本不变。

然而，自 1979 年起，心理学家开始向这些假设投掷炸弹。丹尼尔·卡尼曼与阿莫斯·特沃斯基（Amos Tversky）在经济学的权威刊物《计量经济学》杂志（*Econometrica*）发表论文，认为有关决策行为的标准经济模型存在漏洞。以理查德·塞勒（Richard Thaler）为代表的一批经济学家也指出，人们所持的折现率会根据未来期限的长度而发生急剧变化。塞勒在 1981 年发布了一份实验结果，这项实验的目的是测试人们在不同的未来期限下持有的实际折现率。通过询问收益与时间的问题，塞勒发现，在短期内，被试所持的折现率会保持在较高水平，然后随着时间的推移而下降。实验中，被试在各个不同时段内的折现率几乎千差万别，一个月的折现率为 345%，一年为 120%，10 年则下降到 19%。从时间期限上看，折现率起初很高，然后急剧下滑。

其他学者很快加入到批评队伍之中。经济学家乔治·洛文斯坦（George Loewenstein）与塞勒一道，考察了人类在时间问题上的不一致性。精神病学家乔治·爱因斯理（George Ainslie）开发出一个与塞勒的发现密切相关的冲动模型。爱因斯理表示，人们所持的短期折现率非常高，这就是说，如果我们真的想立刻得到某样东西，就不会计较未来的成本。

研究者发现，从短期来看，我们与那些不愿等待第二颗棉花糖的 4 岁小孩一样，持有很高的折现率。然而在较长的期限内，我们则更善于抗拒诱惑，折现率会变得更低。例如，如果要在今天的 50 美元与 1 个月后的 100 美元之间做出选择，我们可能更倾向于前者；但如果是在 1 年后的 50 美元与 13 个月后的 100 美元之间做出选择，我们差不多都会选择 13 个月后的 100 美元。在这两个例子中，间隔的时间都是 1 个月，但我们对现在的看法与对 12 个月之后的判断却截然不同。

我们期待 1 年之后的月折现率会远远低于今天的数字。但经过一年之后，月折现率却往往变得更高。我们的想法与时间并不一致：我们认为 1 年后的自己会乐意等待 1 个月的时间，去拿双倍的钱；但是，如果要是此时此刻就能拿到钱，我们则宁愿得到 50 美元。研究人员发现，这种时间上的不一致性在成瘾行为方面也有所表现，我们总是说自己将在一年之后戒掉烟酒、停止赌博，但一年过去之后，我们依然沉湎其中。

时间的不一致性是区分拖延好坏的重要参照。如果我们的判断与时间保持一致，我们的折现率就是合理的，我们就可以放心地推迟决定。例如，我完全可以拖到 4 月份的第二个星期再填表报税，同样，我也可以在还款期限的最后 1 分钟支付信用卡账单①。相对于未来而言，时间与金钱对今天的我来说更为宝贵。因此，推迟一些高成本的行为并不会带来问题，只有当我们错误地估计了未来的收益时，才会陷入被动。

直到最近，经济学家才设计出一个有效的模型，可以准确反映折现率与拖延行为之间的关系。1991 年，乔治·阿克尔洛夫在美国经济学会大会上发表了拖延问题的演讲；10 年之后，他又在诺贝尔获奖演说中将洛文斯坦、塞勒以及爱因斯理等人的研究整合到他的"拖延"经济模型之中。但是在当时，即便是这位学术界的领军人物，对于时间不一致性的研究也不甚了了。

事实上，只有等到经济学家与心理学家暂时将关注的目光从人类行为转移到动物身上时，他们才能找到探讨拖延问题及其"近亲"焦虑感的科学方法。当他们获悉南康涅狄格州立大学心理学教授詹姆斯·马则（James Mazur）的鸽

---

① 每年 4 月 15 日是美国报税的截止日。——译者注

子实验时，突破性的进展随之而来，这不能不说是一件出人意料的事情。

缺乏耐心的鸽子

在早期的鸽子实验中，马则设计了一套精巧细致的测试方法，他根据鸽子叼啄的钥匙是绿色还是红色来规定喂食的时间和数量。马则发现，鸽子能够掌握每把钥匙所代表的含义：叼啄绿色的钥匙，可以在 1 秒钟内收获一份美餐；而叼啄红色的钥匙，则可以获两倍的食物，但需要等待 10 秒钟的时间。

通过询问今日价值与未来收益的问题，理查德·塞勒计算出人们在不同时间段内的折现率。马则当然无法向鸽子提出类似的问题，但他可以记录下鸽子叼啄钥匙的情况，以此了解鸽子对拖延的偏好。

通过一系列实验，马则在鸽子身上发现了与塞勒的人类实验相类似的结果：从短期来看，鸽子的折现率非常高，随后急剧下降。鸽子实验中的延时量比人类更短，只有几秒钟，而不是几个月，却反映了相同的道理。从短期来看，鸽子十分缺乏耐心，就像那些不愿意为第二颗棉花糖等待 15 分钟的 4 岁小孩，或者宁愿今天得到 50 美元而不愿 1 个月后得到 100 美元的成人。

高折现率的弊端

20 世纪 80 年代早期，在动物是否能思考未来的问题上，许多科学家都持怀疑态度，即便有人认为黑猩猩能够思考未来，也不会想到可以从鸽子的研究实验中收获任何有价值的东西。但詹姆斯·马则不这么想。他认为，针对鸽子的研究有助于我们了解人类的焦虑感，以及人们在概率和折现率的评估上所犯下的错误。

马则对鸽子的折现率在不同时间长度下的变化轨迹进行了梳理，从中得出一个重大发现：这种轨迹呈现出"双曲线"的形状，它们在很短的时间范围保持着非常高的水平，但随后急剧下降，最终趋于平稳，就像过山车从陡峭的高处一冲而下。鸽子的选择变化遵循三角函数方程式，这一发现似乎让人难以置信。但是，既然我们可以在吊桥索和树干中发现双曲线的模式，那么它为什么不能存在于鸽子的大脑中呢？

多年以来，马则所做的多组实验反复表明，鸽子的折现率始终保持着这种过山车式的双曲线模式：短期内很高，然后迅速下滑。鸽子希望立刻得到食物，但它们讨厌为了食物而工作。当马则要求鸽子叼啄更多的钥匙以获取食物时，它们会尽可能地把叼啄工作拖到以后来做。鸽子迫切希望避免立刻工作带来的即时成本，只要可以把工作推迟，它们甚至愿意叼啄前面所要求的4倍数量的钥匙，以换取前后等量的食物。

鸽子的行为似乎是非理性的。如果它们愿意多持续工作一些时间，就可以获得更多的食物。如果它们愿意立刻工作，就可以避免将来加倍辛苦。在时间不一致性的问题上，我们和鸽子同病相怜。马则把这种行为视为拖延。

以哈佛大学戴维·莱布森（David Laibson）为代表的一批经济学家将马则的发现引入新开发的数学模型，以取代描述人类决策行为的古典模型。经济学家喜欢数学，因此马则的双曲线模式立刻广受欢迎。莱布森和其他学者对马则的双曲线方程进行了改造，开发出一个"准双曲"的折现模型，它能够很好地描述人们的决策行为。

核心的观点是：人类和鸽子一样，短期折现率很高，长期折现率则较低。

如今，许多经济学家使用"即时倾向"（present bias）一词来概括奇高无比的短期折现率：相对于将来的幸福，我们更看重现在的快乐。即时倾向的决策模型非常复杂，也存在着争议，其中还涉及深奥的数学计算，很难想象人们真的会依靠"准双曲"模型来做决策，即便是正在学习三角函数、能牢记双曲线公式的高中生也做不到这一点。但是，这种模型显然揭示了折现率急剧下降的根本原因或者说先天因素。否则，为什么人类和鸽子的折现率会呈现出相同的曲线变化？

除了一些技术上的改造外，这些新的经济模型与詹姆斯·马则的早期发现还有一个主要区别，那就是人类的时间维度更为漫长。鸽子的1秒钟差不多相当于人类的1天，15秒钟则相当于1个月。此外，我们的注意广度也超出了鸽子的极限。

我们曾经通过不同的时间维度考察、比对人类的行为模式，而人类与鸽子在折现问题上的对应关系也可以看成其中的一个例子。人类与鸽子遵循着相似的行为模式，只不过人类涉及更长的时间。在数学领域中，有一个名为"自相似性"（self-similarity）的概念，即对于某些物体，特别是被称作"分形"（fractals）的几何图形而言，无论将它放大多少倍，都不会改变它的形状特征。马则向我们解释了人类与鸽子在拖延问题上的这种相似性：

> 同样的事情也发生在人类身上。也许我们眼前有一些小问题需要处理，比如说检修一下汽车，但在许多情况下，我们会一再拖延，直到必须花费3~4倍的时间来修理汽车。所以我认为，有关鸽子工作求食的实验结果反映了我们所有人身上的拖延问题。虽然涉及不同的时间维度，但似乎每个人都免不了会推迟烦人的工作，即使代价高昂。

多年来，有关折现率的研究实验数不胜数，如今，研究人员已开始采用标准化问卷来了解人们的折现率。

WAIT 延迟视窗

THE ART AND SCIENCE OF DELAY

折现率的高低与幸福程度

在"柯比延迟折现率货币选择问卷"(Kirby Delay-Discounting Monetary Choice Questionnaire)中,被试需要回答 26 个问题,如第 1 题为"你是愿意今天获得 54 美元,还是 117 天之后获得 55 美元"。问卷中的金额为 11~85 美元,时间间隔为 7~186 天。这些问题通常揭示出人们的即时倾向:1 个星期的折现率高于 6 个月的水平。测试结果证明,新的经济模型在描述人类行为方面表现不赖。

这些测试还表明,有些人的折现率在整体上比其他人更高。这些人就比较麻烦了。研究显示,高折现率与许多不良行为关系密切。通常,折现率高的人往往都不怎么幸福,也较少成功。他们体重超标,债务累累,积蓄不足,而且酗酒嗜烟,缺乏运动。他们较少从事高薪职业,一份工作也很难干得长久。他们更容易离婚。可以说,如果你了解一个人的折现率,就等于知道了他所面临的种种问题。

相比之下,折现率低的人更加关注自己的行为与动机。他们懂得适可而止,不会背负太多的债务,消费合理,饮食健康。折现率低的人喜欢每天定量小酌一杯红酒,而折现率高的人则喜欢挤在赛马场边的人群中,一边狂饮啤酒,一边大嚼双层熏肉芝士汉堡。

人们对高折现率的产生原因展开了激烈的争论。环境当然扮演了一个重要角色。有证据表明,穷人的短期折现率往往更高一些。他们的经济决策都是从短期利益出发,往往一叶障目,这就是许多穷人背上沉重债务的原因所在。穷人更容易选择"发薪日"（payday）贷款，这是一种高息借贷，借款人保证一发薪水就还款。然而，他们并不了解发薪日贷款的价码其实高得出奇，甚至高过信用卡利率。或许他们也明白这一点，尽管如此，他们依然希望立刻得到这笔借款。不过，目前尚不清楚折现率与贫穷之间的因果关系，到底是高折现率让人变穷，还是贫穷让折现率变高？

此外，年轻人的折现率也很高。如果4岁的小孩懂得金钱的意义，并能参加"柯比延迟问卷"调查，我们或许会发现，那些立刻抓取糖果的小孩拥有更高的折现率。大量研究证明，对于稍大一些的孩子，尤其是青少年来说，高折现率与冲动任性、自暴自弃等行为有一定的关系。高折现率的青少年在学校里表现更糟。针对8年级学生的研究发现，在平均成绩的预测方面，折现率的准确性是智商值的两倍。

现在，根据这些研究，我们可以总结出拖延问题的一般理论，其中包含两个方面：

第一，折现率是一个关键变量。如果它保持在合理水平，那么我们的一些推迟行动的做法就不属于任何反面意义上的拖延。只有当折现率过高，也就是说，当我们的未来被过分折现时，才可以称之为拖延。高折现率是决策者面临的一个重大问题，它最终会导致错误的拖延。

第二，拖延与焦虑密切相关，而且，这种关联是建立在我们的折现率和即时倾向之上的。两者都反映了人类过分折现未来的倾向。无论是焦虑还是拖延，都是因为我们把眼前的事情看得太重。两者的主要区别在于，我们所看重的事情到底是一种乐趣，还是一种负担。如果是一种乐趣，我们就会急于放纵自己，过度享乐，不能自拔。如果是一种负担，我们就会成为拖沓之人，把今天要做的事情一拖再拖。

放纵与拖延是一枚硬币的两面。在心理学上,"提前行动"(preproperation)一词表示在应该等待的时候采取行动,而"拖延"(procrastination)一词表示在应该行动的时候选择等待。当科学家对提前行动和拖延进行综合测试时,他们发现两者都与一个变量相关,那就是高折现率。

根据目前对拖延现象的了解,我们应该如何克服它的弊端?答案也适用于所有焦虑方面的问题:通过各种方法降低我们的短期折现率,使之回归合理的水平,并向长期折现率靠拢。形象地说,就是让过山车沿着更为平缓的轨道下降。当然,解决之道并不简单,但与决策领域的其他问题一样,只要意识到这种倾向存在,就是一个好的开始。我们可以通过内隐联想测验了解自己的种族偏见,同理,我们也可以通过折现率问卷来认清自己的时间不一致性。教育会给我们带来帮助,通过学习,我们能够在今天与明天之间做出更好的选择。

我们也可以制定一些规则来帮助自己,只不过这需要有执行的毅力。我们可以对自己提出要求:如果要推迟某项工作,必须先有一个不可替代的理由,解释自己为什么不现在动手;对于那些被推迟的工作,我们要在日程表上标明具体期限,以确保自己将来能够解决它们。诸如 RescueTime 等网络工具能够追踪用户的时间荒废情况,以此帮助人们制定工作计划。通常而言,最好的节食减肥方法离不开对用餐情况的跟踪,同样,最好的时间管理方法也离不开对日常行为的跟踪。

对未来代价的审慎思考,可以帮助贷款者克服对即时利益的偏爱。他们可以将"发薪日"贷款的成本与信用卡的实际利率进行比较,或者看看一年之后的预计成本与积蓄。在我们同意的前提下,企业雇主可以帮我们选择自动储蓄计划,由此降低我们的短期折现率。对于许多简单明了的任务而言,一个严格的截止日期将有助于它们的完成。

另一方面，推迟工作又能给我们带来切实的好处，我们应该对此有所认识。并不是每封邮件都需要立即回复。衣柜衣橱也不是每天都需要打扫。许多大学生在学校里都学会了两项本领，他们既可以从容地安排整个学期的作息时间，又能在学期末突击备考，或者赶完学期论文。如果要求学生每个星期都必须完成一项工作，那他们就不可能掌握这些本领。

焦虑问题专家乔治·爱因斯理表示，相较于酒瘾、药瘾等其他方面的焦虑性问题，拖延习惯往往更难根除。有些人之所以能够成功地戒除烟酒，是因为他们能想象出一个自己不再沾染烟酒的理想世界。这些人的数量占到所有成功戒瘾者的将近一半。在戒除烟酒的过程中，人们至少可以看到一个尽头。但是，在拖延问题上却并不存在这种绝对条件：我们无法完全根除拖延，我们想象不出一个没有拖延的世界。

爱因斯理解释说，我们无法想象自己不再拖延，就像我们无法想象自己不再进食一样。这就是拖延行为难以根除的原因所在，它与戒烟戒酒有所不同，而更像是执行长期的节食计划。只有5%的节食者能够取得长期的减肥效果。当然，戒除烟酒并不是容易的事情，但想要永久性减肥更是难上加难。原因之一，就是我们很难想象出一个少吃少喝的世界，而且根本想象不出一个不吃不喝的世界。

拖延和吃饭一样，是人类的一种基本活动：面对未来的日子，我们知道自己肯定有许多工作无法完成，就像我们知道自己必须吃饭一样。这就是人生。爱因斯理解释说，就可能性而言，我们能做的事情是无限的，"我们根本不可能不推迟手头上的大部分事情"。爱因斯理表示，拖延问题其实是人类的一种生存状态："虽然有些人能够正视眼前的诱惑，坚持自己的行事原则，但是，拖延工作时间、逃避痛苦乏味的心理倾向是不可能被完全遏制的。它和时间形态一样根深蒂固，我们完全可以把它称之为基本冲动。"

拖延没你想的那么糟

有些人把拖延看成一种心理疾病，认为它与注意力缺陷多动障碍、躁郁症、强迫症、睡眠问题，以及脑和甲状腺异常有一定的关系。毫不奇怪，如果我们如此消极地看待拖延问题，那么解决的方法必然是将它斩草除根。但是，我们并不一定需要这种雷霆手段。如果问题的症结是高折现率，是它让我们做出错误的决定，导致生活陷入困境，那么这种拖延就是一个毒瘤，我们应该竭力阻止它发生。但是在许多情况下，"拖延"并不是个贬义词，有时，它可以给我们带来好处。

2005年，集计算机程序员、投资人、作家、画家于一身的保罗·格雷厄姆（Paul Graham）写了一篇《好的拖延与坏的拖延》(Good and Bad Procrastination)的文章，他在开篇说道："我所认识的杰出人物都是严重的拖延者。如此看来，或许拖沓未必就一定是件坏事。大多数讨论拖延问题的文章都在传授治愈之道，但严格说来，这是异想天开。"

格雷厄姆说，所谓拖延，就是指我们拒绝做某些事情。不过他又指出，我们其实总是要搁置一些事情。事实上，无论我们选择做什么，都意味着我们要放弃其他一些活动。对格雷厄姆来说，解决的方法不是如何停止拖延，因为我们总是要搁置一些事情，故而总会出现拖延的现象。相反，真正的挑战是如何做到正确地拖延：抓住西瓜，扔掉芝麻。格雷厄姆对拖延问题提出了自己的见解：区分拖延好坏的关键，就是对比自己所做的事情和不做的事情。

在大学时代，《华尔街日报》编辑弗朗西斯科·格雷拉（Francesco Guerrera）

学会了用拖延的方法管理时间。他不仅锻炼出了在最后时刻快速写作的能力，而且懂得如何制定优先任务清单。直到今天，他依然在使用这种技巧："如今，我差不多已经习惯成自然了。当手头上有一大堆事情要做时，我的头脑中会自发形成一份标明时间期限的任务清单，而清单之外的事情则能拖就拖。"

对于那些有着不同时间要求的事项，格雷拉会列出不同的清单。他介绍了自己与许多记者所采用的办法："我们都有两套笔记本，一大一小。小笔记本用来记录眼前发生的日常故事，这是我们必须立刻动手写作的对象；而大笔记本则用来写作一些深刻的想法、详细的特写以及有一定时间跨度的新闻事件。这样一来，我们就可以将眼前的故事与可以稍后处理的故事明确地区分开来。这两种大小不同的笔记本，正好说明一个人无法同时兼顾两个方面。"

格雷拉并不认为自己的做法有什么问题。他告诉我说，自己的确是在管理拖延："它不是传统意义上的拖延。通过这种方法，我们可以确定自己的当务之急。我之所以会搁置一些事情，不是因为我不想做，而是因为我做不到。这是迫不得已的选择。"正如音乐家伦纳德·伯恩斯坦（Leonard Bernstein）所言："为了完成伟大的工作，有两样东西是必需的：一个计划，以及不太充足的时间。"

如果我们什么都不做，那是懒惰的表现。如果我们所做的都是些琐碎之事，这说明我们的决策存在问题。但是，如果我们因为埋头于重要的工作而推迟一些次要的事情，是否应该为此受到指责呢？如果我们为了治疗癌症而把工作放到一边，这算是一种拖延吗？如果这就是拖延的含义，我们为什么要如此讨厌它呢？

在保罗·格雷厄姆看来，拖延就像是一场交易。我们总是在用今天的行为换取明天的结果。只要方法得当，我们完全可以把一些工作留到以后再做。

从拖沓成性到高效能人士的转变

1996年2月,斯坦福大学哲学教授约翰·佩里(John Perry)终于找到了时间,为《高等教育纪事报》(*Chronicle of Higher Education*)撰写一篇关于拖延问题的文章。他为此已经筹划了几个月,但是,他之所以动笔,却并不是因为他手头有足够的空闲时间,而是因为他想躲过一系列必须完成的任务:批改试卷、评估项目计划书以及阅读论文草稿。他把这一逃避策略称为"结构化拖延"。

佩里的意思是,通过这种结构化拖延,我们可以安排、筹划自己的任务清单,以确定哪些项目是最佳的拖延对象。他表示,结构化拖延可以"把拖沓成性的人变成高效人士,他们会因为善于利用时间并取得突出成就而受人敬佩"。佩里解释说:

> 所有的拖延者都会推迟他们手头的工作,而结构化拖延则是一门艺术,它可以让这种缺点成为你的长处。这一策略的关键思想是,拖延并不意味着什么都不做。拖沓之人其实很少真的没有做事;他们还是会做一些有用的事情,比如搞搞园艺,削削铅笔,或者整一整文件夹。为什么拖沓之人会去做这些事情?因为这是逃避紧要任务的办法。如果真的只剩下削铅笔这一件事情可做,那么他们无论如何都不会着手去做。因此,拖沓之人甚至会主动完成一些颇具难度的紧要任务,只要可以因此逃避一些更为重要的事情。

佩里的建议是,首先,把需要完成的工作制成一个列表,并将最为要紧的任务排在最上面,这些正是你的拖延对象。然后,在紧要任务下面列出一些不太重要但又必须要做的事情。按照佩里的说法,我们可以投身于这些不太重要的事情,"以便逃避列表上端的紧要任务"。

佩里认为,拖延者恰恰背道而驰:

他们尽量减少自己的工作项目。在他们看来,如果手头只有很少的几项任务,他们就会一鼓作气,完成工作。但这种方法忽视了拖延者的本质特征,并会破坏他们最重要的动力来源。一般来说,列表上的项目越少,就会显得越发重要,而逃避它们的唯一办法就是什么都不做。拖延者最终会因此沦为一个个沙发土豆,而非效率达人。

佩里承认,对于列表顶端的重要任务,我们会选择逃避,这是一个不能否认的问题,所以我们需要一点自我欺骗:极力夸大列表顶端事项的重要性,同时把位于列表底部的事项假设成无关紧要的任务。佩里把完成一篇语言哲学论文置于列表的最顶端,此外还有为下学期的课程开列一份书单。然而,他并没有立刻动笔撰写语言哲学论文,也没有开列书单,而是完成了这篇关于拖延问题的文章。

⌛ ⌛ ⌛

至此,乔治·阿克尔洛夫的行为真的是一种消极的"拖延"吗?我问阿克尔洛夫在印度寄送一份邮件有多困难,他向我描述了印度邮局不依规章办事的官僚作风。他不知道该做什么,甚至不知道从哪里开始:"真正的问题是,我必须花费整整一天的时间来邮寄这个箱子。那是印度,不是美国。"

我问阿克洛尔夫,那你有没有想过箱子里的衣服对斯蒂格利茨来说有多重要呢?他回答说:"你想必见过一些毫无实用价值的衣服,那个箱子里的衣服可谓有过之而无不及,比如,里面居然有一件尼泊尔的婚礼服装。这些衣服显然不是他的急需。如果斯蒂格利茨再也见不到这个箱子,恐怕对他的人生来说还是一件好事。"

换句话说,对于阿克尔洛夫而言,为了寄送邮件而在官僚风气十足的印度邮局泡上一天,这样做的即时成本实在太高。而且,即便斯蒂格利茨在提前8个月收到这个箱子，也不会给他带来多大的收益。作为一位正处于事业上升期的经济学教授，年轻的斯蒂格利茨恐怕不太会穿着那件尼泊尔婚礼服装四处招摇。

因此，阿克尔洛夫的拖延其实并非与理性相悖。他没有出现一般性的自控问题，也没有受到焦虑感困扰。他为自己没有寄出箱子而感到抱歉——的确，我们常常会因为有事没做而内心不安。但是，阿克尔洛夫的行为并不表示他持有过高的短期折现率。毕竟，邮寄箱子的成本太高，收益却很低。

阿克尔洛夫的箱子就像是保罗·格雷厄姆所说的重要任务，或者约翰·佩里所要开列的书单。正是在印度生活期间，阿克尔洛夫开始了一项科学研究，这项研究为他带来了数十篇论文和多部极具影响的专著，也让他获得了诺贝尔经济学奖。在 8 个月的时间里，邮寄箱子的事情一直位列阿克尔洛夫任务清单的顶端，这件事挥之不去，却又被一拖再拖。阿克尔洛夫的确有拖沓的现象，但他同时完成了许多其他事情。

WAIT
THE ART AND SCIENCE OF DELAY

- 如果要推迟某项工作，必须先有一个不可替代的理由。
- 拖延并不意味着什么都不做。
- 好的拖延者懂得适可而止，不会背负太多的债务。

We don't get

paid for

activity,

just for

being right.

行动并不会换来回报，只有正确的决策才能。

1

THE ART
AND
SCIENCE OF DELAY

拖延术，延迟大师们的正确示范

WAIT 慢决策

何权衡眼前利益与日后结果,这是延迟问题的关键所在。同样,这种针对"现在"与"未来"的评估,也是专业知识与判断的核心内容。我们通常把律师、会计师、医生、记者以及金融顾问称为专业人士,这些人从事高水平的工作,掌握专业性的知识,并具有较高的道德标准。但是,专业人士身上还有一个常常被我们忽略的特质,那就是管理时间的能力。

优秀的律师和会计师无不精通延迟之道。无论是撰写起诉书,还是为辩论或庭讯做准备,诉讼律师都十分清楚该如何分配时间。商业律师则具有一种敏锐的嗅觉,能够准确把握成交时机,他知道什么时候应该继续磋商,什么时候应该结束谈判。经验丰富的审计员能够采用倒计时的方法,以小时为单位设定工作进度。

真正的专业人士完全可以快速行动,但他们宁愿放慢脚步。他们将直觉(系统 1 的本能反应)与分析(系统 2 的审慎思考)轻松自如地结合在一起。他们克服了一哄而上、盲目求快的心理,等待着行动的最佳时机。这并不是说他们的决策缓慢迟钝,只要条件成熟,他们的速度无人可及。

拖延术，延迟大师们的正确示范 11

WAIT
THE ART AND SCIENCE OF DELAY

> 优秀的专业人士知道自己可以花多长时间来做决定，在这段时间里，他们能等多久，就等多久。

金融决策要目光长远

每到美国东部时间的下午 6 点，大约有数十万观众死守在电视机前，观看吉姆·克莱默（Jim Cramer）主持的股票分析节目《我为钱狂》（*Mad Money*）。节目中的克莱默高声叫喊，动作夸张，他按动发出戏剧性音响的按钮，将各种道具抛来抛去，例如一些玩具牛和玩具熊。克莱默正是这样一边表演，一边对股票买卖提出各种建议。在每期节目中，克莱默都会举行"选股抢答赛"，或者向观众推销一本书（常常是他自己的大作），逗弄一些摇头娃娃（常常以他自己为原型）以及一只名叫"Ka-ching"的猴子。自 2005 年开播以来，《我为钱狂》已经成为"消费者新闻与商业频道"（简称 CNBC）的看家节目。

克莱默的晚间"演出"给第二天的股市带来不小的波动。平均算来，克莱默所推荐个股的次日开盘价比其他股票要高出 2.4%。他的每条股票建议平均可以产生 7 710 万美元的瞬时收益。许多人唯吉姆·克莱默马首是瞻，而正是这些人的需求直接导致股价上升。如此看来，只要我们事先获悉克莱默的推荐股票，就可以大赚一笔。但是，我们无法预知克莱默的推荐个股。即便我们能够提前获悉信息，依据这种信息去购买股票也是一种非法行为。因此，信奉克莱默的观众只能在节目的第二天以更高的价格买进这些股票。他们不惜为此支付更多的钱，因为克莱默的推荐让投资者对这些公司的业绩抱有乐观的看法。

2010 年 10 月，研究人员公布了一份详细的研究报告，报告针对的是那些按照克莱默头天晚上的推荐来购买股票的电视观众。研究显示，这些观众的收益率往往低于大盘的整体水平。即便有些人的持有时间达到 50 天，收益率也比大盘低了 10%。那些隔夜收益率最高的推荐个股更是收益惨淡，它们的 50 天收益率比同期最高值低了 29.54%。换句话说，这项研究证明，如果你观看《我为钱狂》，并根据吉姆·克莱默的热门推荐购买股票，你的钱就会在不到两个月的时间里损失三分之一。显然，没有多少人承受得起这种"推荐"。

研究还发现，就长期收益来看，克莱默所极力推荐的股票也远低于大盘。即便你有内幕消息，可以通过非法手段提前获悉并购买克莱默的推荐个股，也很难获得长期收益。在投资方面，吉姆·克莱默的确有不少精妙有趣的见解。但是，几乎可以肯定地说，如果他的交易不那么频繁，速度也别那么快，他就能选到更好的股票。一句话，《我为钱狂》只不过是一档娱乐节目，你不能靠它来赚钱。

行为金融学是一个相对较新的研究领域，它将心理学和传统经济学融为一体，力图解释人们为何会做出非理性的财务决策。长期以来，金融学家把投资者假定为依据自身利益行事的理性经济人；同样，经济学中的数学公式也告诉我们，金融市场具有充分的可预见性和有效性。到目前为止，一些经济学家仍然坚持这种观点，例如有效市场理论之父尤金·法玛（Eugene Fama）。但是，许多金融学家已经改弦更张。在丹尼尔·卡尼曼、阿莫斯·特沃斯基以及理查德·塞勒的带动下，一大批研究相继出现，旨在揭示投资者的系统偏差。许多学者已经解释了我们为何会做出错误的财务决策。我们总是纠结于某些数字和概念，亦步亦趋、反应过度，而且盲目自信。我们根本不知道怎么去评估风险。我们的交易过于频繁，而且出价太高。总之，我们有欠专业。

不过，大部分的华尔街人士其实更不专业。银行家自己也有一系列自我约束的问题，这导致他们容易一掷千金，做出错误的判断，例如在 2007～2008 年，他们手头上的呆账坏账几乎拖垮了整个金融系统。投资顾问则从我们的失误中坐收渔翁之利，将高风险、不合适的投资项目卖给我们，也卖给我们所依赖的共同基金、养老基金和保险公司。许多债券经纪商更是趁火打劫,专门利用我们的认知误区,特别是我们的盲目自信。按理说,我们的财务顾问在提供建议时总该为我们的利益着想,但我们也不能一味地相信他们,尤其是当他们的利益与我们的目标并不一致的时候,例如,有时他们能通过我们的频繁交易和购买高危证券获得利润。

不过,在金融领域内,仍然有一批值得信赖的领导者。尽管自金融危机以来投资银行一直饱受非议,但是,包括尼达姆集团(The Needham Group)在内的一些投资银行专注于自己的传统业务,它们向各家公司提供有关筹款、并购以及对策等各方面的建议,因此,当华尔街各大银行纷纷遭受重创、陷入丑闻之时,它们却能安然过关。同样,尽管大部分的投资家近年来都表现欠佳,但有些人却做得很好,这其中自然包括沃伦·巴菲特。另外,威尔伯·罗斯(Wilbur L. Ross, Jr.)、拉尔夫·惠特沃思(Ralph Whitworth)等投资家也稳赚不赔,他们收购业绩不良企业的重大股权,然后再扭亏为盈。一些对冲基金经理更是一路凯歌,无论在经济危机爆发之前、之中还是之后,例如比尔·阿克曼(Bill Ackman)和雷·戴利奥(Ray Dalio)。

这些成功的金融人士各自为政,互不相同,但都有一个重要的特点:他们都眼光长远。他们的投资期限长达数年甚至数十年。他们具有快速的反应能力,但也知道如何克服危险的短期冲动。他们能够像某些金融高管所说的那样——"看到未来"。他们绝不会通过抢答的方式选择股票。他们对《我为钱狂》节目不予置评,甚至不屑一顾。

巴菲特的投资秘诀

沃伦·巴菲特表示,作为一个成功的投资家,他的秘诀之一**就是延迟决策**。他把炒股与棒球相提并论,只不过炒股不会因为没有击中来球而出局:"我把金融投资称为世界上最美妙的行业，因为你不用每一球都挥棒。你只须站在本垒板旁边，看着对面的投手向你扔来一个个球：通用汽车47美元、美国钢铁39美元……而且，没有裁判会判你出局，唯一的惩罚不过是丧失机会。你可以花一天的时间来等待最合心意的那个投球，然后趁守场员打盹时，挥动球棒，一举击球。"这也正如巴菲特自己所说："行动并不会换来回报，只有正确的决策才能。因此，需要等待多久，我们就等待多久。"

巴菲特并非拖沓之人。虽然他曾经写道："近乎于懒惰的怠倦一直是我投资风格的基石。"但是，他显然与懒惰无缘。他整天没日没夜地工作，阅读大量的财务报表和报告，为自己的下一笔交易做好准备。不过，尽管巴菲特总是马不停蹄，但他并不是在忙着买卖股票。他并不会对眼前的所有信息都做出反应，相反，他尽可能地推迟自己的反应时间。巴菲特的短期折现率很低，他有着长远的眼光。

比尔·阿克曼，对冲基金潘兴广场资本管理公司（Pershing Square Capital Management）创始人，他比巴菲特年轻36岁，但他的投资策略却与巴菲特相似。在最近20年里，阿克曼总是在各大投资人排行榜中名列前茅。当然，他也是一位颇具争议性的人物，那些被他数落过的投资经理一直对他耿耿于怀。但是，阿克曼总是能给他的客户带来高额利润，如今他的手上管理着近100亿美元的资金。与克莱默的快速出击形成鲜明对照的是，阿克曼一向求慢求稳，正是这一区别，决定了阿克曼最终成为同代人中的沃伦·巴菲特，而克莱默则做不到这一点。

阿克曼向我解释说，即便是顶尖的投资经理也很难保持巴菲特那样的长远眼光："总是有许多制度性的压力要求你采取行动。大多数投资经理实在是拖延不起。巴菲特说，综观一个人的投资业绩，一共也就20个'甜心球'（fat pitch）的机会。就是这么多，用光了就没有了。这就是他强调等待的原因，而大多数机构的投资者则总是迫不及待。"

共同基金经理的平均持股时间低于 1 年，养老基金经理也同样没有多少耐心。个人投资者的表现则最为糟糕，他们的交易过于频繁，远远超过实际需要。阿克曼顶住了这种压力，他的持有时间往往长达几年或者更长时间。阿克曼曾经通过仔细研究，发现存在各种弊病，于是选择做空这家公司，并断定它终将一蹶不振。阿克曼的策略遭到 MBIA 公司和华尔街的强烈质疑与批评，但他不为所动，坚持了 7 年之久。最终，阿克曼被证明是正确的，他为自己的客户大赚了一笔，并用自己从中赚取的数百万美元成立了一个慈善基金。如果阿克曼当时失去耐心，在两年的时间里抽身而出，也不能算是错误的做法，但就赚不到什么钱了。他告诉我说："除非万事俱备，我们不会采取任何行动。如果这真是一笔不错的投资，我们完全可以坐享其成。"

优秀的金融人士都能遵守这一原则。而且，他们往往会创建合适的工作环境，用以强化这种长线交易哲学。一位对冲基金经理告诉我，他从不让他的初级员工接触实时的价格信息，因为这会让他们死死盯着交易屏幕。相反，他的做法像个老派的家长，他希望自己的员工能够分析和思考。要找到一本万利的投资项目并不是件容易的事情，它们通常不会出现在各类新闻当中。他这样说道："如果目标是每年 20% 的利润，我们就不应该把精力浪费在持有时间少于 6 个月的项目上。"这或许有点不可思议，一流的高频交易公司秉持的却是"低频"的交易理念：公司经理把计算机的交易速度提升到光速，而他们自己却安坐如山，精心思考有关市场战略的问题。同样，老虎基金（Tiger investment funds）创始人朱利安·罗伯逊（Julian Robertson）也告诉员工：最好的做法往往是什么都不做。在摩根士丹利公司工作期间，我曾与不少出色的交易员共事，他们的交易速度看起来都很快，但是，这些快速交易背后常常是几个月的深思熟虑，直到股价低到合适的程度，他们才果断买入。

对我们大多数人来说，存钱的目的是为了应付多年以后的某些开销，例如供孩子上大学，或者自己的退休养老。因此，我们的投资理念就应该是购买一定的股票和债券，然后不去管它。最好的投资策略是充分利用复利回报的价值，并尽可能地降低交易费用。如果我们打算雇用"专业"的投资人士，就一定要了解这个人的赚钱之道。我们要像沃伦·巴菲特和比尔·阿克曼一样，尽量减少交易次数，并保持足够的耐心。

医疗决策的延迟之道

自 2008 年以来，一批高年资临床医生每年都会举办一次"医疗误诊"大会（Diagnostic Error in Medicine，简称 DEM），旨在探讨医生的误诊原因，并提高医疗决策的有效性。这个新兴的医学组织充分吸纳了传统分析思维之外的各种研究与观点。在大会上，与会者谈论着直觉与心理学的问题。在他们看来，医疗专家就像是象棋大师，能够凭借自己的知识和经验，把各种信息分组成不同的模块，并将一个个"病理图式"（illness scripts）储存在自己脑中，而出色的棋手也是通过这种方式，积累各种象棋战术和开局技法。实地研究者加里·克莱因曾经通过对医护人员和象棋大师的调查研究，让美国军方了解到瞬时决策的价值所在。2011 年秋天，他成为"医疗误诊"大会的主讲嘉宾，演讲了《医生可以从消防员身上学到些什么》（What Physicians Can Learn from Firefighters）。

2010 年版的《临床推理学》（Learning Clinical Reasoning）也反映出这种医学上的新动向。这本探讨医生思维方式的经典之作对医疗决策的制定过程做了描述，这个过程类似于超反应运动的"观察—处理—行动"过程，以及军事战斗中的 OODA 环。医生首先收集数据，对患者的病情做出推断，然后通过各项检查来修正、完善这种推断，最后确认治疗的实施效果。这本书谈到了医生的偏见问题、记忆问题以及其他认识上的误区，并包含了60个详细的研究案例，如"严重缺乏关注""错误的诊断、检查与治疗""寻找'小马驹'"等，对医生所犯的各类错误做了坦率、生动的辨析。

医学教授戈普瑞特·达利瓦（Gurpreet Dhaliwal）是一位医疗决策专家，同时也是"医疗误诊"组织的成员。他特别强调通过灵活的方法来制定医疗决策。他告诉我说："过去30年里，在完善医生决策的问题上，人们过多地依赖分析思维，而忽视直觉的力量。我更看重后者，希望人们通过丰富的经验和细心的观察，来培养敏锐的直觉。"

我和达利瓦的交谈发生在某天早晨，当时，他正准备开始一天的急诊室值班工作。他向我描述了自己当天将要面对的时间压力，并解释了自己和同事为什么要尽可能地延长诊断的时间："决策时间有长有短。只有少数的问题亟须我们在几秒钟内做出决定。更多的事情要花上几个小时来处理。还有许多问题要留到数周以后才能解决。"即便在急诊室里，达利瓦也在思考未来。

大多数医疗决策都有章可循，能够迅速出笼。但达利瓦指出，大约有10%的病例是极其复杂的，并不适合常规的决策模式。面对这些疑难病症，临床医生应该将分析思维与直觉思维结合起来。根据达利瓦的说法，如果一位医生不断地从患者与病例中汲取治疗经验，长此以往，他就能够掌握一门技艺，这项技艺可以帮助他在短时间内识别出非常规的病例。

金融决策和医疗决策的一个重大区别是，面对每一个"投球"，医生都必须挥棒迎击。戈普瑞特·达利瓦不能把自己难以诊断的患者拒之门外，只给容易治疗的病人看病，他有义务去帮助每位患者。达利瓦可能会遇到九例常规病症，就像棒球场上的常规快球。但是，他也必须做好迎接一个曲线球的准备。

清单革命

阿图·葛文德[①]的《清单革命》是一部震撼人心、极富洞见的著作。它向我们展示了一份医疗清单如何帮助医生挽救患者生命，减少决策失误，特别是在手术的过程中。他还主张医疗领域之外的专业人士开具清单，包括航空公司飞行员和金融从业者。当我们的记忆出现问题时，清单可以起到提醒的作用，它也能预防认知错误。清单为我们提供了一个行动框架，以确保我们每一步都小心翼翼。但是，制定清单也是一门艺术。如果它过于冗长烦琐，往往会适得其反。如果清单中包含了太多的步骤，或者缺乏一定的灵活性，就会失去效用，被人忽略。完美的清单只要一张纸就够了，不需要太多的文字。

正确的清单能够将工作精简优化，而拙劣的清单则会把工作拖入泥潭，为公司企业、政府机构埋下官僚主义的隐患。

葛文德关注的重点是手术步骤程序化所带来的好处，他并没有直接讨论延迟的问题。然而，清单管理之所以如此有效、如此重要，一个常被忽略的原因就是它能强迫我们停下脚步。清单的制定，就像是为我们的工作加上了一个减速带，它迫使外科医生、施工人员、航空公司飞行员或者投资者在行动之前进行充分的思考。清单就是一个例证，它让我们了解到经验丰富的专业人士是如何在现在与未来之间左右权衡的。

阿图·葛文德的手术清单中包含三个"暂停点"：一、麻醉之前；二、切口之前；三、离开手术室之前。每次的暂停时间不超过1分钟，正好可供手术小组的成员做一些基本的核查，比如在手术之前确认病人身份，手术之后清点针头和海绵。乍看起来，让手术小组的成员逐一向病人介绍自己的名字

[①] 阿图·葛文德（Atul Gawande）曾担任白宫的健康政策顾问，是影响奥巴马医改政策的关键人物，他的著作《清单革命》（The Checklist Manifesto）《最好的告别》已由湛庐文化策划、浙江人民出版社出版。——编者注

和任务,似乎是件无关紧要的事情,但效果却异常惊人。在切口之前,即便是几秒钟的额外时间也会延缓手术的操作节奏,而这种较慢的节奏将带来更好的手术效果。从2008年春天开始,有8家医院采用了葛文德的清单管理模式,短短几个月内,重大手术并发症的发生率下降了36%,死亡人数下降了47%。如今,清单管理已经遍布各大医院。清单的设计并非用来预防所有的问题,标准的医院清单往往只有一页纸。

简明扼要的清单之所以行之有效,部分原因是它们强调了延迟的必要性,人们不得不停下来思考自己下一步的行动。

在超反应运动中,棒球击球手可以通过延迟策略,为自己争取几毫秒的额外时间,以便更好地判断来球到底是个快球还是个曲线球。医学领域也同样需要这种洞察力,只不过涉及更长的时间跨度:几分钟、几小时或者几天,而非毫秒之内。与超反应运动的选手相比,医生拥有更多的反应时间,也具有更大的灵活性,因为他们可以从容地做出决定。他们必须采取行动,但却未必要立即采取行动。

传染病专家贾斯汀·格雷厄姆曾经告诉过我"不要只做事,静下来想一想"这句名医格言,他指出,在急诊室中,即使是医生瞬时做出的一些最普通的医疗决策,例如注射抗生素,都可能会产生一定的负面影响。他告诉我说:"即便是慢性骨感染的患者,只要没有突发急变的征兆,例如感染性休克,就可以晚几天再注射抗生素。在这几天里,我们可以进行诊断性测试,这样有助于确定感染病因,引导我们制定正确的治疗方案。如果哪位冒失的急救医生赶在最初30秒内给患者注射抗生素,我们就可能无法从细菌培养中得到有价值的结果,这将导致治疗小组在接下来的几个月里找不到正确的方向。"

时间是重要的诊断工具

不少医生越来越精通延迟之道和直觉思维,并将它们运用于急救手术之外的其他领域。在这些领域,医生往往拥有更多的时间来做决定。我要求达利瓦提供一个例子,用以证明延迟策略对医学诊断有所帮助,结果他一下子举了6个病例。在每个例子中,达利瓦最初的瞬时反应都有一定的道理,但随着时间推移,他的决策得到了修正。

延迟诊断的必要性

一位服用血液稀释剂的患者感到胸口疼痛,但他的胸部未见任何异常,血液检查也没有问题。直到最后,达利瓦才在患者的腹壁发现了一个血肿。另一位患者烧伤严重,达利瓦最初认为,是伤口的疼痛导致他心跳加速,但后来事实证明,感染才是患者心跳加速的真正原因。还有一位渔民在船上突然双腿麻痹,看起来似乎是瘫痪的表现,但在几番检查之后,达利瓦发现患者体内的钾含量偏低,于是诊断出患者的甲状腺有问题。

达利瓦告诉我,他最终决定给甲状腺有问题的患者做一次血液检查,由此才得出了最后的诊断:"一般情况下,甲状腺问题并不会导致患者瘫痪。它要么导致患者精神亢奋,体重增加,要么导致病人疲乏无力,身体消瘦。这些症状也是促使患者入院就医的原因。但是,对亚洲男性而言,甲状腺亢进可能是诱发不明瘫痪的原因之一。"

达利瓦是印度人,他很清楚自己的偏见意识。他说自己读过有关医生种族歧视的研究报告,并参加了"内隐联想测验"。他明白,即使是毫秒之间的种族倾向反应,都可能导致带有偏见的医疗建议。但他也承认,在医学实践中,种族差异与流行病学的观念已经根深蒂固,因为对这些因素的思考可以提高诊断效果。在赛场上，击球手不能停下思考，他没有更多的时间去判断来球的飞行弧度，但医生的世界更加缓慢，也更加灵活。他们和球赛教练一样，可以利用"中场休息"的时间去思考一些诸如种族差异之类的问题，这样有可能提高诊断的准确性。在谈到渔民的病例时，达利瓦说道："在这名患者身上，种族特征就像一个触发器，将甲状腺功能亢进和身体瘫痪对接了起来。"达利瓦经过长时间的等待，直到他考虑到种族因素，才最终得出了正确的结论。

达利瓦滔滔不绝地讲述着这些医疗故事，看上去就像一位国际象棋大师在谈论经典的象棋对决："我不断地将各种医疗故事储存在脑中，就像是在建立一个数据库。这些故事都是一些复杂的病例，难以明确地做出诊断，这时就需要准确的判断。我力图建立一套自己的病理图式，类似于某种心理训练计划。其中一些来自我的经验，但这并不是全部。你要么争取获得更多的经验，要么从已有的经验中汲取更多的信息。这就是进行病例研究的原因所在。你可以将这些病例深深地烙在脑海之中，熔铸于你的大脑系统中，以便为你的决定提供参考。"达利瓦讲述以往的病例，听起来就像是沃伦·巴菲特或比尔·阿克曼在介绍自己的交易历史。

达利瓦极其生动地向我描述了一位患者的病例，想必这是他最近接收的治疗对象："从最初的症状来看，这位28岁的男性患者像是感染了艾滋病毒。他的免疫系统受到抑制，生殖器出现溃疡。但是，根据一般的诊断标准，这种类似于艾滋病的症状也可能是白塞氏病导致的，该病也是一种罕见的免疫系统障碍。事实上，这个人的溃疡表现具有白塞氏病的典型特征，即三路并发：他的生殖器、嘴巴和眼睛都生有溃疡。"

乍看之下，患者感染的是艾滋病毒，而更深入的诊断是白塞氏病。但是，这位患者并没有白塞氏病。达利瓦解释说，经过一段时间后，医生注意到，虽然患者的溃疡表现符合白塞氏病的典型症状，但他同时出现了一些靶形病变和斑点。医生等待患者的症状进一步显现出来，他们给患者做了额外的检查，充分考虑了所有的可能性。最终，他们得出了结论，病人患的是多形性红斑，这是一种非常好治的皮肤病，只要用些类固醇类药物就行。他们是如何得出这样的诊断的呢？一句话，他们将分析思维与直觉思维合二为一，用一段时间来观察患者症状的发展表现，再根据自己的经验做出评判。

最后，达利瓦告诉我，这名患者并不是他自己的病人，我对此感到有些惊讶。达利瓦解释说，优秀的医疗决策者在建立诊断数据库时，不仅仅依据自己的患者病例，他还会参考医学期刊上的病例研究以及同行们的治疗经验。这就像消防指挥官一样，通过自身的消防经验以及了解到的火灾案例来提升专业技能。如果这些案例生动形象、极具特点，当他们在自己的工作中遇到类似情况时，就会产生一种似曾相识的直觉。虽然现代医疗体系承受着巨大的经济压力和时间压力，但高水平的临床医生能够顶住这些压力，就像股市中的投资大师。

旧金山总医院医学主任杰夫·克里奇菲尔德（Jeff Critchfield）表示，**时间本身就是重要的诊断工具**，所以，医生经常会让患者先做检查，然后等上一段时间，再做进一步的检查，看看结果是否有变。理想的等待时间一般视情况而定。对于手术台上的外科医生而言，几秒钟的等待是比较合适的。如果情况不紧急，许多医生都不会当天做出诊断，而是等一两天之后，再对患者进行检查，以便更好地得出结论。当面对异常症状的时候，医疗专家常常会等上几个星期、几个月，或者更长的时间。克里奇菲尔德对我说，当他不得不做出一个医疗决策时，他会想象某位自己十分敬重的医学教授正站在他的门外："他提醒我说，我要随时把门打开，将自己的诊断结果拿给他看。我应该养成这种习惯，就好像他每时每刻都在门外一样。"对所有的专业人士来说，这都是一条金玉良言，而不仅限于医生。如果我们把每个决定都当成必须向专家请教的问题，就更容易把握时间，做出完美的决定。

拖延术，延迟大师们的正确示范 **11**

新闻采访中的巅峰之战

在40年的时间里，美国时事新闻节目《60分钟》一直长盛不衰，广受好评。在这档节目中，时间自始至终扮演着重要的角色。每个星期天的晚上，它都在"雅集"（Aristo）秒表的"嘀嗒"声中拉开序幕，也在这戏剧性的"嘀嗒"声中告一段落。它的每期节目都有严格的剧本，每一秒钟都是精心策划的结果。这档节目的记者和制片人都是真正的专业人士。他们往往用几个月的时间来酝酿新闻故事，而直到最后时刻才迅速采取行动。

2011年5月2日，星期天（美国时间）。在巴基斯坦阿伯塔巴德的一幢私人住宅小区内，本·拉丹中弹毙命。当时，《60分钟》节目主持人史蒂夫·克罗夫特（Steve Kroft）正在纽约采访某个新闻事件。和我们所有人一样，当天晚上，他从奥巴马的电视演讲中获悉本·拉丹身亡的消息。随即，克罗夫特和他的同事迅速向他们在白宫的联系人发出信息，希望奥巴马总统接受采访，以便能在下一期节目中及时播出。

克罗夫特已经对奥巴马做过10次电视采访，从他竞选总统开始，到当选总统以后。采访时间从45分钟到60分钟不等。然而，白宫这一次只同意接受短时采访，即从美国时间星期三上午11点至11点35分，仅此而已。克罗夫特告诉我说，他曾试图争取更多的采访时间："当我们坐下的时候，我还在问总统是否能够增加10分钟的采访时间。他笑着提醒我说，35分钟已经绰绰有余，并表示自己的回答不会太长。"

对于一档名为"60分钟"的节目来说，35分钟的采访时间显然有点捉襟见肘，即使再加上广告、开场白、新闻看点以及安迪·鲁尼（Andy Rooney）的片尾评论，节目的时间量也不过是40分钟，离"60分钟"（由3个11～16分钟的采访片段构成）还差很远。即使他们将整个采访过程都用到节目当中，也无法填满这三段时间，或许连两个都填不满。克罗夫特解释道："面对记者的提问，奥巴马总统一向喜欢长篇大论，回答起来滔滔不绝。我们总不能无缘无故地打断一位现任总统的讲话。因此，我们要涉及的问题很多，但时间却相当有限。"为了从 35 分钟的采访中获得尽可能多的材料，每一秒钟都变得极其宝贵。

自 1989 年以来，史蒂夫·克罗夫特就一直担任《60 分钟》的记者主持人，他凭借一系列具有开创意义的新闻报道，荣获过 9 次艾美奖和众多其他奖项。克罗夫特被学界称为"传统型"的职业记者，他奉行爱德华·默罗（Edward R. Murrow）和沃尔特·克朗凯特（Walter Cronkite）的新闻理念，在新闻编导领域发挥着积极的作用。在编写节目剧本、掌控采访过程方面，他行事果断，手腕强硬。越战期间，克罗夫特曾担任过随军记者，此后又做了 3 年的电视记者。接着，他进入著名的哥伦比亚大学新闻学院进修深造，取得硕士学位，然后在佛罗里达州继续从事调查记者的工作，直到 1980 年加入哥伦比亚广播公司，这也正是克朗凯特退出荧屏的前一年。与默罗、克朗凯特一样，克罗夫特的大部分职业生涯都在哥伦比亚广播公司度过。

在落实了采访奥巴马的相关事项之后，克罗夫特的工作团队设计了 60 个可能用到的问题，然后他们动身前往华盛顿。星期二晚上 9 点，也就是采访的前夜，克罗夫特的制片人之一玛丽亚·加夫里洛维奇（Maria Gavrilovic）将最终确定的提问清单交给了他，然后留他一个人在房间里"冬眠"。

谈到克罗夫特在最后时刻的卓越表现，同事们都充满敬佩之情。《60 分钟》制片人之一詹姆斯·雅各比（James Jacoby）对我说："他具有掌控时间的天赋。如果我们的节目长度为 12 分钟，他会比任何人都清楚该如何编排整个故事，以填满这 12 分钟。在每次采访之前，他确切地知道自己需要什么样的回答，以及每个回答的具体时间。"

从星期二晚上 9 点到第二天清晨，当团队成员聚在一起喝着咖啡，排演整个提问过程的时候，克罗夫特已经重新思考并修订了他们的提问清单。他说自己是在凌晨 5 点开始修改计划的："把那些可能会引出冗长回答的问题一一删除。"作为一名记者，克罗夫特并不想打断总统的讲话，这一点自然可以理解，因此，他的提问方向就变得至关重要，这是让奥巴马吐露真言的唯一机会。加夫里洛维奇说道："我们在早上 8 点碰面，然后必须在 10 点半赶到白宫。在那一刻，他已经知道自己要问些什么样的问题，要达到怎样的目的。然而，我们所有人都对此很茫然，直到他开始向总统发问，我们才发现他跳过了清单上的许多问题。"

舌尖上的击剑

在采访奥巴马时，克罗夫特表现得极为自然，丝毫看不出他偏离了预定的问题设计，甚至丝毫看不出他提前准备了问题清单。当然，克罗夫特的采访技术并没有特别新颖之处，但是，通过这种纯粹的即兴发挥，克罗夫特调动起自己的所有技能，以确保采访中的每一分钟都能吸引观众的眼球。

首先，克罗夫特以一个目标明确的封闭式提问拉开了序幕："总统先生，这是不是您出任总统以来最感舒心的日子？"通常而言，采访记者往往用这种问题来引出事实而非获取观点。人们一般认为，目标明确的封闭式提问很少换来采访对象的精妙回答。但这一次却是例外。据克罗夫特说，这个问题是他精心挑选的，而且特意使用了"舒心"一词。果然，奥巴马在回答的时候重复了这个字眼。他的回答虽然稍显冗长，但感人至深，让人难以忘怀：

> 是的，这无疑是我任总统以来最感舒心的日子，不仅如此，我想这对整个美国来说也是一样。很显然，本·拉丹不仅是恐怖主义的象征，而且也是屠戮平民的凶手，但却迟迟没有得到正义的审判。我想，也许很

多遭受不幸的家庭都已经放弃了希望。因此，一旦我们可以确切地告诉大家"我们除掉了夺去数千名美国人宝贵生命的凶手"，我想我们所有人都会为自己能够参与其中而感到无比荣幸。

接着，克罗夫特继续通过简短的封闭式提问，引导奥巴马做出各种回答，既有慢条斯理的情感表达，也有简洁明了的事实披露。当奥巴马详细介绍完针对本·拉丹藏身之所的突袭行动后，克罗夫特简单地问道："当时你是不是很紧张？"奥巴马只回答了两个字："是的。"克罗夫特此时停顿了片刻。我们并没有立刻听到下一个问题，而是面对一片寂静。这种短暂的沉默胜过了千言万语。

随着采访的深入，每一轮提问和回答都变成了一场小型对决，就像击剑比赛中的劈刺与格挡。针对克罗夫特的简短提问，奥巴马也报之以简短的回答。相应地，为了争分夺秒，克罗夫特提出的问题变得更加简短。两个人的表现就像军事家所说的那样：打入敌人的 OODA 环，每一方都力图在"观察—调整—决策—行动"的循环速度上超过对手，以便获得微弱的优势。① 但是，不少军事家忽略了一个事实：即便是放慢速度，OODA 环的战略也同样有效。不过，采访中的克罗夫特和奥巴马却深谙此道。有时，我们可以通过快过对手来占据上风，但另一些时候，慢过对手也能取得胜利，或者至少表面上慢过对手，这样一来，你的对手就会误认为自己可以通过快速反应来获得优势。快慢结合，以克敌制胜，这是《孙子兵法》中的战略思想。它适用于任何一种可能的对决场面，我们在超反应运动和军事决策中可以反复看到它的身影，而高水平的新闻采访则无异于舌尖上的击剑比赛。

---

① 当我向克罗夫特提及"观察—调整—决策—行动"策略时，他立刻看出了这种策略与电视新闻采访的类似之处："你必须掌控采访对象。你可能希望得到简短的回答，你不能输给你的采访对象。在相持一段时间之后，会找到对付他的办法。有时可以在采访一开始就抛出最难的、最出人意料的问题，以便控制局面。我在采访克林顿和希拉里的时候就是这样做的，他们根本没有料到我的第一个问题会与珍妮弗·弗劳尔斯（Gennifer Flowers）有关，所以我一上来就问：'珍妮弗·弗劳尔斯是谁？'打他们一个措手不及，这样他们就无法按照自己预定的套路出牌。"

拖延术，延迟大师们的正确示范 11

克罗夫特问道："这是不是你第一次下达处决令？"显然，他是在以慢打快，逼迫奥巴马迅速回答"是"或者"不是"。乍看之下，如果奥巴马做出这样的回答也没问题，但是，这种快速反应会让总统陷入被动，这等于是在承认此次行动，或以前的类似行动，带有非法暗杀的性质。然而，奥巴马看穿了这个陷阱。他重新调整方向，放慢节奏，采取了更为谨慎的战术，他的回答颇费言辞，也显得宽泛无边：

> 你知道，也请你记住，每当我做出发射导弹的决定，或者每当我下达派兵出征的命令时，都会有人因此丧命。这是一个残酷的事实，但这是我职责的一部分。

来自著名新闻培训学校波因特学院（Poynter Institute）的奥尔·托普金斯（Al Tompkins）详细研究了这段采访，他对采访中的每个提问都进行了分析。他认为，克罗夫特将诸多不同类型的问题和技巧糅合在一起，这"违反了我们所学到的各种有关采访的教导指南，但它的确奏效了"。这次采访是两位沟通大师之间的一场恶战，但最后两人都是赢家。这是新闻领域的一件杰作，它反映了克罗夫特一个星期的艰苦付出和数十年积累的专业水准，也展现出奥巴马总统的好谋善断。整个采访持续了34分48秒，但是，克罗夫特成功地说服奥巴马在"9·11事件"遇难消防队员纪念仪式之后再给他几分钟的时间，这给了《60分钟》足够的素材来填满节目的三个时段。

深度报道的力量

弗朗西斯科·格雷拉出生于米兰，曾以一等学士学位的荣誉毕业于伦敦城市大学。他获奖无数，曾凭借"血钻"题材的新闻调查荣获"外国记者协会奖"，并凭借中国海洋石油总公司竞价收购优尼科（Unocal）石油公司的独家报道摘得"海外新闻协会奖"。除此之外，他还凭借一部反映雷曼兄弟公司破产的电视系列片获得"美国商业编辑和作者协会奖"。格雷拉被公认为世界一流的商业记者,他同时也是《华尔街日报》"金钱和投资"版的主编。他比克罗夫特年轻 28 岁。

格雷拉是在 20 世纪 90 年代投身于新闻工作的,当时,信息技术还没有给新闻业带来翻天覆地的变化,但已经为期不远,就像他形容的那样:"那时候还没有黑莓手机或者电子邮件,为了做好我的第一份工作,我买了个寻呼机。一天当中,如果我或者我的某个线人不在办公室,就得花很长的时间来联系对方,因此每天只能完成有限的工作。我一般用早上的时间来打电话,然后和某位线人共进午餐,接着再打更多的电话。到了下午,通常是 4 点或 5 点左右,所有的沟通事宜都已做完,我会很自然地停止其他工作,这是我开始写稿的时间。"

乔纳森·格拉特(Jonathan Glater)曾经是《纽约时报》的商业记者,2002 年,他对安达信会计师事务所的土崩瓦解进行了报道。格拉特回忆说,在那段时间里,他几乎整个白天都在接打电话,但是,每到下午 5 点钟,他就会停止报道工作,动手把获得的材料记录下来,以便次日刊登。格拉特周而复始地做着同样的事情:他尽可能多地占有信息,然后对这些信息进行分析处理,并与他的编辑保持密切的沟通,直到最后一刻,才将这些信息转化为书面文字。格拉特甚至会考虑哪些材料可以写成长篇报道,以便留到周末刊登。就在几年前,新闻行业还保持着这种较为缓慢的工作节奏,即便是追踪那些稍纵即逝的新闻事件时。

比起 10 年前,如今的新闻行业在工作节奏上已经快得难以想象。格雷拉解释道:"如今,我总是在追赶截止时间,时刻面临着需要马上完成的报道任务。在过去,我在截止时间到来之前总是有一整天的时间开展工作。现在,当我赶到亚洲的时候,离截止时间仅剩下两个小时;等我再马不停蹄地赶到欧洲的时候,又只剩下两个小时的时间。我们总是被下一个临近的截止时间所催促。我无法挤出专门的时间进行采访，因为大部分的时间都花在报道或写作上，我不得不利用业余时间进行全景思考。这样做的风险是，面对过于频繁的工作压力，我和新闻界的同行们在截止时间到来之前难以对报道的内容进行深入的了解。"

如今，新闻事件的报道速度已如风驰电掣。信息技术让新闻行业变得越发精简干练，学者们在20世纪70年代所预言的电视、报刊、广播三位一体的媒体格局已经全面来临。全球各大新闻机构通过网络媒体向世界发布各类即时消息，包括文字、画面和声音，以免自己的报道失去时效，变得无足轻重。新闻记者受到发布实时消息的博客写手的挑战。现在的新闻稿件已不仅仅需要注明发稿日期，还要被打上时戳，精确到每一分钟。每时每刻都有突发的新闻事件播报于电视，或闪现于互联网。大多数记者连喘气的时间都没有。

这种变化不免让人感慨丛生，然而，格雷拉并没有受到影响。对于过去，他并不留恋；对于未来，他也并不悲观。面对现代新闻业异常紧迫的工作节奏，格雷拉完全应付自如，他有一套无往不胜的必杀技：灵活的头脑、干练的写作风格、对信息技术的掌握，以及发送稿件时的沉着果断。格雷拉表示自己没有时间深入了解某个事件，并不是说他无法做到这一点。他只是在强调，他的工作要求他在任何人（包括他自己在内）做到这一点之前采取行动。

不少记者告诉我，当他们在截止日期前赶写稿件时，会觉得时间变慢了许多。他们形容说，这是一种令人难以置信的快感，就像是杰基·斯图尔特在赛车场上的急速转弯，或者迈克尔·乔丹在NBA总决赛中的飞身扣篮。一些记者的写作速度快得惊人，即便时间有限，他们也能写出一个完整的故事。他们就像"胆小鬼游戏"的玩家，直到最后时刻才把电话放下。记得在10年前，当我接到一些记者的电话，要求我对某个新闻事件发表意见时，他们常常会说："明天就是我的截稿日期。"我能从中听出时间的紧迫。然而在2011年年底，我接到彭博社（Bloomberg）记者打来的电话，他刚刚获悉有关某家银行的突发事件。我询问他的截稿时间，他异常冷静地回答："23分钟后。"

史蒂夫·克罗夫特也明白速度的重要性。在他看来，自己之所以能在最后关头不慌不忙地删减提问，是因为整个星期之中，他都在全身心地研究采访、撰写提问："掌握各种材料是撰写提问的有力保障。我必须不断研究和思考。对于时间我有精确的把握。"克罗夫特最后时刻完成了采访奥巴马的准备工作，并迅速替换了预先设定的60个问题，这种速度几乎无人可及。

但是，克罗夫特指出，优秀的新闻记者应该懂得从容应对各种不同的时间要求。他说道："有时，现实情况要求你立刻完成手头的稿件，你就必须做到这一点。你既要学会打变速球，也要学会打快球。任何一位经验丰富的记者都会告诉你，他们知道自己要完成多少工作，也确切地知道完成这些工作所需的时间，而这决定了他们工作的步骤和方法。你只有这么多的时间来准备采访，因此一开始就要有周密的考虑和计划。"

当克罗夫特为哥伦比亚广播公司《晚间新闻》工作的时候，他知道自己要花一个小时来写一篇两分钟的新闻报道。如果时间更宽裕，他也不介意。但是，他确信一个小时的时间已经足够，并且一直要拖到这个小时的最后几分钟才开始动笔。他说道："有时候，只要把整个事件在脑海中过一遍，你就有可能在最后一刻发现有价值的内容。你等待的时间越长，思维就会变得越敏锐。"

⌛ ⌛

如今，各大新闻院校已经将网络新闻的教学引入课堂，这种新兴媒体是否会对现行的新闻教育传统形成冲击，专家们看法不一。批评人士对网络消息来源的质量表示忧虑。《60分钟》制片人詹姆斯·雅各比就属于"信息技术的一代"，他与克罗夫特不同，没有接受过传统的新闻训练，因此，他担心失去"新闻判断力"，即准确判断一个事件的新闻价值的能力。"我们手头上堆积着大量的材料，其中许多无足轻重的东西被报道出来，而许多重要的信息却被丢弃一旁。史蒂夫·克罗夫特这一代人的厉害之处就是新闻判断，它决定了一切。"雅各比继续说道，"我们这批成长于'电子时代'的新闻业者很难这样轻松自如地写作。这是电子媒体记者的普遍弱点，因为他们没有那么多的约束。新闻工作的传统模式是，你必须用 800 个字或者 12 分钟来讲述故事，这种写作模式可以让你学会如何掌握时间。"

> 毋庸置疑，掌握和管理时间是一项技能，也是一个至关重要的防范手段。如果你不知道如何管理时间，你就会成为时间的奴隶，受其摆布。

在我们所有的科技发明中，有一项技术的危险性甚至超过了计算机软件、智能手机、互联网和电子邮件，它导致我们过于关注眼前的利益。它发出嘀嗒、嘀嗒的声音，会破坏我们的决策能力，干扰我们对短期利益与长期后果的权衡与思考。它不仅危害专业人士的决策判断，也对我们每个人构成威胁。没错，它就是时钟。

- 尽量减少投资交易的次数，并保持足够的耐心。
- 尽可能多地占有信息，在做决定的时间段内，能等多久就等多久。
- 你等待的时间越长，思维就会变得越敏锐。

Flat fees

are

more efficient than

billable hours.

固定收费比小时计费更能提高效率。

THE ART
AND
SCIENCE OF DELAY

WAIT

时间观，事件时间与时钟
时间的效率之争

人类的许多行为都建立在"时钟时间"（clock time）之上，它将我们的每一天细分为可量化的时间单位，并依据客观精准的时钟来标记和测量。在时钟时间的世界里，时间单位决定着我们的工作何时开始，何时结束。有些时间单位是基于客观的自然现象，但大部分都基于人为的设定。例如，"一天"就属于自然的时间长度，它取决于地球自转与太阳东升西落。可以想象，这一时间单位塑造了我们祖先的生活方式，特别是在农耕时代。昼夜循环既是一种物理现象，也符合生理规律。人类最早的日历也自然以"日"为单位，然后粗略地发展出"月"和"年"。加入这两个大跨度的时间单位，是为了使人类的活动大致与季节的轮回和地球的公转相吻合。

但是，所谓的"小时"，也即60分钟，则完全是主观的时间单位。它并非"日"的自然分割，而是古巴比伦文明的遗产。它是建立在以60为基数的进制体系之上（60秒为1分钟，60分钟为1小时），此后，埃及人又根据自己的习好加入了12进制的法则。如果我们的祖先和我们一样采用10进制的算法，那么"1小时"的时间就会比现在长20%（即1/20天，而不是1/24天）。然而，古人将一天分为昼夜各12个小时的做法已经成为我们划分时日的基本方式。我们的钟表上显示着时数和分数。我们以小时为单位来安排会议、筹划午餐或者练习足球。小时已经成为日常生活的重要组成部分。

时间观，事件时间与时钟时间的效率之争 12

时钟时间并不是人们安排活动的唯一计时方式，还有另一种方式叫作"事件时间"（event time）。所谓事件时间，是指我们持续做一件工作直到把它做完或者达到某种效果然后再转做其他事，无论这件工作花费 10 分钟还是一整天。例如，也许你开始工作的时间不是早上 9 点（时钟时间），而是早餐之后（事件时间）。也许你规定的钢琴练习时间不是一小时，而是必须连续 3 次准确无误地弹出某个奏鸣曲的第一乐章。虽然时钟时间在今天已经成为主流，但是，在许多其他文化和社会环境中，事件时间仍然十分常见。

WAIT
延迟视窗

追求效率的时钟时间 vs 追求效益的事件时间

为了说明时钟时间和事件时间的区别，我们可以做一个假设：今天你有 5 件事情要做。那么，你将怎样安排这 5 项工作？一种方法是使用个人日程表，为每项工作设定一个具体的完成时间点。另一种方法是制定一份待办清单，每项工作依次完成，但并没有具体的时间限制。哪种方法更好一些？这取决于你的工作目标。一般而言，如果你主要关注的是**工作效率**，就应该采用日程表的方法，尽可能在最佳时间内快速完成任务。反之，如果你追求的是**工作效益**，那么就应该选择待办清单，确保任务能够圆满完成，而不在乎它的完成时间。效率意味着在规定的时间内越早完成越好，而效益则重在结果的完美，即使这需要花费更长的时间。效率依据的是时钟时间，而效益依据的则是事件时间。

我们的意识系统能够帮助我们确定到底是使用时钟时间还是事件时间。你不妨问问自己：我是更在乎效率，还是更看重效益？如果你在周五之前必须递交一份诉讼案情摘要，那么效率就是你的重点。你应该在日程表上标明递交的时间，然后依据明确的时钟时间安排自己的工作。但是，如果你只是去商店购物，那么顺序和时间要求就显得不那么重要，此时你更为关心的是效益问题。你所要做的就是列出一份详尽的购物清单，然后以事件时间为依据，确保自己在走出商店之前将晚餐所需的各种原料全部买齐。

你了解自己的时间观吗

以"斯坦福监狱实验"闻名的心理学教授菲利普·津巴多①在时间心理学的研究方面贡献颇多。津巴多与约翰·博伊德（John Boyd）将人类称为"过时的生物机器"。他们认为，人类的生理机能天生适应原始社会的缓慢节奏，因此，"在兆赫兹的世界中，我们只是以赫兹计量的小机器"。根据津巴多的观点，人类所面临的一个重要问题就是让自身古老的生理机能赶上飞速发展的技术进步。他通过各种测试来评估人们的时间观念，在他看来，如果我们能够了解自身无意识的时间观念，就能自觉、明确地控制自我的反应、学习和决策的方式。

津巴多和博伊德认为，现代经济已经改变了人类与时间的传统关系，而了解这种改变的来龙去脉，可以帮助我们改善自己的生活。在工业革命期间，时钟、日程表以及计时管理变得空前精确，人们开始身揣怀表，国家开始采用统一的标准时间，火车的运行也依据这类标准时间，而非当地时间。津巴多和博伊德指出："从事件时间到时钟时间的转变给社会带来了深刻的变化，特别是在经济关系方面。过去，经济关系的基础是事件和产品，如今却变成了时间，例如，我们按照每小时的工作量来获得报酬，或者以月为单位领取薪水。"

对许多人来说，时钟时间决定了我们的工作内容。对时钟时间在日常工作中的重要性的强调，一直可以追溯到弗雷德里克·泰勒（Frederick Winslow

---

① 菲利普·津巴多（Philip Zimbardo）作为享誉全球的心理学大师、"当代心理学的形象与声音"，他主笔写就了《津巴多普通心理学（原书第7版）》，其中文简体字版已由湛庐文化策划、中国人民大学出版社出版。——编者注

Taylor）。1909年，这位前机床操作员、工程师和管理顾问出版了《科学管理原理》（The Principles of Scientific Management）一书，提倡将时间作为提高效率的工具。泰勒认为，工厂和企业应该淘汰以经验为主的管理方法，改用一系列精确严格的工作标准，这些标准建立在对工作时间的科学分析之上。他建议工厂管理者将每项工作分成不同部分，并用秒表对工人的工作进行计时，以确定每一部分的工作时间。然后，根据泰勒的说法，一旦找到了完成某项工作的"最佳方案"，就应该要求每位工人都照此执行，日复一日，不得例外。

这种所谓的"泰勒主义"曾一度成为美国文化的重要组成部分，在一些行业领域它依然十分风行。在现代社会，虽然原始版本的"泰勒主义"被证明太过苛刻，缺乏人性，但其基本理念并未消失。雇主与员工之间的对立与矛盾依然存在：雇主希望员工努力工作，而员工则出卖他们最珍贵的时间。

为什么你的时间越来越匮乏

相信你和大多数人一样，总感觉每天时间不够用。你觉得自己的工作时间比以前更长，也更为辛苦。你认为时间比过去任何时候都更为缺乏，更为紧张。但这些想法存在问题，它们并非事实。

不可否认的是，当今，人们感受到更多的时间压力，但是在过去50年里，人们实际工作的平均时间基本上没有太大的变化，而且最近几年还在不断下降；再加上居高不下的失业率和就业不足率，许多人根本就没有事做。如果你的实际工作时间真的超过了你父母当年的工作时间，这说明你有点不合时宜。

让我们感到工作时间日益紧迫的原因有很多，技术的发展是其中最明显的一个。现代职场就像个快车道，我们马不停蹄地奔忙于各类邮件、电话、社交媒体、会议和在线搜索之间，这使得工作时间看上去比实际时间更为漫长。具有讽刺意味的是，多项任务同时并进的工作模式要求我们具有很强的专注力，而这种专注力往往会降低工作的速度和效率，尽管它拉长了我们对工作时间的感知。我们曾提到过体验自由下落的实验，虽然45米的下落过程只有3秒钟的时间，但参与者却觉得它持续了4秒之久。其实，我们对工作时间的感知也是如此，只不过它涉及的时间更长一些。此外，技术的发展也使我们能够在工作时间享受越来越多的个人生活。我们花在休闲、社交以及网页浏览上的时间变得越来越多。30年前，我们每星期的工作时间为40小时，今天我们每星期的"工作"时间也许是50小时，但真正花在工作上的只有30小时。

日常的通勤也延长了工作的平均时间。长距离的上下班路程会带来各种显而易见的问题：交通不便、燃油费用、心理压力、意外事故以及远离家人。研究表明，上下班途中通常是一天之中最难熬的时间，路程越长，我们就越不快乐，即使它能让我们挣更多的钱。长距离的通勤也把人们束缚在工作场所之中，即使手头的工作已经做完，人们也选择待在公司不走。

最近有研究发现，通勤时间每增加1小时，人们的上班时间就会额外增加35分钟。其中一些变化是我们自己难以控制的：如果你的老板直到晚上8点才下班离开，你可能会觉得自己应该更晚回家才行；或者你愿意接受这种长途奔波的生活，因为这是你赚钱买房的唯一选择。

此外，我们所从事的工作类型也决定了我们对工作时间的知觉判断与实际情形的匹配程度。对许多人来说，无论是管道工、画家，还是会计师、律师，以小时或者分钟为单位的计费方式会对工作者的时间知觉产生极为负面的影响。虽然它不像尼古丁那样容易使人上瘾，但与之颇为类似，而且更加有害健康，特别是对那些高收入者而言。

12 时间观，事件时间与时钟时间的效率之争

自由职业的国度

小时计费依据的是时钟时间，而非事件时间，它刺激人们过度地关注工作中所投入的时间，却忽视工作本身。它导致工作者以有害的方式将时间和金钱画上等号。第二次世界大战之后，劳动经济学家曾经预测，时薪制在美国经济生活中的地位将逐渐下降。在最初的 20 年里，他们的说法得到了印证。但是，自 20 世纪 70 年代开始，按小时计酬的工人数量呈现稳步增长的趋势。在当今的美国，有超过 58% 的工作人员采用时薪制。而且，单笔时薪的平均金额也在不断增加。在中产阶级和有较高社会地位的职业中，时薪制已经日趋普及，其中不仅包括法律、会计和金融顾问，而且逐渐波及医疗领域。虽然有 1/5 的时薪工作人员年龄在 25 岁以下，但只有不到 5% 的时薪工作处于或低于最低工资标准。

对许多人来说，计时付酬的工作显得独立而自由，人们可以以此避免大型组织和机构的工作束缚。1998 年，丹尼尔·平克①在《连线》杂志发表了一篇名为《自由职业的国度》(*Free Agent Nation*) 的文章，生动地描述了这样一个景象：数千万的劳动者厌倦了职场的争斗、老板的无能和待遇的不公，他们将组织化的工作单位抛在一边，自由地赚钱，并自己掌控时间。平克解释说，自主权和操控权让自由职业者获益良多。最为典型的自由职业者是那些处于事业中期的专业人士，他们单独工作，或者结成小型团队，按小时收取报酬。

20 世纪 90 年代末，三位具有预见性的研究者，詹姆斯·埃文斯（James Evans）、吉迪恩·昆达（Gideon Kunda）和史蒂芬·巴利（Stephen Barley），针对自由职业者展开了长达两年半的人类学实地研究，其中包括承包商、工程师、

---

① 丹尼尔·平克（Daniel Pink）是著名的趋势专家、全球最有影响力的 50 大思想家之一，他的《全新思维：决胜未来的 6 大能力》《全新销售：说服他人，从改变自己开始》中文简体字版已由湛庐文化策划、浙江人民出版社出版。——编者注

软件开发员、技术文档撰写人以及信息技术专家。他们发现，在美国各地，人们在工作方式上的重要差别之一，就是是否按小时收取报酬。

虽然以小时计酬的职业者常常能获得独立自由的好处，但严格的时钟时间也让他们付出了代价。就大部分工作种类和收入水平而言，按小时计费的工作者往往工作时间更长，也不太关心工作以外的活动。他们在停工期间承受着更大的压力，对自己是否能得到足够的工作感到担忧。当工作来临时，他们会尽可能地把一天之中的所有时间投入其中。根据调查走访，埃文斯等人发现，那些按小时计酬的承包商"会精确地计算出每个小时的休闲生活或家庭时间的价格成本"，并且"清楚地意识到每一小时的停工都得不偿失"。无论是一次度假还是一天休息，都意味着金钱的损失。

自由职业者也许认为按小时计酬是一种机动灵活的计酬方式，符合自己心中的理想：它能赋予自己掌控力，为自己创造自由的时间和弹性的生活。毋庸置疑，充分的自主性和控制权的确给他们带来了许多好处。但是，在时间与金钱的问题上，按小时计酬的工作者与领取月薪的上班族有不同的看法，前者更容易将工作之外的时间视作一种浪费。他们因为业务量的问题而倍感压力，也很少投身于志愿服务或者慈善事业。他们逐渐认识到一个事实，就像本杰明·富兰克林说的那样：时间就是金钱。然而，一旦将时间与金钱等同起来，按小时计酬就会变成一个陷阱。

对应届毕业生和准备重新规划职业道路的人而言，以小时为单位的计酬方式会对人们的工作态度产生怎样的影响？这是一个需要特别思考的问题。此外，即便是那些一辈子与时薪制相伴的人，也能从这种思考中获得好处，只要他们能够了解计酬方式是如何改变人们的时间观念。许多人希望过上和谐美满、幸福充实的生活，同时在事业上有所成就。但是，如果要同时实现这两方面的愿望，我们就应该有意识地采取行动，以确保工作中的计酬方式不会对我们的业余生活产生负面的影响。

赚钱越多,时间压力越大

与一般的想法相反,我们赚钱越多,时间压力就越大。研究表明,更高的收入带来更大的时间压力,即使工作时间保持不变。看看那些刚走出校门的大学生,他们在职场里摸爬滚打,一路升迁,最后成为公司的总经理、合伙人或者副总裁。薪水越来越高,但他们却觉得时间越来越少。

为什么会这样?答案非常简单:供求关系的影响。我们习惯性地认为物以稀为贵。当我们看到一幅马蒂斯的画作售价1亿美元时,我们会认为马蒂斯的作品肯定存世不多。当我们看到神户牛肉卖到一盎司10美元时,我们会觉得它一定比普通牛肉更为稀有。如果水变得昂贵起来,我们首先想到的就是出现了缺水的问题。

当我们赚的钱越来越多,我们就会觉得自己的时间变得更为宝贵,这并没有什么问题。但随之而来的是,我们感觉自己拥有的时间越来越少。

多伦多大学教授桑福德·迪沃曾经用实验证明暴露在潜意识的快餐商标之下可以让人的阅读速度提高20%。

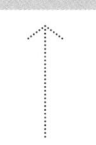

时间压力与收入成正比

在最近开展的一次实验中,迪沃要求参与者完成一项工作,并告诉他们工作的计酬时间单位为6分钟。其中一半人认为自己的报酬标准是每小时90美元,而另一半人则以为报酬标准是每小时9美元。在参与者完成工作之后,

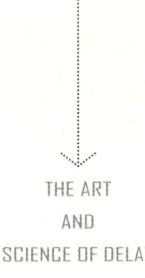

迪沃要求他们分别报告自己所感到的时间压力。结果显示，报酬更高的参与者更加强烈地感受到时间的压力，尽管每个人都是在同样的条件下完成同样的工作，而且时间也相同。

在另一项研究中，迪沃与斯坦福大学商学院教授杰弗瑞·菲佛（Jeffrey Pfeffer）要求128名大学生在11个复选框中选取一个与自己账户金额相当的选项。其中一半学生的复选项都是较小的数额，因此即便是囊中羞涩的学生也能名列前茅，故而"感觉十分富有"；而另一半学生的复选项都是较高的数字，所以即便是家底殷实的学生也被排在末位，并因此"感到贫穷"。

复选项的不同并没有改变学生的账户金额，却极大地影响了他们的心态。那些"感觉富有"的学生感受到更为强烈的时间压力，总是显得迫不及待。与迪沃的快餐研究一样，这些人的阅读速度也变得更迅速，阅读时间大为缩短。因此，如果你担心时间压力的问题，那么不但要避免一闪而过的麦当劳商标，还要留意财富所带来的负面影响。迪沃还发现，即便只是稍微考虑一下时薪制的问题，都会破坏我们对悠闲时光的尽情享受。在一项实验中，迪沃与合作者朱利安·豪斯要求参与者估算自己每年所希望的工作小时数和年薪，另外要求其中一半的人计算出自己每小时的薪酬。随后，他们让所有人参加一个10分钟的休闲娱乐活动，或者玩游戏，或者和朋友聊天。结果显示，计算了小时薪酬的参与者表现出更低的快乐值。可见，仅仅是用工作年薪除以工作小时，计算出每小时的薪酬，都会减少他们的休闲乐趣。

与我们提到的其他不利影响一样，面对小时工资和财富增加所带来的弊病，主要的解决之道就是积极地思考。一旦懂得了按时计酬会给个人生活带来怎样的影响，我们就能引以为鉴，将工作态度与生活态度区分开来。另一种解决方案则更加彻底：停止按小时计酬。专业人士可以根据其所提供的服务收取报酬，

时间观,事件时间与时钟时间的效率之争 12

无论是提交一份诉讼申请,完成一次财务审计,还是修好一段漏水的管道,都获得固定的酬劳。如今,律师、会计师和其他专业人士正在积极地探索收取固定费用的方法,以取代小时计费。一些大型律师事务所在这方面的努力尤为明显,经济的压力与士气的低落,让事务所的合伙人不得不考虑新的计费方法。

经济学家与财务顾问都认为,固定收费比小时计费更能提高效率,因为它鼓励工作者内化工作成本,尽量降低任务的消耗时间,以便争取更大的收益。

除此之外,还有另一个理由可以说服你将小时计费改为固定收费:它将减少你的工作压力,让你变得更加快乐。这会让你摆脱时钟的束缚。记得在不远的过去,人们往往会选择在一家公司度过自己的全部职业生涯。如果他们一直干到退休,就能获得一笔丰厚的退休保障,一份健康保险以及其他各种福利。但如果他们过早离开公司,就会损失大部分的福利,甚至一无所有。在雇用期间,他们拿较少的薪水,虽然足够生活,但却与奢华无缘。在他们的整体薪酬中,有一大部分是与漫长的时钟时间(30年或40年)挂钩,或者以事件时间为准(比如说退休)。这种支付方式能够促使员工关心公司与同事的未来发展,即便是华尔街上的投资银行也不例外。当时,这些银行还都是合伙企业,合伙人将自己的大部分资金投资于此,直到退休后才出售自己的股份。而在退休之前,他们从企业的收益中领取相对微薄的薪酬。想想现在的华尔街,到处唯利是图、利欲熏心,当年的情形听起来就像天方夜谭。

如今,大部分企业的薪酬都侧重于短期的时钟时间。早在退休之前,高收入层的公司高管就以年为单位领取自己的大部分薪金。一般而言,首席执行官的平均任期不过几年而已,但他们的平均年薪却达到 1 000 万美元,是普通员工的 250 倍。他们承受着巨大的压力,不得不以最快的速度赚取最多的钱,然后全身而退，这导致他们的工作动机发生扭曲。他们能在极短的时间里获得比以往任何时候都更为丰厚的报酬。比起公司高管，收入较低的普通员工的计酬时间单位往往更短：星期或者小时。他们不但收入较少，而且根本没有改变现状的可能。

这种分配不公的现象之所以会产生，在一定程度上是因为计酬标准的巨大转变，从长期的事件时间转变为短期的时钟时间。在过去，公司的薪酬总额能够在几十年的时间里均匀地流向管理者和普通员工。如今，其中的一大部分以年度奖金和股票奖励的形式进入高管人员的荷包。随着高管薪酬的主要计时单位发生变化，由过去的整个职业生涯变成了如今的按年计算，收入不平等的现象也就随之产生。

短期的时钟时间支配着我们的工作，并且拉大了我们的收入差距，这将导致两个严重的潜在后果。**首先，对许多人而言，工作变得越来越缺乏满足感。**在理想状态下，当我们的人生行将结束时，我们希望能够回顾自己一生的成就，这些成就由一系列事件构成，形成一条漫长的轨迹。我们希望看到自己早年播下的种子发芽生长，开花结果，这让我们感到无比满足。当我们充满热情地投入到某项重要的工作中时，我们愿意为之等待多年；我们明白，自己所开创的事业也许将一直持续下去，即便我们的生命早已消亡。然而，小时计酬和年度奖金侵蚀了这种人生哲学，最终导致工作变得乏味无趣，缺乏意义。

时钟时间的第二个危害是，加速发展的科技和分秒不停的时钟会损害企业的长期利润。如今，各大公司想方设法地追赶媒体发布周期，它们不但时时公布有关财务信息的季报和年报，而且更为频繁地发布产品、撰写博客和更新网页，几乎不间断地向客户做出各种反应。如此一来，公司员工必然会加速自己的思考和行动。正如我们在资深的专业人士身上所看到的，快速反应虽然有用武之地，但战略眼光也同样重要。面对持续不断涌来的各种信息，那些习惯于即时满足的员工总是期盼能够立刻出现重大进展。但是，如果这些进展没有出现，我们该怎么办？如果经济增长重要引擎的运行速度远远慢于现代生活的步伐节奏，我们又该怎么办？

你也许听过一个有关创新能力的故事，这个故事家喻户晓，而且有不同的版本。许多商业书籍和研究著作都引用过这个故事。比如，乔纳·莱勒（Jonah Lehrer）在《想象：创造力的艺术与科学》①一书中也简单地讲述了这个故事。然而，尽管这个故事经常被人提起，但它不准确、不完整，这导致我们从中得出了有关创新能力的错误结论。这个故事已经成为一个商业传奇，因此，我们有必要彻底还原它的本来面目，生动详尽地展示其中的每个细节。

WAIT

THE ART AND SCIENCE OF DELAY

- 了解自己是注重效率还是效益，有助于选择正确的学习和决策方式。
- 多项任务同时并进会降低完成工作的效率和效益。
- 要想生活得更从容，减缓即时满足与时间压力是良策。

---

① 《想象：创造力的艺术与科学》记录了莱勒对创造力问题的精彩研究，该书的中文简体字版已由湛庐文化策划、浙江人民出版社出版。——编者注

Thinking

like a

kid is a big part

of innovation.

像孩子那样思考是创意革新的法宝。

THE ART
AND
SCIENCE OF DELAY

WAIT

慢直觉，历经数十年累积
换来最后的高潮

WAIT 慢决策

阿瑟·弗赖伊（Arthur Fry）和斯潘塞·西尔弗（Spencer Silver）都是心灵手巧之人。弗赖伊从小在艾奥瓦州的乡间长大。他和父亲经常从当地的垃圾场捡回各种机器设备，然后对它们进行拆解和组装，这为他积累了丰富的知识技能。小时候的弗赖伊懂得用废弃的木材制作平底雪橇，不过他就读的学校只有一间校舍。后来他考入明尼苏达大学，主修化学工程。1953年，弗赖伊加入明尼苏达矿业制造公司新产品研发小组，开始了职业生涯。弗赖伊与其他工程师和实验者志同道合，他十分喜欢老板说的一句话："如果它是一个愚蠢的想法，你要把它找出来，直接甩到墙上，然后再回过头来，寻找自己以前没有留意过的机会。"

西尔弗比弗赖伊年轻10岁，按照明尼苏达州当时的标准，他算得上一个四海为家的人：他出生于得克萨斯州，在亚利桑那州读大学，最终获得的是科罗拉多大学的有机化学博士学位。此外他还是一位画家，喜欢和蜡笔、颜料打交道。西尔弗在1966年加入了明尼苏达矿业制造公司的研究小组，并立刻投入实验。与弗赖伊一样，西尔弗钟情于公司所倡导的自由思想的工作方法，这让他想到托马斯·爱迪生的一句格言：最好的发明往往出自于一小群不同专业背景的人。

慢直觉，历经数十年累积换来最后的高潮

明尼苏达矿业制造公司是一家大型企业，有数以千计的员工，所以弗赖伊与西尔弗一开始并没有在一起工作，甚至素未谋面。西尔弗的研究小组看上去更像一个科研团队，而非业务部门，它是自由思想者的聚集地，到处是专心研究的科学家，与弗赖伊所在的更具实用精神的产品开发小组没有直接的联系。西尔弗发现："我可以随时和一位分析化学家、物理学家，或者生物与有机化学领域的科研人员交流想法。这些人覆盖了所有的科学门类，他们都离我不到45米。"相比之下，阿瑟·弗赖伊和公司客户则远在他们的视线之外。

与许多化学家一样，西尔弗对那些黏黏糊糊的东西格外有兴趣，比如胶水、口香糖、水泥以及其他黏合剂。经过两年的试验，他发现了一种用细小坚韧的丙烯酸球来制作黏合剂的方法，这让他兴奋不已，但是，除了把自己的发现公之于众外，他不知道该做些什么。西尔弗不但在与同事的闲聊中提及此事，他还举办了一些小型研讨会，向人们展示这些神奇的小黏球。他把自己的发现称之为"一个等待用武之地的解决方案"。

阿瑟·弗赖伊酷爱高尔夫球，而在明尼苏达矿业制造公司工作的一个特殊福利就是公司的私人高尔夫俱乐部塔尔堂公园向全体员工开放，公园藏身于雷克埃尔默的一处占地2900亩的野生动物保护区中，位于明尼苏达州首府圣保罗（St. Paul）以东14千米。弗赖伊加入了公司的高尔夫球联赛，常常轻松悠闲地与俱乐部中的其他员工神侃聊天。他将高尔夫球运动称为"一举数得之事"，"在高尔夫球场上，你需要走走停停，这种自然和谐的步行有助于你的思考，但它同时也是一项社交活动"。弗赖伊认为，高尔夫球运动集户外锻炼、社交活动与接触自然于一身，这使他的大脑保持良好状态，有利于激发创意。（我打高尔夫球也已经三十多年了，我正是用这个理由向妻子解释自己为什么每次要花5个多小时去击打一个小白球。）

1968年，即斯潘塞·西尔弗加入明尼苏达矿业制造公司两年后，在一次原

本平淡无奇的高尔夫球联赛上，弗赖伊回忆道："我正在参加高尔夫球联赛，当打到后九洞的第二洞时，我问一个球友他们部门有没有发生什么新鲜事儿。他说他们部门有一个叫斯潘塞·西尔弗的，这个人造出了一种带黏性的微型小球，它们是些很小的圆球，而且具有黏性，但西尔弗不知道该拿这些小球来粘什么。它们真的很有意思，既不会溶解，也不会融化，就像一串带黏性的小弹珠。"

弗赖伊对这种新型黏合剂充满兴趣。第二天，他参加了明尼苏达矿业制造公司的一场"技术论坛"，这种论坛是由公司组织的圆桌讨论会，旨在促进各项新型研究在不同部门的员工之间传播交流。西尔弗正在那里，他向众人描述自己是如何通过拉大或缩小微型球体之间的距离来改变这种新型黏合剂的黏性。与大多数胶水不同，西尔弗的黏合剂可以重复使用，它能够一直保持黏性，因为这些微型球体并不会受损。西尔弗设想出了一些可能的用途，比如说制作成黏性喷雾剂，或者制作成一种黏性布告栏，以方便人们张贴、撕除各种通知启事。弗赖伊被这种黏合剂的功能深深吸引，但他觉得这些用途并没有什么实际意义，不过他自己一时半会儿也想不出其他的用途。

缓慢的灵感催生伟大的创意

我们总是喜欢那些"灵光乍现"的科学故事，民间也流传着各种各样的逸事传说：在一个温暖的夜晚，艾萨克·牛顿坐在自家院子的苹果树下，突然一个落下的苹果砸在他的头上，他随即悟出了地心引力；托马斯·爱迪生在门洛帕克实验室通宵达旦地工作，走火入魔般地做着各种试验，突然之间，他造出了一个可以持续照明 13.5 小时的新型灯泡；蒂姆·伯纳斯—李正在帮助一些科学家分享数据，一个突如其来的想法瞬间击中了他，万维网随之诞生。

但是，这些故事大都与事实不符。例如，牛顿花费了多年的时间研究地心引力,而且,无论是他本人还是他的传记作者,都没有提到那个砸在他头上的苹果。又比如,世界上第一个白炽灯泡的诞生比爱迪生的发明早了75年,爱迪生的创新之处并非灯泡本身,而是一种钨制的灯丝。蒂姆·伯纳斯—李对有关自己灵光突现发明互联网的说法感到好笑,这就好比说他"仅仅是将超文本概念、传输控制协议以及域名系统理论三者简单相连,然后'嘀嗒'一声:万维网诞生了"。

现代社会的重要发明,例如汽车、照相机、计算机、轧花机、灯泡、青霉素、缝纫机、蒸汽机、电话、电视机等,都并非一夜间顿悟的结果。它们的出现与改进往往需要几十年或者更长的时间。虽然创新周期变得越来越短,但当今时代最受人关注的发明仍然都是多年酝酿的产物,例如苹果、谷歌或者Facebook。

> 多数情况下,创造发明的出现,并非始于发明家、企业家形成或着手实施自己的绝妙想法之时,而是始于他们的儿童时代。从那时开始,他们就在为自己将来的独到眼光积累创造性的基础。

史蒂文·约翰逊(Steven Johnson)在他的经典之作《伟大创意的诞生》[①]中指出,一般而言,重要的发现都并非出自精心的计算筹划,严格刻板的分析手段无法激发创造性的思维。相反,在各种科学发现中,直觉扮演着主要角色。但是,这种直觉的表现方式是循序渐进,而非突如其来。正如约翰逊在书中的概括:"快速的直觉判断尽管有一定的力量,但它们几乎难以产生改变世界的伟大创意。"

约翰逊对创新思维的描述与弗赖伊、西尔弗在明尼苏达矿业制造公司的说

---

① 史蒂文·约翰逊被誉为"科技界的达尔文",他的《伟大创意的诞生:创新自然史》(Where Good Ideas Come From)中文简体字版已由湛庐文化策划、浙江人民出版社出版。——编者注

法如出一辙:"一开始,他们只有一种模糊不清、难以名状的感觉,觉得这是个有意思的解决方案,只不过他们还不清楚它到底可以用来解决什么问题。这些想法逗留在他们的大脑深处,挥之不去,有时甚至持续数十年的时间。在此期间,他们不断建立各种新的关联,一步步地增强力量。"创新思维并非演绎推理。科学发明者的工作类似于面对火灾的消防指挥员或者对棋局分布进行"组块"(chunking)处理的象棋大师,只不过他们的速度慢了几百万倍。虽然新的科技创意几乎是奇迹般无意识地显现,甚至在人们的梦中出现,但它们的酝酿过程却极其缓慢。史蒂文·约翰逊为这种渐进式的直觉取了一个完美的名字:"慢直觉"(slow hunch)。

高尔夫球场上的闲聊让阿瑟·弗赖伊了解到斯潘塞·西尔弗的研究成果,但在接下来的5年里,这种黏性的丙烯酸球仍然只是明尼苏达矿业制造公司的一个内部发现。弗赖伊和他的同事善于推出各种新产品,并且已经为公司想出了数以千计的好点子。此时,他们试图为西尔弗的新型黏合剂找到用武之地,但一直没有进展,直到1973年的一个星期天,弗赖伊突然有了想法:

> 当时我正参加星期天的教堂唱诗活动。就在我准备开唱的时候,我用来留作记号的小书签掉在了地上,这张书签是我在星期三晚上彩排时事先夹好的。结果其他人都在放声高歌,而我不得不尽力翻找歌词所在的页码,这时我希望自己能有一张特殊的书签,它既能粘在纸上,撕掉时又不会把纸张弄破。怎样才能做到这一点?我由此想到了微型丙烯酸球。我记得如果把它们分开的话就不会太黏,因此我们应该可以从中找到某个完美的间距,正好适合做成这种黏性书签。第二天,我找到斯潘塞·西尔弗,从他那里拿回一些样品进行试验,一切就这样开始了。

通过一系列试验,弗赖伊与西尔弗制造出一种新型胶水,它的黏性刚好足够将两张纸粘在一起,你又可以完好无损地把粘好的纸张分开。他们给一张纸条的一端涂上这种胶水，这样一来，带有黏性的一端就可以固定在书页上，突出书外的一端则没有黏性。终于，在等待了5年之后，一个新的产品诞生了：一种可以固定在书本上的书签。

巧妙的创意总是这样姗姗来迟，同时它也容易中途夭折。史蒂文·约翰逊将慢直觉称为"脆弱之物，很容易败给一些更为迫切的日常问题"。这类发现需要人们精心培育。

弗赖伊认为他们的黏性书签已经无可挑剔，他将这个点子告诉了自己的上司，但他们对此缺乏兴趣，并心存疑虑。当时，人们并不觉得普通的书签存在什么问题，而且书签本身的市场也很小。此外，弗赖伊和西尔弗无法控制这种胶水的扩散，因此这种产品样本会在书页上留下一些黏性的残留物，显然，用户并不希望自己的书籍在用过这种书签之后出现书页粘连的现象。弗赖伊和西尔弗又花了一年多的时间来解决这些技术问题，但他们的上司仍然不相信这种书签的年销售额能超过75万美元。的确，这些其貌不扬的小黏纸并不能引起人们的特别兴趣，弗赖伊在唱诗班中闪现的灵光顿时变得暗淡起来。

如果这一切发生在其他公司，弗赖伊的上司很可能会终止这个项目。它是一次失败的尝试，是一个错误。但是，明尼苏达矿业制造公司有一种支持型的文化，它鼓励自己的员工用15%的时间去做任何想做的事情。公司管理层懂得培育新产品的重要性，即便它们并没有获得成功。

这种家庭式文化的创造者是威廉·麦克奈特（William McKnight），明尼苏达矿业制造公司极具远见卓识的领导人。麦克奈特在1929年股市崩盘前的三个月出任公司总裁。对于任何一个走马上任的公司总裁来说，这都是最为糟糕的时刻。然而，麦克奈特将"大萧条"视为一个契机，认为它能够激发创新与成长。他明确表示，"公司母亲"将会精心照顾她的子女。通过多年的努力，他建立了一套"麦克奈特原则",这套原则虽然是半个多世纪之前的产物,但它听起来就像出自今人之口,仿佛是当今某家新兴公司的首席技术执行官所发表的鼓舞人心的演说:

> 随着业务的增长,我们必须将权责下放,鼓励男女员工发挥他们的创造力。这需要有相当的容忍精神。当我们把权责下放之后,好的员工总是希望按照自己的想法来工作。当然,错误是不可避免的,但如果一个人本性不坏,那么从长远来看,他犯的错误就不会太过严重,至少比管理层因为严格规定员工的工作方式而犯下的错误要轻一些。当出现错误的时候,管理层的一味挑剔和百般苛责会扼杀员工的创造力。如果我们希望继续发展,就必须拥有一大批富有创造精神的员工。

在第二次世界大战结束后不久的美国,麦克奈特原则可以算是一个彻彻底底的激进政策。当时的大多数公司都严格地执行着朝九晚五的工作模式,公司的管理人员几乎都是一副蓝西装、白衬衫的标准打扮。

就在斯潘塞·西尔弗加入公司的1996年,麦克奈特辞去了总裁的职务,但他所创立的文化薪火相传,成为公司的一个重要特征。弗赖伊和西尔弗都是好员工,而且富于创造力,他们的上司充分信任他们,给了他们很多职权,并允许他们犯错,即便他们将数年的时间花费在这种黏性书签上。明尼苏达矿业制造公司的员工懂得这种信任的价值,他们投桃报李,回赠以持续的努力与专注的精神。

决策中的定势效应

在德语中,"einstellung"一词的意思是"定势",它指的是一种墨守成规的倾向。我们常常固守自己一贯的行为方式和思维习惯,即使我们眼前有更好的选择。但是,杰出的创新者能够巧妙地克服这种定势效应,例如阿瑟·弗赖伊、斯潘塞·西尔弗、牛顿、爱迪生以及史蒂夫·乔布斯。他们遵循的理念正是苹果公司的早期宣传口号：非同凡想。他们的思维天马行空，毫无套路可循。

为了了解定势效应会对思维创新产生怎样的影响，同时也为了帮助我们进一步理解黏性书签的故事，我们不妨重新拜访一下彼得·麦克劳德，这位牛津大学的神经学家曾经告诉我们出色的板球击球手是如何等到最后一刻才出手击球。麦克劳德（顺便提一下，他也是一位严重的拖延者）与另外两名科学家梅里美·比拉里克（Merim Bilalíc）、费尔南德·戈贝特（Fernand Gobet）一直试图厘清决策过程中定势效应的产生原因。他们的结论对几乎任何领域的创新发现都有重要的启发，无论是科学、政治还是商业，但他们的研究却是从国际象棋入手。

棋局定势

麦克劳德和他的同事设计了一个只需三步就可将死对方的棋局（见图13-1），不过这三步棋的下法有悖常规，需要棋手动用创新思维，而我们大多数人根本想不出这三步妙招。

这一制胜策略包括三次移动皇后：首先，将对方的国王逼近角落；然后，把皇后移到一个关键的位置，此时，虽然对方的一个兵对你的皇后构成威胁，但它却不能吃掉皇后，因为这将导致角落里的国王暴露于棋盘对角附近的象的攻击之下；最后，把兵吃掉，实施最后一将。

> 首先，将白方皇后移到"e6"实施将军。此时，黑方国王只能躲进角落（它不能走到"f8"，因为白方的马会吃掉"h7"的兵，并实施将军）。然后，再将白方皇后移到"h6"。此时，黑方的兵不能吃掉白方皇后，因为这将导致黑方国王暴露于白方的象的攻击之下。下到这里，黑方已经走投无路：无论它如何应对，白方皇后接下来都能通过吃掉一个兵来将

死黑方国王。(即 1. Qe6+ Kh8 2. Qh6! Rd7 3. Qxh7 mate, 或 2. ...Kg8 3. Qxg7 mate）

图 13-1　三步法的棋局

他们请来不同水平的棋手来下这盘棋。虽然多数普通棋友都看不出这出人意料的三步法，但专业棋手往往能想到这一点。那些顶级水平的棋手，例如象棋大师或者候补大师，无一例外地发现了三步绝杀的策略，而且平均只用时 37 秒。

接着，麦克劳德将棋局稍作改动，他只移动了一个棋子，即棋盘上圈起来的"象"，这样一来，虽然三步法仍然有效，但同时多出了一种五步将死的方法（见图 13-2）。

五步将死的方法是：首先，白方皇后同样移至 e6，将黑方国王逼进角落。然后白方的马移至 f7，再次将军。黑方国王别无选择，只能重新回到 g8。接下来，白方的马移至 h6，将黑方国王暴露于白方皇后的将军威胁之下，而当黑方国王再度退回角落之后，白方皇后再移至其右侧进行将军。这样一来，黑方的车不得不吃掉白方皇后，这导致黑方国王被困于角落，或者说被己方的棋子"闷死"。最后，白方的马再度移回 f7，将死对方。（即：1. Qe6+ Kh8 2. Nf7+ Kg8 3. Nh6++ Kh8 4. Qg8+ Rxg8 5. Nf7 mate）

图 13-2　三步法与五步法共存的棋局

在这个棋局中,三步法与五步法都能奏效。但是,在上一个棋局中,五步法却无法成功,因为黑方的象占据着 f7 的位置,白方的马无法移到这个点上。

我们大多数人同样看不出这样的五步法,这是一种"闷杀"战术,即国王被己方的棋子包围而动弹不得。但对于大师级的棋手来说,这是一种常用战术,而且屡试不爽。他们深谙其道。

研究人员重新找来一批棋手,要求他们找出最快的制胜之策,结果出现了一种奇怪的现象:专业棋手能够很快想到五步法,但却无法看出三步法。没有一位候补象棋大师发现三步法,而大师级的棋手中也只有 18% 的人做到这一点。即便是那些最高水平的棋手,比如说世界级大师,也只有一半人发现了三步绝杀的战术。

还有一件令人奇怪的事情:即使麦克劳德将棋局摆回最初的样子,那些没有看出三步法的专业棋手仍然很难发现它的存在,尽管此时五步法已经行不通。可见,曾经熟悉的五步法对他们的思考产生了负面影响,这种影响潜伏在脑中,幽灵般地制约着他们求新求异的能力。有些专业棋手最终还是看出了三步绝杀的策略,但相比于那些从未想过五步法的棋手,他们花的时间要多出一倍。看过五步法的棋手被自己的思维束缚了手脚。

我们通常将象棋视为一种极具创造性的才智游戏，它需要惊人的脑力活动和创新思维。然而，面对习以为常的局面，即便是象棋大师也容易受到定势效应影响。五步法是棋手们习惯的套路，就像一个可以预知结果的方法。当专业棋手面对这种棋局时，他们本能地知道自己的选择，因为他们曾经见过类似的棋局。然而，这种定势效应会一直保留，即使他们面临一种新的局面。麦克劳德认为，定势效应会产生持续的影响，它"会继续干扰专业棋手的思维，甚至在它被消除之后"。

> 对于创新而言，最大的挑战是：尽管我们认为自己已经尽了一切力量来避免定势效应，但它依然存在。

专业棋手告诉麦克劳德说，他们的视野范围是整个棋盘。他们坚持表示自己斟酌了每个棋子的可能性，力图找出别具一格的战术策略。他们完全相信自己正在寻找一种富有创意的制胜之道。

但麦克劳德是个具有怀疑精神的人，在这一点上，他与研究心率变异性与情绪健康的精神病学家史蒂芬·波吉斯是同类人。这些科学家更关注人们的实际行为，而非他们的主观说法。

因此，麦克劳德决定对棋手们的眼球运动进行精确跟踪，以确定棋手重点关注的棋盘位置。结果发现，他们的关注方位与他们是否接触过五步法有直接的关系。如果一个棋手事先没有接触过五步法的棋局，他的目光会环顾整个棋盘，然后停留在与三步法有密切关系的棋格之上。但事先接触过五步法的棋手却只瞩目与五步法相关的棋格和棋子。他们没有关注与三步法相关的棋格，尽管他们自己不这么想。

麦克劳德和他的同事得出结论："眼球运动的数据证实，某种思维模式一旦

慢直觉，历经数十年累积换来最后的高潮 13

被激活，往往会抑制其他思维模式的生成。"这些聪明绝顶的象棋大师认为自己眼观六路，无所不察，而非仅仅关注与惯用套路相关的棋格。他们坚称自己最大限度地保持着创新、开放的头脑，但他们的眼球却没有相应的移动。

抵御定势效应

有两种方法可以帮助我们抵御定势效应的侵害，保护脆弱无比的创新意识。**一是避免舒适安逸的已知环境，或者至少能够清醒地意识到它们的潜在缺陷。**正是出于这一原因，许多组织机构都要求员工每两年轮一次岗，其中包括不少成功的科技公司和富有创新精神的政府部门。也正是出于同样的原因，这些组织机构愿意资助纯理论的研究与开发，它们让一部分员工超脱于季度利润的短期压力，并鼓励自己的员工将15%的时间花在新鲜事物的研究上。它们的目标是促使员工走出自己的舒适地带。正如约翰·梅纳德·凯恩斯（John Maynard Keynes）所言："真正的难题并不是创造新想法，而是逃避旧观念，对在固有环境下长大的大多数人来说，这些旧观念枝权纵横……延伸进我们头脑中的每个角落。"

抵御定势效应的第二个方法是让具有不同视野、观点的员工参与到工作项目之中。这就是为什么一些公司要求员工相互进行信息"杂交"的原因：通过与其他部门分享信息，来自不同专业领域的员工往往能从新的视角审视彼此的观点。也正因如此,多元化现象才会变得如此流行,这不仅表现在社会政策方面,也适用于商业创新。出于同样的原因，许多新兴的公司都设有开放式的办公室，以增加不同见解的员工之间的接触机会，而这也是明尼苏达矿业制造公司设立研究小组、举办技术论坛以及组织高尔夫球联赛的原因所在。

面对熟悉的棋局时，棋手可以有意地尝试其他的下法，以便将定势效应的负面影响降到最低。此外，他也可以经常与不同棋风的对手对弈。其中一些方法要求棋手在比赛中采取快速行动，而另一些方法则可以慢火细炖，例如棋手往往会用多年的时间分析棋赛。

今天，许多头脑精明的商界领袖都会采用一种"快慢结合"的方法来抵御定势效应的危险，即便他们自己并没有听过这个术语。比如，一些科技公司举办"编程马拉松"（hackathon）活动，即在正常的工作日程之外定期给予员工一到两天的放松时间，让他们聚在一起讨论新想法和新产品。编程马拉松往往能将短期关注和长期思考结合起来：虽然事件本身都是短暂的，但它也许是前几个月的预期结果，并会对接下来的几个月产生各种影响。"编程马拉松"能够帮助公司的工程师和程序员发现更好的选择，并有可能带来重大的创新，例如 Twitter 的最初构想就源自一次编程马拉松。

电子商务中消费心理定势的妙用

无独有偶，一些在线零售商通过网络之力来防止凯恩斯所说的"旧观念的延伸"。例如人气超高的免费个性化导购网站"Shop It To Me"会及时听取、采纳顾客的建议，不断调整自己的网站内容和邮件信息，以确定顾客所钟爱的商品特点。比如他们会问顾客：你是否需要重新设置选项，以便在某款裙子上市时能够立刻收到消息？你是否愿意设定购物的最高价格或者最低折扣？你希望何时收到通知？

"Shop It To Me"公司会开展一系列的快速试验，有的只持续几分钟的时间，这样他们就能精确地测试出某种变化所带来的单一影响。针对顾客表达的想法，他们还会从反面进行测试。如果你要求更多的搜索选项，公司可能会提供给你更多的选项，但他们也会测试你在选项较少的情况下所做的决定。"Shop It To Me"的员工已经发现，我们常常心口不一，嘴上说想要 A，其实心里头喜欢 B。通过经年累月的

THE ART
AND
SCIENCE OF DELAY

数据评估，他们对消费者的行为有了更为全面和透彻的了解，而不仅仅关注他们的表面想法。"Shop It To Me"的高明之处在于，它鼓励不同类型的客户群体踊跃发表创造性的反馈意见，然后通过观察和调整，战略性地放慢反应的节奏，以便用较长的时间做出更好的决策，从而为客户服务。这种"快慢结合"的方法与军事领域的OODA环有着异曲同工之处，它也的确行之有效：截至2012年年初，"Shop It To Me"的注册用户已经超过450万。

阿瑟·弗赖伊继续冥思苦想，希望为西尔弗的黏性小球找到其他用途，但就在此时，明尼苏达矿业制造公司的员工们开始在日常工作中使用这种黏性纸条。其中有些人把它们用作书签，就像弗赖伊曾经设想的那样，但另一些人的想法却不一样，他们并没有先入为主地将这些黏性纸条视作书签，而是赋予了它们广泛的用途。他们在黏性纸条上写字，用来向老板传递消息，他们的老板也以同样的方式做出回复。在他们的传播下，其他员工也开始用黏性书签的样品来给自己或别人写便条。由于明尼苏达矿业制造公司开放性的文化环境，这一消息立刻不胫而走。

弗赖伊逐渐发现，公司的每个办公室里都晃动着黏性小纸条的身影，它们被粘在办公桌上，或者贴在日历上面。正是这些与黏性便签的研究开发毫无关系的员工看到了弗赖伊未曾发现的"杀招"。多年以来，他和西尔弗所看到的只是黏性书签，最终，凭借同事的帮助以及自己的虚心，他们创造出了一个新产品。弗赖伊解释道："它不再是一个书签，而是一张便签。这就是创意。就压敏黏合剂的应用领域而言，它是一个全新的概念。这就像是点石成金。"

又经过几年的努力，直到1977年，弗赖伊成功地说服了他的上司，让他们相信黏性便签具有足够的商业潜力，可以开展市场调研。他们将其称为"N

次贴",并针对四个主要城市的潜在客户进行了调查,结果反响平平,他们的想法又一次遭受重创。公司管理层继续将这些纸条视作书签,但弗赖伊仍然坚持不懈。

与此同时,明尼苏达矿业制造公司的员工对这种黏性便签已经爱不释手,弗赖伊给他们的产品样本总是不够用。开始时,弗赖伊每次只提供一本便签,这样他就可以跟踪便签的使用数量。根据他的数据,公司每位内部员工的年使用量在 7~20 本之间。很快,员工的需求量变得越来越大。在公司的过道上,盛满便签的货盘堆积如山。相比之下,公司客户每年所使用的粘扣带(即魔术贴,一种利润丰厚的大众商品)大概只有一卷。弗赖伊从中看到了黏性便签的巨大潜力,他拒绝放弃自己的努力。

又过了一年,弗赖伊说服上司进行最后一次市场调研。他们决定在某个城市中广泛分发样品,看看这些黏性便签是否会像在公司内部一样流行开来。他们选择了艾奥瓦州的博伊西(Boise),在整个城市中分发黏性便签,他们将此次调研活动称为"博伊西闪电战"。此时,弗赖伊和他的同事已经对黏性便签做了改良,它们形状小巧,颜色偏黄,在大小与质感上无可挑剔,便签上的黏合剂稳固牢靠,不会四处扩散。短短几天之内,这种便签开始风靡全城。在参加了试用活动的博伊西市民中,有 90% 的人表示自己愿意购买这种黏性便签。然而在过去,公司里的每位成员都认为这一创意只不过是平淡无奇之举。

1980 年 4 月 6 日,明尼苏达矿业制造公司的新产品"便利贴"(the post-it)正式登台亮相,此时,距斯潘塞·西尔弗发明黏性小球,以及亚瑟·弗赖伊在高尔夫赛场上的偶然听说已经有 12 年的时间,距离弗赖伊在教堂中想出黏性书签的主意也已 7 年,而明尼苏达矿业制造公司的员工在日常工作中使用这种黏性便签也已有好几年的历史。三十多年后,便利贴已经无处不在,售出量超过了 10 000 亿。

给思想碎片茁壮成长的时间

人们常常把便利贴的发明看成一个"灵光一闪"的科学故事,仿佛它是突然之间冒出的绝妙主意,就像牛顿的苹果或者爱迪生的灯泡。

然而事实并非如此。便利贴的创意不是灵机一动的产物,而是一个漫长的过程,前后持续了十多年的时间,历经了好几个阶段。它是一种"慢灵感"。

便利贴的出现不单单是弗赖伊和西尔弗的功劳,而是多人合力的结果,其中弗赖伊的高尔夫球玩伴和同事扮演了重要的角色。同样,那些并不知道黏性便签最初设计意图的员工也功不可没。这些人并非黏合剂方面的专业人士,他们不受先入之见的干扰。他们拥有全新的眼光,帮助弗赖伊克服了定势效应。

让史蒂文·约翰逊等专家感到忧虑的是,如今不少公司为了获得短期效益,不惜放弃长期创新的模式。即便是那些具有创新文化的公司也开始收回曾经给予员工的自由。谷歌曾经制定了一套"创意休息时间"计划,允许工程师花20%的工作时间做自己想做的事,在这一点上,它把明尼苏达矿业制造公司15%的自由时间比了下去,而谷歌公司近年推出的产品中有一半多源自这种休息时间:例如谷歌邮箱、谷歌新闻和谷歌地球。但是,谷歌在2011年年底取消了这个计划(尽管它继续通过资助尖端研究机构来寻求创新)。其他企业,比如惠普公司,也对内部的自由时间政策做出了限制。

约翰逊表示:"要产生绝佳的创意,秘诀之一就是创建一个合适的工作环境,让各种思想碎片拥有茁壮成长的时间,但这显然给充斥着时间期限、季度报告和年度考核的现代工作环境提出了难题。"如果一位员工想出了一个产品创意,而这个创意至少需要花费十年的时间才能产生利润,恐怕没有多少公司总裁会以青眼视之。然而,明尼苏达矿业制造公司曾经就有这样一位具有远见卓识的领导。

急功近利的文化让企业损失了什么

2001年,就在安然公司倒闭后不久,明尼苏达矿业制造公司聘请詹姆斯·迈克纳尼出任公司的新老总。此前,迈克纳尼是通用电气公司的一名高管,但在取代杰克·韦尔奇(Jack Welch)出任通用电气首席执行官的竞争中败下阵来。迈克纳尼被公认为一位成功的职业管理人,但他不是一个研究者,也不是一位能工巧匠。迈克纳尼通过实施"六西格玛"(six sigma)管理法来削减成本,提高效率。在他上任的头两年,明尼苏达矿业制造公司裁减了将近1万个岗位,关闭了12家工厂。它还被更名为"3M公司"。迈克纳尼又花了两年的时间解决效率问题,然后甩手走人,成为波音公司的首席执行官。"公司母亲"的时代结束了。

在迈克纳尼掌舵的4年里,明尼苏达矿业制造公司的企业文化变得更加急功近利。迈克纳尼的继任者乔治·威廉·巴克利(George William Buckley)又削减了6 000个岗位。如今,3M公司的未来领导人除了要面对日益加剧的竞争之外,还要应对更为艰难的经济形势。目前,我们尚不清楚这家公司是否能够在近期利润与长期增长之间达成平衡。想一想公司削减成本的措施,还有多少员工敢随心所欲地追逐自己的梦想?他们是否有足够的时间和支持去发现下一个"便利贴"?他们是否被绑住了手脚,动弹不得?

当然,3M公司里仍然有许多富有创意的员工,公司每年花在研究开发上的资金超过10亿美元,大约占到净销售额的5%。但是,在3M公司的员工中,有多少人拥有像弗赖伊和西尔弗那样的忠诚度？有多少人像他们一样认为自己的工作具有重要而长远的意义？回首过去，弗赖伊将自己研究、发明的各种产品视作自己的家庭成员："这就像看着自己的孩子长大成熟，生活快乐，事业有成。在我化作尘土之后，便利贴依然被人们广为使用，就如同我的一部分生命得到了延续。"

在弗赖伊、西尔弗等人的记忆里，明尼苏达矿业制造公司就像一个大家庭，他们在谈到自己的工作时，也常常会使用"孩子"这个词。这些都不是巧合。从孩童时代开始，他们就开始了创新的旅程，而且从来没有丧失天真烂漫的童心。弗赖伊一直记得用废弃木料制作平底雪橇的往事，西尔弗也从未停止过画画。**像孩子那样思考是创意革新的法宝。**

每一位创新者都有一个尽情嬉戏、大胆实验的童年。史蒂夫·乔布斯曾经回忆说，在他五六岁的时候，他的养父送给他一张工作台和一些工具，"它们占据了我大量的时间……教会我如何做手工活，如何把东西拆开，再把它们组装起来"。谷歌创始人之一拉里·佩奇（Larry Page）讲过类似的故事，他从小在一个满是电脑和配件的屋子里长大，他的哥哥常常向他展示这些东西的工作原理。苹果公司成立于1976年，谷歌在1996年问世，但其实它们在很早以前就已经萌芽。

在创意革新的历史上，最具争议的故事之一就是约瑟夫·普里斯特利（Joseph Priestley）"发现"氧气。一些历史学家指出，普里斯特利是在1774年8月1日突然获得灵感。当时他41岁，正在用凸透镜加热氧化汞，结果产生出一种奇特的"纯"空气。其他人则将氧气的发现归功于卡尔·威廉·舍勒（Carl Wilhelm Scheele）或者安托万·拉瓦锡（Antoine Lavoisier），认为普里斯特利仅仅是踵武前贤。又有一些人指出，氧气的发现是普里斯特利与本杰明·富兰克林合作的结果，普里斯特利对植物光合作用的揭示受到了富兰克林的启发。此外还有一些人认为，当时的一些科技发明，特别是气泵的出现，让普里斯特利能够方便地将空气从罐子中吸进吸出。

但是，大多数人都漏掉了一个细节——普里斯特利的灵感源自他童年时代的一个爱好，他喜欢把蜘蛛、老鼠和青蛙等小动物密封在玻璃罐里，看他们到底能活多久。这个生活在约克郡乡间的男孩看着这些动物窒息而死，他深刻地意识到其中一定隐藏着什么秘密。显然，普里斯特利是一个神童。但是，30年后的他之所以能够在科学领域卓有建树，不仅是因为他的天赋，也应该归功于他儿时的"死亡"玻璃罐。

当成年之后的普里斯特利着手研究植物与空气的关系时，他自然而然地会想到这样一个问题：如果把老鼠放进栽有植物的密闭罐子里，它是否能活得更久一些？当普里斯特利发现植物居然能够延长老鼠的存活时间时，破解氧气的奥秘就只不过是时间问题了。

成年后的普里斯特利之所以会做这些关键性的实验，并不是偶发的灵感使然。它们都是建立在一个近乎偏执的想法之上，这个想法从他11岁开始就已经根植于心，正如史蒂文·约翰逊的总结："大多数绝妙创意的产生过程都和普里斯特利的例子一样，它根植于孩童时代的独特兴趣，挺过了充满打击与失败的青春岁月，最后，在它首次扎根的几十年后才绽放出美丽的花朵。"创新看上去似乎应该像电光石火，一触即发，但真实情况远非如此。

⌛ ⌛ ⌛

也许就在某个地方，有一个小孩正在琢磨某个想法，这个想法最终可能成长为极其重要的发现，就像地心引力、氧气，或者像便利贴这样的大众用品。此时此刻，这一发现背后的想法还没有完全成形，它只是小孩头脑深处的一个模糊概念，在他玩电子游戏、观察家中的宠物狗，或者修复损坏的玩具时隐约出现。如果这个发现最终成为现实，它也并不是像一个灯泡那样被突然点亮，而是几十年的漫长岁月积淀的结果。

这个小孩是否能够获得成功，不仅仅取决于他的天赋。他是否能像阿瑟·弗赖伊和斯潘塞·西尔弗一样，拥有循循善诱的老师和家人，激励他发挥创造性的思维，这一点也至关重要。他的成功有待于一个开放的工作环境，一个能够让他打破思维定势并鼓励他与同事分享观点的公司或者研究机构。他需要遇到一些眼光长远的导师和老板，他们能够忽略季度和年度的业绩目标，无视短期的绩效考核与奖励，全力支持新想法、新思维，即使无法立刻确定它是否可以带来效益。他需要长期浸润在创新文化之中，不断完善自己的想法，这种完善不仅仅是几小时或者几天的事情，而是几个月，甚至几年。

WAIT
THE ART AND SCIENCE OF DELAY

- 瞬间爆发的创造力源于经年累月积淀的思想碎片。
- 克服思维定势，给思想碎片留足茁壮成长的时间。
- 提供一个创新的工作环境，静待伟大创意的诞生。

The

amount of time we

take to

reflect on decisions

will define

who we are.

用多少时间进行思考，
决定了我们到底是个怎样的人。

THE ART
AND
SCIENCE OF DELAY

等待，等多久才对

WAIT 慢决策

生活中的许多重大问题都需要从长计议。那么，我们应该如何制定有关幸福、健康、安全以及福利的决策？我们应该投入怎样的行动，去维护地球的生存环境，造福子孙后代？我们应该如何看待人生的价值？乍看起来，这些问题与击剑运动、鸽子实验或者发现氧气等故事毫不相干，但事实上，对短期决策的了解可以帮助我们应对更为全面、深刻的宏观问题，就像一滴水可以照见大海。

这些宏大的论题也同样是耐心的试金石，我们很难长时间地思考它们。这些问题既抽象又复杂，答案也往往模糊不清，徒乱人意。我们很少能为这些问题找到明确的答案，回答这些问题的方法常常是提出更多的问题。由于现代生活节奏日益加快，我们不再长时间地进行这样的思考，相反，我们青睐迅速、明确的回应。我们就像一位赛跑选手，平时只锻炼快肌纤维而忽视慢肌纤维，却试图参加马拉松比赛。我们许多人缺乏深谋远虑。

国家发展的长期与短期考量

2008年2月，雷曼兄弟公司倒闭前7个月，派头十足的法国总统尼古拉·萨

等待，等多久才对 14

萨科齐邀请经济学家约瑟夫·斯蒂格利茨、阿玛蒂亚·森（Amartya Sen）以及让—保罗·菲图西（Jean Paul Fitoussi）组建一个委员会，专门研究将国内生产总值（以下简称 GDP）作为衡量国家经济状况的最佳指标所存在的缺陷。正如这位来自保守党派的法国总统所说："我感到一种迫切的需要，即抛弃束缚我们思想行动的观念与教条，这些东西只会让我们自欺欺人。"

GDP 是一个国家一年之内全部生产活动的价值总额。当我们说"中国正在发展"或者"美国正在衰退"时，其真正的意思是"中国的 GDP 在增长"或者"美国的 GDP 正在下降"。萨科齐总统表示，他希望用一种更好的社会发展衡量指标来取代 GDP。一些批评人士指责萨科齐是在哗众取宠，认为他表面上声称世界需要一种衡量幸福的新指标，实则借机转移视线，让法国的经济状况看起来不那么糟糕。无论怎么看，成立这样一个新委员会都是颇具争议的举动。萨科齐恳请斯蒂格利茨主持大局。

此时的斯蒂格利茨已经不再是那个等着朋友乔治·阿克尔洛夫从印度给他邮寄箱子的学术新人了，他一路走来，已经结出累累硕果。1979 年，他获得了约翰·贝茨·克拉克奖（John Bates Clark Medal），这一奖项每两年评选一次，专门授予 40 岁以下的美国顶尖经济学家。他先后任教于哥伦比亚大学、杜克大学、牛津大学、普林斯顿大学、斯坦福大学以及耶鲁大学。他曾是世界银行的首席经济学家，并出任过克林顿总统经济顾问委员会主席。他还曾获得诺贝尔经济学奖。

同时，斯蒂格利茨对他自己所说的"衡量方式的问题"已经开展了几十年的研究。萨科齐总统的委任与他和同事的长期思考不谋而合。他告诉我说："我们的研究始于 20 世纪 90 年代初，旨在让美国政府关注'绿色 GDP'。我们知道这不是一蹴而就的事情。我们也知道，衡量方式本身并不会改变人们的行为，但这一进程将最终开启改变之路，因为它会影响人们的认知，改变人们对事物的看法。任何一种观念经过15年或20年的流行，最终都会成为集体意识的一部分。"

GDP数据忽略了许多重要因素，至少到目前为止，这些因素都没有被纳入我们的考量范围。它们无视日常闲暇和生活质量。它们不考虑"外部效应"（这个经济学名词指的是一个人的行为对其他人造成的负面影响，比如排放污染）。它们也无法解决社会不公的问题。GDP数据也许可以说明一个国家的财富正在增加，但贫困现象与收入差距也可能在同时加剧。

针对这些问题，斯蒂格利茨委员会提出了一些建议。他们的研究报告认为，除了经济生产之外，我们还应该衡量健康、教育、政治表达以及社会关系等各个方面。我们应该关注社会不公和环境保护。我们不但要考察经济增长的客观指标，同时也要采用针对生活质量的主观调查。我们衡量的对象是幸福，而不仅仅是产品。不过，这种转变恐怕需要几十年的时间才能实现。

这份报告在问世之初赢得了一片掌声，各大新闻媒体竞相报道，政治家们也把它挂在嘴边。萨科齐再次强调，这一变革具有本质意义，它提出了一个永恒不变的承诺："我们所建立的文明，取决于我们自己衡量幸福的标准，因为它改变了我们赋予事物的价值。它并不是供求关系瞬时对抗的产物。"萨科齐的豪言壮语令世界各地的人们激动不已，他们不约而同地将目光投向自己的长远未来。但这种局面只维持了一小会儿。

不久之后，欧洲金融危机席卷而来。到2012年，随着市场的崩溃，萨科齐曾经呼吁人们弃置一旁的数字指标已经成为大众目光聚集的对象。媒体和公众目不转睛地看着这些数字暴跌不止，就像看着直线上升的谋杀率，或突然下滑的数学成绩。GDP的增长率不断下降，失业率飞速上升，就连法国的AAA级信贷评级也被下调。转瞬之间，萨科齐面临一个迫在眉睫的危机，它比用漫长的时间寻找一种衡量幸福感的评估方法要紧急得多：对于已经困难重重的总统连任竞选，这些数字无异于雪上加霜。对幸福感的评估退居次要地位。与此同时，在美国，"幸福指数"的问题甚至从未被纳入有关GDP指标的讨论之中。

如今，包括萨科齐在内，几乎没有政治家再谈论取代GDP指标的长远计划，相反，所有人都把注意力集中到如何在短期内提高GDP的问题上。**虽然我们提出的是一个长期的问题，但却希望得到一个快速的答案。**

关注长期可持续性发展

可持续发展是一个更为长期的概念。这个词听起来就像一个标签，让人想起20世纪60年代身穿扎染衬衫、拥抱树木的嬉皮士们。但是，可持续发展并不是一种左倾观点，也不涉及党派之争，即便我们所谈论的就是环境问题。这个问题其实非常简单：短期的收入与财富水平是否可以长期地维持下去。

如果我们只关心一年后的行为后果，我们会立刻将所有森林夷为平地。但如果考虑范围扩大到未来的几十年，我们现在就只能砍伐一部分森林，而且还要根据砍伐的数量定期补种。我们之所以这样做，并不一定是因为我们热爱树木，而是因为我们考虑到下一代的需求。可持续发展是一种思考未来的务实方法，就像稳健投资与一夕暴富的区别所在。沃伦·巴菲特的投资就是可持续发展的，伯尼·麦道夫则是反面教材。

可持续发展的问题也与GDP指数相关。GDP告诉我们过去一年所取得的成绩，让我们对短期的未来有一定的认知。但是，它丝毫没有反映任何长期的问题。它并没有告诉我们一个国家的国民是否在过度挥霍现有的财富，他们是否有足够的资源与人力满足未来几十年的需求。它无法预测一个国家的交通运输系统和技术基础建设能够维持多久，或者下一代劳动者是否能获得足够的教育与培训。过度强调 GDP 指数就像是驾车狂奔,只在乎速度;可持续发展则要求你考虑油箱里还有多少存油,或者当你面临曲折的弯道时是否需要调整自己的车位。

今天的享受与明日的幸福

在个人生活中,我们常常会因为过度关注短期利益而忽视未来的幸福,比如酗酒抽烟、沉湎赌博,或者暴饮暴食。其实,可持续发展面临的也是同样的挑战,只不过它关注的时间更长,涉及的范围也更广。今天的享受看上去比明天的幸福更为重要,于是我们往往选择今朝有酒今朝醉。正如我们已经看到的,无论是人类还是动物(例如鸽子),都存在着这样的问题,而其中的关键变量是:折现率。

和我们所有人一样,政策制定者采用的折现率往往很高,特别是短期折现率。我们曾经说过,折现率是未来的收益和成本与目前的收益和成本之间的比率。政府将未来收益与成本折算成现值的比率有时被称为"社会折现率",它会极大地影响政府的决策质量。如果社会折现率很高,这意味着决策者不太重视未来的价值。不足为奇的是,由于新闻媒体和选举周期的影响,政治家们往往都更加看重眼前,而忽视长远。

延迟视窗

你打算为防洪减灾投资多少

20 年来,美国行政管理和预算局为针对社会公众的投资管理计划设置了一个 7% 的"基准折现率"。与此同时,联邦政府的其他部门采用的是接近 1% 的社会折现率,例如美国审计署和美国国会预算局。然而,对于许多政府决策而言,7% 与 1% 之间的差别犹如天堂与地狱。

等待，等多久才对 14

举例而言，对于防洪减灾计划的项目申请，比如说修建水坝、防洪堤以及翻修房屋，美国联邦紧急事务管理署要求申请者对未来收益的分析必须以美国行政管理和预算局规定的 7% 的折现率为准。然而，由于这些项目的收益需要很长一段时间才能体现出来，一般需要几十年甚至几个世纪，所以，如果折现率太高，这些收益对今天的人们而言就会大打折扣。如果以 1% 的比率计算，100 年后的 100 美元就相当于今天的 37 美元；但以 7% 的比率计算，同样的收益就只相当于今天的 12 美分。安德鲁飓风与卡特里娜飓风的肆虐充分说明了防洪减灾和长远规划的重要性，但是，如果美国联邦紧急措施署（FEMA）采用 7% 的折现率，人们想要申请到基金资助项目几乎是不可能的。因此可以说，我们难以防范未来的洪水。

THE ART AND SCIENCE OF DELAY

为了说明折现率在可持续发展的问题上所扮演的重要角色，我们还可以举一个最为鲜明的例子，就是气候变化。尽管政治家和新闻媒体大肆宣称气候变化之说其实并无实据，对气候变化的真实性表示怀疑，但是，气候变化的关键问题其实是折现率。世界顶尖经济学家认为气候变化将毁灭地球，但他们进一步追问：以今天的角度看，未来全球灾难的成本是多少？学者专家为此展开了一场关于折现率的重量级较量。

交战的一方以伦敦经济学院"格兰瑟姆气候变化与环境研究所"主席尼古拉斯·斯特恩（Nicholas Stern）为领袖。他认为，我们采用的折现率应该控制在 1% 以下的较低水平。斯特恩表示，政府必须采用这种低水平的折现率，并立刻实施一系列意义深远的改革措施，以防止未来的灾难发生。交战的另一方则以耶鲁大学经济学教授威廉·诺德豪斯（William Nordhaus）为首，他认为我们应该采用更高的折现率。与斯特恩一样，诺德豪斯对气候变化的危害性有充分的认识,但他主张采用更高的折现率。他认为,气候变化的威胁虽然存在,但还不足以让今天的我们为此付出过多的代价。

我们应该相信哪一方?气候变化到底是一个严重的危机,还是一个可以留待子孙后代去解决的普通问题?一旦我们采用较低的折现率,比如说0.5%,那么如果500年后发生一场损失100万亿美元的灾难,就相当于我们今天损失数万亿美元。这意味着我们将愿意投入大笔资金来防止这样的灾难发生。但是,如果我们采用较高的折现率,例如美国行政管理和预算局所设定的7%,那么同样是100万亿的损失只相当于今天的20美分。这意味着,如果让我们在今天的25美分和拯救500年后的世界经济之间做出选择,我们应该选择前者。

面对气候变化的问题,我们不免会遽下结论,就像日常生活中的快速反应。但是,如果我们能更为从容地思考喝酒抽烟、游戏赌博、暴饮暴食等问题,就能更好地度过自己的人生。

 同样的道理,如果我们花更多的时间来考虑可持续发展的问题,整个社会也会变得更加美好。

选择正确的折现率需要的不仅仅是数字计算。它要求我们做出一个根本决定:我们应该在多大程度上为后代着想?从道德的角度看,我们是否应该更加重视今天的人们所享受的福祉,而将还没出生的人先放到一边?如果真是这样,那么我们到底应该如何折算子孙后代的价值?是否真的就如哲学家约翰·罗尔斯(John Rawls)所说,我们拥有这样一种责任:尽量保护社会中的弱势成员,最大限度地提高"贫穷一代"的福祉,无论这一代人生活在今天还是将来。

这些问题都没有简单的答案,至少现在没有。我们所要做的就是持续关注它们,而不能有片刻的分心。其实,这些难题都可以归并为一个更为重要的终极问题：一个人的生命到底价值几何？

为生命定价可行吗

当立法部门和监管机构制定新政策、新规则时，他们显然应该权衡收益与成本。是不是所有的打火机都应该具备预防儿童开启的安全功能？食品标签是不是应该写得更加详细一些？商务客机上应不应该配备紧急水上降落的救生设备？汽车和工厂是否应该减少碳排放？政府官员应该根据其中的利弊来做出决定。

这种做法不可避免地要求我们给生命定价：我们到底应该花多少钱来拯救一个濒临死亡的人？拯救一个人的生命到底价值几何？

政府部门每天都在回答这些看似无解的哲学问题，而且它们的做法与美国行政管理和预算局如出一辙：提出一个明确的数字。今天，他们将一个人的生命价值定在 700 万～900 万美元。

为什么是 700 万～900 万呢？为什么不可以是别的数字，比如说"4 200 万"？一些聪明的经济学家根据我们对风险行为的选择来估算一个人的生命价值，比如吸烟、驾车、食用未熟的肉类，或者从事高风险的职业。正如亚当·斯密所言，人们的工资反映了一种折中现象，它取决于"工作的容易或困难，清洁或肮脏，体面或不体面"。如今，已经有一百多项研究试图根据我们在个人决定中所赋予自身的价值来确定一个人的生命价值。

计算一个人的生命价值的方法之一，是看高危行业的工人能比一般人多赚多少钱。如果煤矿工作比更加安全的办公室工作每年要多赚 1 万美元，而煤矿工人死于工作岗位的概率要高出 1%，一些经济学家就会认为，这一折中现象说明一个人的生命价值为100万美元。他们认为,对于一位煤矿工人而言,他在工作中所付出的额外成本(即100万美元×1%,即1万美元)反映在他所获得的额外报酬之中。

还有一种根据我们的行为来为生命定价的方法。我们究竟愿意为产品的安全性能花费多少资金,比如说买自行车头盔或者安装汽车防抱死系统?如果我们选择高速驾驶,而这样做会增加车毁人亡的风险,那么我们到底会飙到多少码? 1987年,美国政府允许各州将汽车的最高时速从55英里提高到65英里,许多州都照章执行,这使得司机的平均时速提高了2英里。但是,虽然这节省了开车时间,但事故死亡率却上升了大约三分之一。总体而言,我们每节省12.5万小时的驾驶时间,就要为此丧失一条生命。如果以平均工资计算,这种时间节省与死亡风险之间的权衡折中表明,各州决策部门认为一个人的生命价值在150万美元左右。如今,英国正在考虑将高速公路的最高时速从70英里提高到80英里,这一调整将导致更多的人死于车祸,同时,它也反映出在管理者眼中一个人的生命到底值多少钱。

不过,这些研究都存在一定的问题和偏见,尤其是在计算某一生命个体的具体价值时,这些方法会引来极大的争议,因为它们都是一些泛泛的原则。面对身患绝症的老人和身体健康的儿童,我们是否应该赋予他们同等的价值?我们是否应该让医学专家根据我们的健康状况和死亡概率来调整我们的生命价值?对于这些问题,我们目前还没有最佳解决方案,但是多年以来,研究者已经达成了一个共识:150万美元显然远远不够。以范德堡大学基普·维斯库西(Kip Viscusi)教授为代表的不少知名经济学家力图说服政府部门提高生命的价值标准,而且政府部门也已经开始这样做了。2011年,美国环境保护局认定一个人的生命价值为910万美元,美国食品和药物管理局的数字是790万美元,美国交通部是600万美元左右。其中哪个数字是正确的呢?

问题其实并没有那么简单。即便我们认定一个现代人的生命价值为 700 万~900 万美元,那么将来的人们又值多少钱呢?如果某项政策的实施会将未来几代人置于风险之下,我们应该用什么样的折现率来计算他们的价值呢?是像一些经济学家所建议的那样设定在 3%~5% 之间,还是采用美国行政管理和预算局的高折现率 7%?或者控制在 1% 以下的低水平?

正如我们从折现率与气候变化的争论中所看到的,这些比率的设定似乎非常随意,但它们产生的结果却大相径庭。如果一个人的生命值 800 万美元,那么我们今天到底应该投入多少资金,来预防 500 年后一场将导致 100 亿人死亡的灾难事件?如果采用 7% 的折现率,这笔费用就小得出奇:162.63 美元;但如果使用一个较低的折现率,这个数字又大得惊人,这一整页都装不下那么多的零。

那些涉及国计民生的方针决策,例如经济、就业、医疗、国防、环境以及外交关系,都需要一批头脑清醒的人用较长的时间进行战略性的思考。我们需要几年的时间才能在 GDP 之外建立一套有关幸福健康、安全福利的衡量指标,还要花更长的时间来了解保护地球的具体措施。

我们可能永远都无法为未来人们的生命价值定出一个具体的数字。但是,如果我们用足够长的时间来探讨这些与生命相关的重大问题,我们终将收获更好的答案。

面对这些百年大计,我们应该和面对短期决策一样,采用相同的两步法原则。正如我们在前文中所看到的,这种两步法对短期决策十分有效。

第一步,对决策所需的具体时间进行估算。对重大问题而言,这段时间可能长达 10 年或 20 年。我们可能要为此展开一场公共辩论,专门探讨要用多长的时间进行决策，以及到底应该如何回答这些问题。美国民众可以将这种辩论作为主要选举周期的一项内容。

第二步，聘请和鼓励一批专家在这段时间内对这一问题进行充分研究，但要告知他们：不到最后一刻请不要得出结论。政府可以开展一系列长期研究项目，旨在通过两步法的策略解决关系国计民生的政策问题。为了避免产生懈怠情绪，我们可以在这些项目中嵌入一系列的短期问题。但无论哪种情况，我们都应该等到最后时刻再做出决定。

我们应该等待多久？

科幻作家道格拉斯·亚当斯曾说过一句著名的话："有关生命、宇宙和世间万物的终极答案是……42。"我们希望自己的每个决策也有如此清晰明确的答案——面对网球发球或者高频交易，我们在做出反应之前到底应该等待多少毫秒？我们初次约会的时间有没有一个精确的长度？犯错与道歉之间的最佳时间间隔又是多少？

然而，智慧往往与明确的答案无关，更重要的是问出正确的问题。人们在看《银河系漫游指南》时所犯的一个错误是，没有人能记住这个正确的问题。

"我们应该等待多久？"

当我们针对各种不同类型的决策反复问出这个问题时，我们发现无论决策所需的时间是长是短，它们都有一个类似的最佳决策模式。就决策的原则而言，毫秒之间的决策模式（例如棒球击球手的"看球—准备—击球"）与以秒计算的决策模式（例如战斗机飞行员所遵循的"观察—调整—决策—行动"）相差无几，同样，以分钟计算或者经年累月的决策也是如此。

> **WAIT** THE ART AND SCIENCE OF DELAY ｜无论时间长短，最佳决策的核心元素都是人们对延迟的管理能力。

这种超越时间界限的同一性表明，我们决策行为中的某些方面具有一种普遍性，它们甚至是人类的根本属性。我们天生倾向于快速反应，而现代社会助长了这种天性，引诱我们对各种信息和要求做出即时反应。但是通常而言，如果我们能够抵制生理与技术两方面的压力，就能有更佳的表现，正如耶鲁大学心理学家罗伯特·斯滕伯格（Robert J.Sternberg）所言："看起来，智慧的精髓就在于知道何时该快，何时该慢。"

罗伯塔·沃尔斯泰特（Roberta Wohlstetter）的《珍珠港：警告与决策》（Pearl Harbor: Warning and Decision）是一本探讨决策问题的力作。在书中，沃尔斯泰特主要关注的是人们应该如何应对未来的不确定性，并由此间接地讨论了延迟的问题。在这部经典之作的序言中，获得过诺贝尔经济学奖的哈佛大学教授托马斯·谢林（Thomas Schelling）写道："当我们制定计划的时候，总是倾向于将不熟悉的事情认定为不可能发生的事情。我们习惯于忽视那些偶然事件，它们总是显得那么奇怪；而奇怪的事情又被认为是不可能发生的事情；既然这些事情不可能发生，那么当然就不需要认真对待。"

这些被忽视的突发事件就是美国前国防部长唐纳德·拉姆斯菲尔德（Donald Rumsfeld）所说的"未知的未知"，或者经济学家弗兰克·奈特（Frank Knight）所强调的无法量化的"不确定性"（它们与可以量化的风险不同），或者金融交易战略专家纳西姆·塔勒布所称的"黑天鹅"，或者德国军事理论家卡尔·冯·克劳塞维茨（Carl von Clausewitz）所描述的"必然的意外"，或者查尔斯·培罗所称的意料之外的"正常事件"。苏格拉底也正是因此说出了那句名言："我虽然无知,但不自以为有知。"

数百年来,这些一流的思想家和本书中所出现的专家学者都在告诫我们:不要对未知的事物遽下定论。然而,今天的人们却更加匆忙、更加频繁地做出决断。我们愿意相信自己的迅速决断是明智之举,而且有时的确如此。但在思考未来的时候,真正的智慧与眼力往往来自对自身局限的了解。这就是为什么我们必须考虑决策所需的时间,并争取用最长的时间来观察和处理信息,以确定可能的结果。对时间的考虑是至关重要的,即使我们无法得出像"42"这样明确的答案。

本书所探讨的不仅仅是如何改进个人选择和专业决策,对延迟问题的思考是人性中最为深刻也最为根本的内容,它涉及人类的存在意义:我们用多少时间来进行思考决定了我们到底是个怎样的人。我们的目标是成为一只对任何刺激都做出反应的动物,还是应该活得更有意义一些?

人生或许是一场与时间的赛跑,但是,一旦我们超越自己的本能,放慢时间的脚步,并追问自己的行为及其原因,人生就变得充实、丰富起来。

懂得延迟之道属于人性的核心部分,它是一个礼物,我们可以用它来审视自己的人生。**明智的决策离不开思考,而思考需要我们停下脚步。**我们可以把苏格拉底的名言反过来说:**经过审视的人生才是值得过的人生。**

和所有作家一样,我希望未来的领导人能够阅读并消化本书所谈及的具体研究和建议,以帮助他们理解人类决策的复杂性。但是,如果这只是我的一厢情愿,如果他们已经受到"快餐"刺激的干扰,或者受到迷走神经"爬行"部分的影响,关注视野变得日益狭窄,我可以用一种更为简单的方式来提醒他们。如果要我用一个词来概括决策的智慧,并将它送给一百年后出生的人们(和我

们一样,这些人具有人类的一切优点和局限;但比起我们来,他们将面对一个更加无法想象的高速世界),毫无疑问,这个词就是:

WAIT

THE ART AND SCIENCE OF DELAY

- 想要解决国计民生这样长期而重大的问题,须从小的短期决策入手。
- 小的决策长年累积,便会影响我们的认知,改变我们对事物的看法。
- 人类决策具有复杂性,延迟多久不重要,重要的是问出正确的问题。

译者后记

THE ART AND SCIENCE OF DELAY

弗兰克·帕特诺伊是美国著名的金融类畅销书作家,他的好几部著作,如《诚信的背后:华尔街圈钱游戏的真相》《贪婪传染病:谎言和风险如何腐蚀了金融市场》《火柴大王》等,都是以详尽、细腻的笔墨,毫不留情地揭露金融交易背后的各种弊病与缺陷,将华尔街的贪婪本性和欺诈丑闻暴露于阳光之下。也正因如此,帕特诺伊被不少人看成是一个喜欢打开"黑盒子"的人,他每一部新书的出版,都会令华尔街的金融家们又恨又怕。不过,帕特诺伊这部名为《慢决策》的书,终于可以让那些金融家们暂时松一口气,因为这一次,帕特诺伊将眼光投向了另一个领域:人类的决策机制问题。

在本书中,帕特诺伊希望了解一个所有人都想要了解的问题:如何才能做出更好的决策?这里的"决策"并不仅限于商业或者金融方面,帕特诺伊希望揭示人类各类决策行为背后的普遍奥义。为此,作者采访了一百多位来自各行各业的专家,对不同领域数以百计的最新研究与实验进行了深入分析。最终,帕特诺伊得出的结论是:延迟,可以让我们做出更好的决策。

这个结论听起来未免有些不合时宜,毕竟在

WAIT 慢决策

这样一个讲求效率、膜拜速度的时代,"拖延"一词被冠以恶名,每个渴望成功的人都力图与它划清界限,避之唯恐不及。然而本书的作者却告诉我们,真正的成功人士,往往都精通"拖延"之道:顶尖的网球高手总是要拖到最后100毫秒才挥拍接球;优秀的脱口秀主持人往往会用5秒到10秒来进行铺垫,然后才抖出包袱;高明的政治家不会选择在第一时间进行道歉;诺贝尔经济学奖获得者阿克尔洛夫一直拖了8个月才将朋友托付的箱子寄回美国;股神巴菲特认为自己成功的秘诀之一就是推迟决定。因此在本书中,"拖延"并不是一个恶魔般的词汇。只要我们善加利用,延迟就能变成一门艺术、一门科学、一把帮助我们做出正确决策的钥匙。

感谢湛庐文化将这样一本极有意思的书交给我来翻译。不得不承认,本书的译稿也是典型的"拖延"的产物。在翻译过程中,笔者几次打破预先商定的截稿日期,一拖再拖,但总是能得到湛庐文化各位编辑老师的谅解和宽容。但愿我的这种"拖延",换来的是译稿在质量上的保证。另外,马强先生、尹娟女士、吴兰英女士分别承担了部分章节的翻译任务,并提出了极具建设性的意见,在此也一并致以深深的谢意。同时感谢我的父母亲人所给予的各种支持,让我有足够的时间和精力做自己喜欢做的事情。特别需要说明的是,限于译者的学识水平,本书译稿想必存在许多不尽如人意的地方,希望各位读者不吝批评赐教。

欧阳明亮
2016年5月

湛庐，与思想有关……

如何阅读商业图书

商业图书与其他类型的图书，由于阅读目的和方式的不同，因此有其特定的阅读原则和阅读方法，先从一本书开始尝试，再熟练应用。

阅读原则1　二八原则

对商业图书来说，80%的精华价值可能仅占20%的页码。要根据自己的阅读能力，进行阅读时间的分配。

阅读原则2　集中优势精力原则

在一个特定的时间段内，集中突破20%的精华内容。也可以在一个时间段内，集中攻克一个主题的阅读。

阅读原则3　递进原则

高效率的阅读并不一定要按照页码顺序展开，可以挑选自己感兴趣的部分阅读，再从兴趣点扩展到其他部分。阅读商业图书切忌贪多，从一个小主题开始，先培养自己的阅读能力，了解文字风格、观点阐述以及案例描述的方法，目的在于对方法的掌握，这才是最重要的。

阅读原则4　好为人师原则

在朋友圈中主导、控制话题，引导话题向自己设计的方向去发展，可以让读书收获更加扎实、实用、有效。

阅读方法与阅读习惯的养成

（1）回想。阅读商业图书常常不会一口气读完，第二次拿起书时，至少用15分钟回想上次阅读的内容，不要翻看，实在想不起来再翻看。严格训练自己，一定要回想，坚持50次，会逐渐养成习惯。

（2）做笔记。不要试图让笔记具有很强的逻辑性和系统性，不需要有深刻的见解和思想，只要是文字，就是对大脑的锻炼。在空白处多写多画，随笔、符号、涂色、书签、便签、折页，甚至拆书都可以。

（3）读后感和PPT。坚持写读后感可以大幅度提高阅读能力，做PPT可以提高逻辑分析能力。从写读后感开始，写上5篇以后，再尝试做PPT。连续做上5个PPT，再重复写三次读后感。如此坚持，阅读能力将会大幅度提高。

（4）思想的超越。要养成上述阅读习惯，通常需要6个月的严格训练，至少完成4本书的阅读。你会慢慢发现，自己的思想开始跳脱出来，开始有了超越作者的感觉。比拟作者、超越作者、试图凌驾于作者之上思考问题，是阅读能力提高的必然结果。

扫码关注湛庐文化，
回复"阅读"
这5种方法，让读过的书变成你的影子

[特别感谢：营销及销售行为专家 孙路弘 智慧支持！]

✎ 我们出版的所有图书，封底和前勒口都有"湛庐文化"的标志

并归于两个品牌

✎ 找"小红帽"

为了便于读者在浩如烟海的书架陈列中清楚地找到湛庐，我们在每本图书的封面左上角，以及书脊上部47mm处，以红色作为标记——称之为"**小红帽**"。同时，封面左上角标记"**湛庐文化Slogan**"，书脊上标记"**湛庐文化Logo**"，且下方标注图书所属品牌。

湛庐文化主力打造两个品牌：**财富汇**，致力于为商界人士提供国内外优秀的经济管理类图书；**心视界**，旨在通过心理学大师、心灵导师的专业指导为读者提供改善生活和心境的通路。

✎ 阅读的最大成本

读者在选购图书的时候，往往把成本支出的焦点放在书价上，其实不然。

时间才是读者付出的最大阅读成本。

阅读的时间成本=选择花费的时间+阅读花费的时间+误读浪费的时间

湛庐希望成为一个"与思想有关"的组织，成为中国与世界思想交汇的聚集地。通过我们的工作和努力，潜移默化地改变中国人、商业组织的思维方式，与世界先进的理念接轨，帮助国内的企业和经理人，融入世界，这是我们的使命和价值。

我们知道，这项工作就像跑马拉松，是极其漫长和艰苦的。但是我们有决心和毅力去不断推动，在朝着我们目标前进的道路上，所有人都是同行者和推动者。希望更多的专家、学者、读者一起来加入我们的队伍，在当下改变未来。

湛庐文化获奖书目

《大数据时代》
国家图书馆"第九届文津奖"十本获奖图书之一
CCTV"2013中国好书"25本获奖图书之一
《光明日报》2013年度《光明书榜》入选图书
《第一财经日报》2013年第一财经金融价值榜"推荐财经图书奖"
2013年度和讯华文财经图书大奖
2013亚马逊年度图书排行榜经济管理类图书榜首
《中国企业家》年度好书经管类TOP10
《创业家》"5年来最值得创业者读的10本书"
《商学院》"2013经理人阅读趣味年报·科技和社会发展趋势类最受关注图书"
《中国新闻出版报》2013年度好书20本之一
2013百道网·中国好书榜·财经类TOP100榜首
2013蓝狮子·腾讯文学十大最佳商业图书和最受欢迎的数字阅读出版物
2013京东经管图书年度畅销榜上榜图书,综合排名第一,经济类榜榜首

《牛奶可乐经济学》
国家图书馆"第四届文津奖"十本获奖图书之一
搜狐、《第一财经日报》2008年十本最佳商业图书

《影响力》(经典版)
《商学院》"2013经理人阅读趣味年报·心理学和行为科学类最受关注图书"
2013亚马逊年度图书分类榜心理励志图书第八名
《财富》鼎力推荐的75本商业必读书之一

《人人时代》(原名《未来是湿的》)
CCTV《子午书简》·《中国图书商报》2009年度最值得一读的30本好书之"年度最佳财经图书"
《第一财经周刊》· 蓝狮子读书会·新浪网2009年度十佳商业图书TOP5

《认知盈余》
《商学院》"2013经理人阅读趣味年报·科技和社会发展趋势类最受关注图书"
2011年度和讯华文财经图书大奖

《大而不倒》
《金融时报》· 高盛2010年度最佳商业图书入选作品
美国《外交政策》杂志评选的全球思想家正在阅读的20本书之一
蓝狮子·新浪2010年度十大最佳商业图书,《智囊悦读》2010年度十大最具价值经管图书

《第一大亨》
普利策传记奖,美国国家图书奖
2013中国好书榜·财经类TOP100

《真实的幸福》
《第一财经周刊》2014年度商业图书TOP10
《职场》2010年度最具阅读价值的10本职场书籍

《星际穿越》
国家图书馆"第十一届文津奖"十本奖获奖图书之一
2015年全国优秀科普作品三等奖
《环球科学》2015最美科学阅读TOP10

《翻转课堂的可汗学院》
《中国教师报》2014年度"影响教师的100本书"TOP10
《第一财经周刊》2014年度商业图书TOP10

湛庐文化获奖书目

《爱哭鬼小隼》
  国家图书馆"第九届文津奖"十本获奖图书之一
  《新京报》2013年度童书
  《中国教育报》2013年度教师推荐的10大童书
  新阅读研究所"2013年度最佳童书"

《群体性孤独》
  国家图书馆"第十届文津奖"十本获奖图书之一
  2014"腾讯网·嗀书局"TMT十大最佳图书

《用心教养》
  国家新闻出版广电总局2014年度"大众喜爱的50种图书"生活与科普类TOP6

《正能量》
  《新智囊》2012年经管类十大图书,京东2012好书榜年度新书

《正义之心》
  《第一财经周刊》2014年度商业图书TOP10

《神话的力量》
  《心理月刊》2011年度最佳图书奖

《当音乐停止之后》
  《中欧商业评论》2014年度经管好书榜·经济金融类

《富足》
  《哈佛商业评论》2015年最值得读的八本好书
  2014"腾讯网·嗀书局"TMT十大最佳图书

《稀缺》
  《第一财经周刊》2014年度商业图书TOP10
  《中欧商业评论》2014年度经管好书榜·企业管理类

《大爆炸式创新》
  《中欧商业评论》2014年度经管好书榜·企业管理类

《技术的本质》
  2014"腾讯网·嗀书局"TMT十大最佳图书

《社交网络改变世界》
  新华网、中国出版传媒2013年度中国影响力图书

《孵化Twitter》
  2013年11月亚马逊(美国)月度最佳图书
  《第一财经周刊》2014年度商业图书TOP10

《谁是谷歌想要的人才?》
  《出版商务周报》2013年度风云图书·励志类上榜书籍

《卡普新生儿安抚法》《最快乐的宝宝1·0~1岁》
  2013新浪"养育有道"年度论坛养育类图书推荐奖

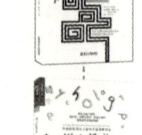

延伸阅读

《拖延心理学》（钻石版）

◎ 我们都因拖延而焦虑，却又在焦虑中拖延。豆瓣拖延小组的镇组之宝，资深心理医生李孟潮专文推荐。

◎ 向与生俱来的行为顽症宣战，全球首个拖延工作坊创始人、美国权威心理学家联袂出击，风靡全球25年经典之作钻石版，抢先登陆中国。

扫码直达本书购买链接

《精要主义》

◎ 如何应对拥挤不堪的工作与生活，你需要做的是，更少，但更好。精要主义主张只做该做的事情。

◎ "21世纪的史蒂夫·柯维"格雷戈·麦吉沃恩变革之作。教你放弃"我什么都能做"的妄想，摆脱忙碌而无为的窘境，过真正有意义的人生。

扫码直达本书购买链接

《社交天性》

◎ 让《影响力》作者西奥迪尼都赞叹不已的新兴学科开拓者，马修·利伯曼倾力之作！首次揭露大脑天生爱社交的神经奥秘。

◎ 为什么有的人天生善于社交，而有的人总是充满障碍？全书论述峰回路转、曲径通幽之美堪比丹·布朗的小说！从此改变你看待世界与他人的方式！

扫码直达本书购买链接

《一万小时天才理论》（经典版）

◎ 全新诠释天才的"一万小时法则"。大声告诉你："了解异类还不够，我们的目标是成为异类！"

◎ 作者将访问各类科学家、教练、老师、人才研究专家，揭示技能学习过程的新秘密。《纽约时报》畅销书作家颠覆巨献，推翻你对天才的一切想象。

扫码直达本书购买链接

Wait: The Art and Science of Delay by Frank Partnoy.

Copyright © 2012 by Frank Partnoy.

Simplified Chinese language edition published in agreement with Frank Partnoy c/o The Park Literary Group LLC, through The Grayhawk Agency.

All rights reserved.

本书中文简体字版由作者授权在中华人民共和国境内独家出版发行。未经出版者书面许可，不得以任何方式抄袭、复制或节录本书中的任何部分。

版权所有，侵权必究。

图书在版编目（CIP）数据

慢决策：如何在极速时代掌握慢思考的力量 /（美）弗兰克·帕特诺伊著；欧阳明亮译. —北京：北京联合出版公司，2016.12（2021.6重印）
ISBN 978-7-5502-9059-4

Ⅰ.①慢… Ⅱ.①弗… ②欧… Ⅲ.①心理学–研究 Ⅳ.①B84

中国版本图书馆CIP数据核字（2016）第257755号
著作权合同登记号
图字：01-2016-3339

上架指导：决策 / 成功 / 励志

版权所有，侵权必究
本书法律顾问　北京市盈科律师事务所　崔爽律师
　　　　　　　　　　　　　　　　　　张雅琴律师

慢决策：如何在极速时代掌握慢思考的力量

作　　者：[美] 弗兰克·帕特诺伊
译　　者：欧阳明亮
责任编辑：管文
封面设计：湛庐文化　尹秋羡
版式设计：湛庐文化　尹秋羡

北京联合出版公司出版
（北京市西城区德外大街83号楼9层　100088）
北京鹏润伟业印刷有限公司印刷　新华书店经销
字数 238千字　720毫米×965毫米　1/16　18印张　1插页
2016年11月第1版　2021年6月第4次印刷
ISBN 978-7-5502-9059-4
定价：59.90元

未经许可，不得以任何方式复制或抄袭本书部分或全部内容
版权所有，侵权必究
本书若有质量问题，请与本公司图书销售中心联系调换。电话：010-56676356